유럽 수도원 순례1

정통 영성을 찾아서

일러두기

- 인물, 수도회, 지명 등의 외국어 음역은 해당 국가의 언어를 기준으로 하였다.
- 외국어 음역은 괄호 없이 알파벳이나 한자를 병기하였다.
- 독자의 이해를 돕기 위하여 저자가 보충한 내용은 괄호 속에 병기하였다.
- 2차 '수비아코 성 베네딕토 수도원'은 순례 당일 기상 악화로 순례 일정이 취소되었으나 2차 수도원 순례의 흐름에 있어 반드시 언급이 필요하여 9차의 순례 자료를 재인용하였다.
- 1차에서 10차까지의 매 시작 페이지의 여정은 순례 중의 모든 방문지를 포함하고 있다.
- 4차 때 순례한 루마니아의 수도원은 사진 데이터가 분실되어 http://www.atlantaserbs.com/learnmore/monasteries_and_towns/Romania.htm의 사진을 참조 인용하였다.
- 저자가 직접 촬영한 사진 외에는 저작권자를 표기하였고, 인용 자료는 출처를 명기하였다. 사실 확인을 위해 최선을 다하였으나 누락된 부분이 있을 시 반드시 수정 반영할 것을 밝힌다.
- 이 책은 저자가 유럽의 여러 수도원을 순례하며 쓴 기록과 해당 장소의 홈페이지와 출판물 등을 바탕으로 쓰였다. 책에 담긴 모든 정보는 순례 당시와 집필 당시에 확인된 내용을 기준으로 하였으므로 수도원의 방문 규정과 접근 가능한 구역 등은 현지 사정과 방침, 시기에 따라 바뀔 수 있다. 또한 일부 정보, 특히 통계 자료와 역사 부분도 변경될 수 있다.

유럽 수도원 순례1

정통 영성을 찾아서

김정우 지음

깊은 묵상의 시간 속에 우리의 여정을 이끌어주신

하느님께 영광을 드리며, Deo Gratias!

© 김상희

왜 수도원 순례인가

길 위의 사람, 순례하는 인간은 종교적인 인간Homo Religious이다. 프랑스의 철학자이자 극작가, 비평가인 가브리엘 마르셀1889-1973은 인간을 '호모 비아토르'Homo Viator라고 정의했다. 비아토르는 '여행자'이자 '나그네'라는 의미이며, 따라서 호모 비아토르는 '걷는 인간' '여행하는 인간', 즉 '순례하는 인간'이라는 뜻을 갖는다. 인간은 본질적으로 머물러 있지 않는다. 언제나 더 큰 성장을 향해, 참된 삶의 의미를 찾아 길을 나선다.

걷는 인간, 순례하는 인간은 항상 길 위에 있다. 영적인 성장과 완성을 위해 걸으며 영적인 쉼을 위해 멈춘다. 2006년 시작해 현재까지 21차로 이어지는 나의 수도원 순례도 그렇게 시작되었다. 신앙의 옷을 입고 살아가는 일상을 잠시 뒤로하고, 삶 그 자체의 중심에 신앙을 뿌리 내리는 시간이다.

"왜 수도원을 찾는가?"

수도원 순례를 하는 동안 많이 받아온 질문이다. 답을 하는 대신 그 질문에 되돌려 다시 질문을 던진다.

"수 백, 수천 년 전 그들은 왜 수도원을 짓고, 왜 그 안에서 침묵하며 산 걸까? 그렇게 살면 하느님을 체험할 수 있을까? 그 안에서 누리는 참 행복은 어떤 것인가?"

수도원 순례는 익숙한 신앙의 일상을 뒤로 하고 낯선 것을 마주하는 여정이다. 한 곳에 머물러 익숙함이 커지면 하느님의 자리는 희미해진다. 수도원은 완벽한 복음적 가치를 살아보고자 하는 열망으로 시작된 공간이다. 거센 역사의 흐름 안에서도 그 뿌리를 탄탄히 지키고 있는 수도원에는 그리스도교의 정통 영성과 이천 년 교회의 역사가 살아 있다. 그리스도교 역사의 본향인 유럽 수도회 영성을 바탕으로 신앙의 첫자리, 기도 영성의 근원지를 찾는 여정인 수도원 순례는 그렇기에 상당히 중요한 의미를 가진다. 유럽의 교회는 수도원을 중심으로, 수도원의 역사와 함께 시작되고 성장했다. 교구 사제 중심의 한국 교회에서는 수도원이 교회 내 부수적인 역할을 하는 것으로 이해될 수도 있다. 하지만 수도원에 대한 이해 없이 그리스도교를 이해하기는 어렵다. 수도원의 역사는 곧 그리스도교의 역사다. 그리스도교의 성장 역사가 수도원을 통해 이루어졌고, 수도원으로부터 지대한 영향을 받아 성장했기 때문이다.

흔히 유럽에서 가톨릭 신부라고 소개하면 "'수도회 소속 신부'Ordenspriester인지 '교구 소속 신부'Diözesanpriester, '세속 신부'Weltpriester"인지를 묻는다. 수도회 소속 신부를 더 의미 있게 여기고 있음을 내포한다. 그만큼 그들의 신앙에 수도원이 깊게 자리 잡고 있음을 반증하는 질문이기도 하다. 그들은 자신의 생애에서 중요한 변환점, 이를테면 세례, 첫 영성체, 견진, 혼인, 환갑 등 의미 있는 날이면 지역에 있는 수도원을 찾아 기도하고 미사를 드리며 그날을 기념한다. 오랜 세월에 걸쳐 수도원과의 중요한 관계가 형성되어 있는 것을 전통으로 여길 만큼, 그들의 신앙 세계 깊숙한 곳에 수도원이 자리하고 있다.

6년 간의 외국 생활과 연학을 마치고 1992년 귀국한 뒤에도 지금까지 빈Wien 베네딕토회 수녀원에서의 시간은 내 삶에 많은 영향을 주고 있다. 연학 시절 당시 나는 빈대교구 외국인 담당 신부의 인종 차별에 항의하다 입국한 지 3개월 만에 쫓겨날 상황에 처했다. 이 사건이 계기가 되어 빈대교구로부터 장학금 명목으로 주어지는 생활 지원금이 6개월간 끊겼다. 가장 기본적인 식생활조차 어렵게 된 나를 보듬어주고 지켜준 곳이 빈 수녀원이었다. 서른 살 남짓 된 사제로서, 인간으로서 감당하기에는 힘에 겨웠던 많은 일들이 눈물과 회한, 감사로 뒤범벅되어 지금까지도 내 안에 자리하고 있다.

빈에서 나는 매일 수녀원의 미사를 봉헌하면서 의식주를 해결하는, 이름하여 하우스프리스터[Hauspriester]였다. 그 외에도 학업과 한인 공동체를 돌보는 소임을 하였는데, 때때로 지쳐 있던 나를 위해 수녀님들께서는 수도원 순례를 권유하시곤 했다. 나는 빈 근교의 수도원을 한 곳씩 순례하면서 기도하고 묵상하며 위로를 얻었다. 그 때부터 내 안에 수도원이라는 공간이 들어오기 시작하였다. 그리고 수도원의 의미와

1987년 가을부터 1992년 가을까지 지낸 빈 베네딕토회 수녀원

중요성, 수도원이야말로 신앙의 보고이자 교회 역사의 뿌리라는 사실을 조금씩 체감하고 있었다.

수도원은 지난 이천 년 교회에 있어서 서구 문화와 문명의 정신적, 사상적 토대인 동시에 학문과 예술 분야에도 핵심적인 역할을 해왔다. 그렇기에 수도원의 신앙 유산을 경험하고, 그 영성을 체험한다는 것은 이천 년 교회의 역사를 체득하는 것과도 같다. 한국 교회에서는 본당 수도자들을 통해 이천 년 교회의 역사에서 시작된 정통 영성의 수도원을 접하기가 다소 어렵다. 말하자면 16세기 이후 설립된 세상 속의 사도직을 위한 활동 중심의 수도회이고, 그리스도교 영성의 깃든 역사를 지속해온 수도원으로서의 출발이 아니기 때문이다.

빈에서 돌아오는 나의 짐 가방에는 수도원 책자와 자료들이 가득 실려 있었다. 한국에 오자마자 바로 신학교 교수 신부의 소임을 맡게 되었는데, 강의 준비와 학생 지도 등으로 스물네 시간이 모자라는 생활이 이어졌다. 시간이 흘러 학교 생활도 조금씩 익숙해진 1998년, 가톨릭신문과 가톨릭평화신문에 수도원 순례를 제안해 보았으나 테마 순례는 시기상조라는 답이 돌아왔다. 2000년, 21세기가 시작되었다. 이제는 로마와 이스라엘 중심의 성지 순례에서 벗어나 특별한 테마 순례가 필요하다고 생각할 무렵, 가톨릭신문사에서 제의가 왔다. 그리고 2006년, 마침내 수도원 순례가 시작되었고, 나는 책장에 꽂힌 채 때를 기다리던 수도원 자료들을 펼쳐들었다.

이 책은 1차부터 10차까지 수도원 순례의 기록이다. 하느님께서 만드신 한 권의 책과 같은 세상을 순례한 이 기록들이 독자들에게 잠시나마 삶의 길 위에 머무르는 고요한 시간을 주었으면 하는 바람이다. 수도원 순례를 하는 동안 '수도원 순례를 사랑하는 사람들의 모임(수사모)'이 만들어졌고, 기록물과 사진, 순례 정보 등을 공유하는 SNS '수사모 카페'도 개설되었다. 이 책의 일부 내용은 카페와 가톨릭신문에 게재된 기사와 글, 노춘석 멜라니아 자매님의 소감문 등이 부분 인용되었으며, 김상희 데레사 작가님의 사진도 다수 수록되었다. 책의 출판에 용기를 실어주신 수사모 여러 분과 순례에 함께한 모든 분들께 감사드린다. 순례길을 같이 걸었고 지금은 하느님의 품으로 가신 홍명자 베로니카 교수님과 김평선 크리스티나 님, 최면식 라파엘 님을 기억하며 기도 드린다. 책의 출판을 도와주신 가톨릭신문사 최성준 사장신부님과 책이 되기까지 원고와 사진 자료를 정리하고 윤문과 편집을 맡아준 홍익포럼 나 그라시아 대표님, 편집팀에게 마음으로부터 감사를 드린다.

눈과 바람, 그리고 혹한 속에 순례단을 이끌어주시고 보호해 주신 하느님은 찬미 받으소서.

스물한 번째 수도원 순례를 준비하며

저자

차례

1차 수도원 순례

2006년 2월 2일(목)-13일(월)

체코
- 성 비투스 대성당
- 스트라호프 수도원
- 승리의 성모 마리아 성당

헝가리

오스트리아
- 슈테판스돔 주교좌 대성당
- 하일리겐크로이츠 수도원
- 괴트바익 수도원
- 마리아 젤의 티없이 깨끗하신 성모성심 가르멜 수녀원
- 멜크 수도원

독일
- 상트 오틸리엔 수도원
- 알퇴팅
- 다카우 강제 수용소
- 로텐부르크

프랑스
- 스트라스부르
- 몽 생트 오딜 수도원

1

동쪽에서 서쪽으로 유럽 교회의 허리를 관통하며

행복합니다,
마음속으로
순례의 길을 생각할 때
당신께 힘을 얻는 사람들!
그들은 바카 계곡을 지나며
샘물을 솟게 하고
봄비는
축복으로 덮어 줍니다.
(시편 84,6-7)

© 김상희

나에게 유럽의 겨울은 그 특유의 향기와 색채가 있다. 폐부 깊숙이 들어오는 진한 군고구마 내음 같은, 거기에 채도 낮은 코발트 블루가 덧칠해진 느낌이 내 기억속 유럽 겨울이다. 6년간 빈에서의 연학 동안 모든 계절을 경험하였음에도 유독 눈 덮인 혹한의 유럽이 더 선명하게 기억나고 그 속에 고요하게 제자리를 지키는 수도원이 자리하고 있다.

2006년 1월 대망의 수도원 순례의 서막을 열었다. 첫 장소로 체코와 헝가리를 택했다. 유럽에 있는 동안 공산 정권하에서 체코와 헝가리 교회의 수도자들이 겪은 참담한 생활을 많이 들어왔다. “공산 치하에서 수도원이 몰수당하자, 수도자들은 뿔뿔이 흩어지고, 하루하루 생명을 유지하기 위해 전차 운전사로 살았어요.” 유럽에서 공산 정권이 붕괴된 후 내가 살던 빈의 수녀원에서 우연히 만난 노 수녀님이 들려주신 생생한 증언이 동유럽, 체코 프라하로 첫 순례를 이끌었던 것 같다.

여러 이유로 유럽에 산 경험도 있고 여행의 경험도 적잖이 있었지만, 순례단 지도 신부로서는 처음이라 중압감이 없잖아 있었다. 머릿속에 온갖 상념이 오가는 사이에, 순례를 준비하면서 만든 자료를 읽고 정리하는 사이에 비행기는 체코 프라하 공항에 도착했다. 그 무엇도 짐작할 수 없었던 창밖에는 영하 20도 된추위가 우리를 기다리고 있었다.

성 비투스 대성당

Katedrála svatého Víta

프라하 성Prague Castle을 시작으로 순례의 길을 열었다. 프라하 성은 프라하의 초기 역사부터 존재해 온 프라하의 상징이자 체코의 상징이다. 프라하 성의 제3 정원에는 체코에서 가장 크고 가장 중요한 성당인 성 비투스 대성당이 있다. 이 대성당은 바츨라프 1세에 의해 930년에 건설된 로마네스크 교회를 기원으로 하는데, 바츨라프 1세가 동프랑크 왕국의 왕이자 신성 로마 제국의 황제 헨리 1세로부터 유물(성 비투스St. Vitus 290-303의 유해 중 팔)을 획득하여 안치함으로써 '성 비투스 대성당'이라는 이름이 되었다고 전한다. 고딕 건축 양식을 띤 현재의 성당은 1344년 11월 21일 프라하가 대주교 관할로 승격되면서 건설이 시작되었다. 보헤미아의 국왕 얀 루첼부르스키가 성당 건설을 위한 초석을 마련했고, 당시 보헤미아의 왕 카를 4세가 후원했다.

성 비투스 대성당은 알폰스 무하Alfons Maria Mucha의 걸작인 스테인드글라스 〈성 치릴로와 성 메토디오〉로 유명하며, 왕비의 고해 성사의 비밀을 지키기 위해 카를교에서 순교한 요한 네포묵John Neopmuk 성인의 묘와 2톤의 은으로 만든 조각상이 있다.

프라하의 성 비투스 대성당

스트라호프 수도원

Strahovský klášter

블타바강 건너편, 프라하 서쪽 언덕에 위치한 스트라호프 수도원으로 가기 위해 프라하 성 반대 방향으로 10분쯤 걸었다. 스트라호프 수도원은 1143년에 진드르지흐 지디크 주교가 설립한 프레몽트레회Chanoines Reguliers de Premontre 수도원으로, 최초의 프레몽트레회 수사들이 도착한 이래 이곳에서 종교 생활을 성공적으로 발전시켜 왔으며 체코의 역사를 통틀어 매우 중요한 역할을 수행해왔다.

1258년 대형화재로 소실되고, 15세기 후스 전쟁 등 종교 전쟁과 침입, 공산 치하의 억압 등 거듭되는 위기 속에서도 수도원을 지켜냈다. 17-18세기 현재의 모습으로 재건되어 초기 고딕 양식과 바로크 양식이 혼합된 모습을 하고 있으며 1783년에는 수도원 해체 명령이 내려지자, 이를 피하고자 학자들의 연구 기관으로 지정되어 그 후에도 수도승들의 보금자리로 지켜갈 수 있게 되었다. 하지만 1951년 공산 정권으로 바뀌면서 1953년 국립 문학 박물관으로 문을 열었고, 약 30년 후 공산 정권이 물러나자 수도원 원래의 모습을 되찾았다.

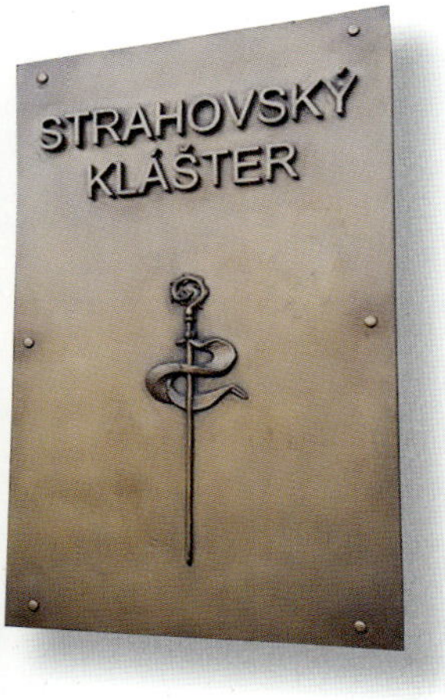

세계에서 가장 오래된 프레몽트레회 수도원 중의 하나인 스트라호프 수도원(좌)과 스트라호프 수도원 문장

특히 스트라호프 도서관은 세계에서 가장 아름다운 도서관으로 유명하다. 내부는 소크라테스와 아리스토텔레스, 아담과 이브 등이 그려진 르네상스 양식의 화려한 천장 프레스코화로 꾸며져 있고, '철학의 방'과 '신학의 방'으로 나뉘어진 방에 총 십오만 권에 달하는 장서가 있다.

동구권 수도원이나 성당에서는 여전히 공산 치하에서의 종교 탄압의 상처가 남긴 생채기가 곳곳에 남아 있음을 보게 되는데, 수도원 관리자들의 경직된 태도와 웃음기 없는 표정에서 당시 그들의 삶을 짐작하게 했다.

승리의 성모 마리아 성당

Kostel Panny Marie Vítězné

승리의 성모 마리아 성당© 김상희(좌)과 〈아기 예수〉 상 © Fotobanka ČTK, René Fluger / Wikimedia Commons / CC BY-SA 3.0.

다시 걸음을 옮겨 시내 중심가에 위치한 승리의 성모 마리아 성당으로 향했다. 맹렬한 추위 속에서도 은총의 〈아기 예수〉 상을 바라보며 온기를 느꼈던 곳, 아기 예수 성당으로도 불리는 그곳에서 순례의 첫 미사를 봉헌하였다.

아기 예수 신심은 가르멜 수도회에 전해 내려오는 영적 유산으로 아빌라의 성녀 대 데레사와 십자가의 성 요한의 아기 예수님께 대한 지극한 신심으로부터 시작되었는데, 이곳의 아기 예수 상은 1628년 체코 폴리센나 로브코비쯔 공주가 프라하의 가르멜 수도원에 기증한 것이다. 리지외의 성녀 소화 데레사는 이 〈아기 예수〉 상을 수련소의 작은 성당 감실 위에 모셔놓고 경배하였고, 성녀 베네데타는 아기 예수 성당을 순례하며 아기 예수님께 깊은 신심을 가졌다. 수많은 〈아기 예수〉 상이 성탄 시기에 공경을 받지만, 프라하의 〈아기 예수〉 상은 일 년 내내, 전 세계적으로 공경을 받고 있다.

연중 교회 전례에 맞추어 아기 예수께 다양한 색의 옷을 입히는 전통이 있는데, 부활 대축일 후 첫 주일에 입혀드리는 흰색 외투를 가장 아름다운 옷으로 꼽는다. 1655년 이 〈아기 예수〉 상에 대해 교회의 인정이 있은 이래로, 모사품模寫品들은 항상 왕관을 쓴 아기 예수를 묘사하고 있다. 프라하의 〈아기 예수〉 상은 왼손에는 십자가가 달린 작은 지구의를 들고 있고, 오른손은 강복을 주는 형상을 하고 있다.

하일리겐크로이츠 수도원

Stift Heiligenkreuz

프라하를 뒤로하고 헝가리 부다페스트를 거쳐 오스트리아 빈에 도착했다. 다음 날엔 대구에서 오랜 선교사 생활을 지낸 허 볼프강 신부님이 본당 신부로 계신 도나우강 인근의 노이카그란 성당에서 미사를 계획하였으나, 폭설로 이동이 어려워져 시내에 위치한 슈테판스돔 주교좌 대성당Domkirche St. Stephan으로 일정을 바꾸었다.

오후가 되면서 눈이 조금씩 잦아들기 시작해 애초에 계획했던 하일리겐크로이츠 수도원으로 향했다. 부르군트에 있는 모리몬트 시토회 대수도원에서 수사로 착복한 레오폴드 3세의 아들 오토의 요청에 따라 1133년에 빈 남쪽 숲속에 시토회 수도원을 건립하도록 결정했는데, 이 지역은 처음부터 거룩한 십자가Sancta Crux, Heiligenkreuz라는 지명으로 불렸다.

빈 숲속의 하일리겐크로이츠 수도원은 은수적 수도회인 시토회 수도원으로 하얀 수도복에 검정 스카풀라를 착용하는 수도자들은 성 베네딕토 회칙을 기초로 단식, 침묵, 단순노동 등을 엄격하게 준수하며 살고 있다. 이곳은 1133년 설립된 이후 기도가 끊어진 적이 없으며, 히틀러도, 나폴레옹도, 사라센도 들어오지 못했던 빈 신앙의 뿌리이며 영혼의 안식처이다.

빈 시민들은 자신들의 기념일이나 중요한 사안이 있을 때면 이곳 수도원을 찾아 마치 신선한 공기를 충전하듯, 기도로 힘과 위로와 희망을 얻곤 한다. 나에게도 이곳은 어머니의 품처럼 따사로운 기억이 있는 곳이어서 빈에서 6년간 살면서 몸과 마음이 힘들어질 때면 이 수도원을 찾아와 온종일 기도하고 산책하며 마음의 무거움을 털어내었다. 보리수나무 아래서 맥주 한 캔을 마시기도 하며 고요하고도 단순한 시간 속에서 위로와 용기를 채워가곤 하던 기억이 남아 있다.

17세기와 18세기에 하일리겐크로이츠 시토회 수도원은 다시 전성기를 구가하게 되는데, 미카엘 로트마이어Michael Rottmayr, 마르티노 알토몬데Martino Altomonte, 조반니 줄리아니Giovanni Giuliani, 라파엘 돈너Raffael Donner를 포함한 많은 유명한 예술가들이 수도원 건축을 위해 일했다. 오늘날 오스트리아에서 가장 중요하고 활기찬 수도원 중 하나인 이곳 수도원 경내에서 조반니 줄리아니의 흔적을 만날 수 있다. 그 흔적이란 다름 아닌 바로크 양식의 삼위일체 기둥으로, 이곳에서 33년을 살며 작품을 남긴 조반니 줄리

하일리겐크로이츠 수도원 안뜰에 있는 조반니 줄리아니가 제작한 삼위일체 기둥 © 김상희 ▶

아니가 설계하고 1739년에 완공한 것이다. 기품 어린 회랑은 냉엄하고 고고하며 예술가가 만든 생명의 샘에 흐르는 물소리는 수도원의 쉼 없는 정신을 깨우고 있었다.

1804년에 제작, 1825년 슈베르트가 자신의 두 작품을 초연했던 오스트리아 최대의 오르간과 여든한 살의 조반니 줄리아니가 기도와 침묵으로 혼신을 다해 만든 그의 마지막 작품인 가대와 거룩하고 아름다운 성화, 조각품이 있는 성당과 제의실은 수백 년에 걸쳐 영혼의 울림을 준 예술과 신앙의 정수를 보는 듯했다.

유명한 성가대와 귀중한 문헌을 소장한 도서관을 갖춘 하일리겐크로이츠 시토회 수도원, 팔백 년간 오스트리아 음악의 중심이 되었고 수도원 최초로 인터넷 선교를 집중적으로 전개한 하일리겐크로이츠 수도원은 유럽에서 가장 활동적인 부르심의 수도원이자, 교육의 중심지이다. 1802년에 설립된 자체 신학교는 독일어권에서 가장 큰 신학교로, 현재 약 삼백 명의 학생들이 있으며 그들 대부분은 신학생으로 사제직을 향해 나가고 있다.

괴트바익 수도원
Stift Göttweig

계속되는 강추위 속에 다시 향한 곳은 도나우강이 내려다 보이는 산 정상에 위치한 괴트바익 수도원이었다. 발목이 푹푹 빠지는 눈길을 얼마나 걸었을까. 고요와 적막감이 흐르는 백색의 정원, 겨울 수도원이 우리를 반겨주었다. 산이라기보다는 언덕 같은 정상에서 도나우강 전체를 바라다 볼 수 있는, 매우 아름다운 곳에 자리하고 있었다. 수도원 마당 가운데에는 이곳 바카우Wachau 지방이 유네스코 세계자연유산에 지정되었다는 현판이 우뚝 서 있었다.

괴트바익 수도원은 1083년 독일 파사우의 주교였던 성 알트만St.Altmann, 1015/1020-1091이 설립했다. 아우구스티노 수도원 규칙에 따라 11년을 생활하였고, 1094년부터는 베네딕토 수도원 규칙에 따라 생활했다.

괴트바익 수도원 건물과 같은 바로크 양식 건축의 전성기는 이 수도원의 50대 수도원장인 곹프리드 베셀[1714-1749] 아빠스 때였다. 그의 가장 큰 업적은 1718년 화재 이후 새로운 수도원 건물을 건축한 것이라 할 수 있다. 요셉 황제 시대와 프랑스와의 전쟁은 수도원에 상당한 피해를 주었고, 1804년 자체 신학원의 재개설은 괴트바익 수도원 수사들의 영적 생활에 많은 도움을 주었다. 이후에 빈교구장이 된 한스 헤르만 그로어 추기경은 1969년에 마리아 로겐도르프[Maria Roggendorf] 수도원 성당을 교구 순례 성당으로 지정하였고, 1991년 수도원은 순례 성당의 대표 성당이 되었으며, 2005년 12월 자립 수도원이 되었다. 바카우, 크렘스[Krems] 및 멜크 수도원의 유서 깊은 구시가지와 함께 유네스코는 괴트바익 수도원을 2000년 세계문화유산으로 지정했다.

우리가 사는 세상은 종종 하느님과 사람에 대한 사랑의 증인을 필요로 한다. 이를테면 수도자들과 같은 사람들이다. 일상을 뒤로하고 백색의 정원에서 신앙 생활의 동력을 찾으려 우리는 이 먼 길을 찾아왔다. 하느님 앞에 나를 내려놓으며 자신이 가진 모든 것을 다 바쳐 하느님을 찬미하는 삶이 어떠한 것인지 바라보며, 내 삶을 관찰하고 묵상하는 시간이었다.

수도원(좌)과 일몰 풍경

마리아 젤의 티없이 깨끗하신 성모성심 가르멜 수녀원

Karmel des Unbefleckten Herzens Maria am Kreuzberg

하얀 눈에 둘러싸인 전경이 펼쳐지며 마리아 젤 가르멜 수녀원으로 가는 길, 어둠이 내려오는가 싶더니 이윽고 아름다운 불빛이 하나둘 켜지기 시작했다.

성지가 보이는 고개 위에 위치한 마리아 젤 가르멜 수녀원은 작은 2층 집이었다. 대구대교구 가르멜 수녀원과 안동교구 상주 가르멜 수녀원의 모원이어서일까, 마리아 젤의 가르멜 수녀원이 특별히 친근하게 다가왔다. 원장 수녀님께서는 직접 만든 토실하고 예쁜 아기 예수와 구유를 보여 주시며 하느님 사랑이 감사하고 기쁘다며 맑게 웃으셨다.

특별히 눈에 띄는 장식도, 유서 깊은 예술품도 보이지 않았지만 열두 분의 수녀님들이 하늘나라의 확신으로 살아가는 이곳은 하느님의 사랑을 순례객들에게 온전히 나눠주고 있었다. 기도하는 성소를 살고 계신 그분들은 하느님 앞에서 교회와 세상과 많은 사람들의 큰 근심을 기도 지향으로 바치며 이 시대의 고민과 아픔에 동참하고 있었다. "밤낮으로 주님의 법을 묵상하고 그 안에서 성장하라"는 모토 아래, 기도 명상, 육체노동으로 특징지어지는 삶에 헌신하고 계신 수녀님들을 보면서 풍요로운 세상에서도 풍요를 잊고 사는 우리가 반성되었다.

수도원 기공식 모습(좌)과 대구 대명동 가르멜 수녀원 출처: https://mariazell.karmel.at/

가난한 산 위에서도 충만함을 누리는 그분들의 삶이 우리에게 와 닿기를, 우리 순례단의 젊은이에게 입회를 권하시던 원장 수녀님의 기도가 세상의 기쁨이 되기를 바라면서, 우리는 마리아 젤의 은총의 성모님께 성소를 위한 기도를 바쳤다. 수녀님들과 함께한 저녁기도는 스펀지에 스며든 물처럼 봉쇄의 벽을 넘어 우리들 마음까지 적셔주고 있었다.

마리아 젤의 티 없이 깨끗하신 성모성심 가르멜 수녀회의 설립은 제2차 세계대전이 한창이던 1942년 교황 비오 12세가 티 없이 깨끗하신 성모성심께 세상을 봉헌하는 데서 유래했다. 이 봉헌은 1943년 초, 빈 바움가르텐의 성 요셉 가르멜 성당에서도 거행되었다. 끔찍한 전쟁이 끝나자마자 수 년 동안 비어 있던 수련원이 가득 차기 시작하였고 1946년 초에는 수녀가 최대 스물한 명에 이를 정도로 성장했다. 그때까지 지원자가 계속 나오고 있었기 때문에 새로운 곳에 수도원을 지어 성모성심께 바치기로 했다. 1952년, 정확히 가르멜산의 성모 축일인 7월 16일 마리아 젤에 있는 대지를 매물로 제의받았다. 비록 수녀들에게는 재정적인 자원이 없었지만, 오스트리아 최대의 순례지에 이 기도의 집을 짓는 것을 도우려는 시민들의 기부를 통해서 1953년 이 수도원 부지를 구입할 수 있었다.

마리아 젤 가르멜 수녀원 전례 모습 출처: https://mariazell.karmel.at/

1955년에는 새 수도원 설립에 필요한 모든 인가와 교회의 인가를 받아 8월 21일 많은 시민들의 참여 속에 기공식을 거행할 수 있었다. 1956년 9월 14일, 십자가 현양 축일에 수녀원 건축이 완성되지는 않았지만 빈의 성 요셉 가르멜 수녀원 소속 아홉 명의 수녀들이 마리아 젤에 있는 새로운 성모성심 가르멜 수녀원으로 이주하였다. 1957년, 마리아 젤 순례지 선정 팔백 주년을 맞이했을 때, 수녀원의 공식 봉헌식이 8월 22일에 거행되었고, 오스트리아 국민이 오스트리아의 위대한 성모 어머니Magna Mater Austriae께 봉헌하는 희년의 선물이라는 증명서가 은총의 제단에 모셔졌다. 1958년 제7대 대구대교구장 서정길 요한 대주교는 가르멜 수녀회 설립을 원하여 한국으로 수녀들을 보내줄 것을 요청하였다. 1962년 9월 14일, 이 요청이 받아들여져 오스트리아 수녀 다섯 명, 한국 수녀 한 명으로 대구 가르멜 성모성심 수녀회가 시작되었다.

멜크 수도원
Stift Melk

"하느님께서는 모든 일에 영광을 받으소서."Ut in omnibus glorificetur Deus.(베네딕토회의 기도)

베네딕토회 멜크 수도원의 웅장한 규모에 감탄사가 절로 터졌다. 유럽에 현존하는 수많은 수도원은 그 규모와 화려함에 시선을 떼어놓기 어렵다. 수도원의 건축물이야말로 인간이 하느님을 찬미하기 위해 모든 재능과 재물을 오롯이 바쳐, 쌓고 다듬은 봉헌의 결정체이기 때문이다. 많은 수도원들이 교회사적으로나 인류 문화 역사적으로 그 가치를 인정받는데, 멜크 수도원도 앞에서 언급한 괴트바익 수도원과 함께 2001년 유네스코 세계문화유산으로 지정되었다.

겨울의 멜크 수도원은 적막강산이었다. 도나우강이 지나는 빈과 린츠 사이 거의 정확한 중간 지점에 요새와 같은 화강암 바위 위에 서있는 매혹적인 바로크 양식의 멜크 수도원이 자리한 곳은 오스트리아 바카우 지방 끝머리이다. 이곳은 빼어난 자

연 경관뿐 아니라 중세 시대로부터 이어진 역사의 발자취를 고스란히 품고 있다. 멜크 구 시가지의 높은 곳에 자리한 이 수도원은 건축가 야콥 프란타우어의 작품으로, 성당의 돔과 하늘을 향해 손을 든 것처럼 보이는 금으로 장식된 두 개의 탑은 스스로 세속적인 건물과는 구별되기를 원하는 것만 같았다. 멜크 수도원은 알프스산맥 북쪽에서 가장 인상적인 바로크 양식 건물 중 하나로, 오스트리아 건국 역사의 중심이라 할 수 있다. 수도원에 들어서자 멜크 구 시가지와 함께 도나우강과 멜크강이 한눈에 들어왔다. 이곳 수도원의 박물관, 도서관, 학교 등은 미술사적으로 주목하는 것을 넘어 모든 공간 안에 생명이 느껴지고 움직임이 있다는 인상을 받았다.

수도원의 박물관과 거대한 도서관이 웅변하듯이 이곳은 중세 시대 배움의 중심지였다. 특히 수도원 도서관에는 9세기 초반에 쓰였다는 설교집을 비롯해, 10세기에 작성한 1천 8백 권의 필사본과 1501년 이전에 인쇄된 책이 팔백오십 권 있다. 그리고 아

멜크 수도원 성당의 중앙 제대(좌)와 성당에 모셔진 성 콜로만의 유해

직도 세상에 드러나지 않은 많은 중세의 문학과 신학, 그리고 과학 문헌들이 묻혀 있다. 최근에 코페르니쿠스 이전의 중세 천문학을 이해할 수 있는 텍스트가 멜크 수도원의 도서관에서 발견되었는데, 지금까지는 〈장미의 가시〉The Rose thorn라는 중세 '시'의 1500년경 필사본이 최고最古의 것이었다. 하지만 멜크 수도원 도서관에서 발견된 필사본은 그보다 이백 년이나 앞서 있었다. 도서관 천장에는 철학을 상징하는 지구의, 법학을 상징하는 저울, 의학을 상징하는 뱀, 신학을 상징하는 황소가 그려져 있다. 구백 년 넘는 세월 동안 로마 가톨릭의 본거지였던 멜크 수도원은 지금도 순례자들의 발걸음이 끊이지 않아 과거의 유산도, 사라진 유물도 아닌 끊임없이 새로운 것을 발견하면서 새로운 해석의 길을 열어주고 있었다.

성 콜로만Saint Koloman은 멜크 마을의 수호성인이다. 매년 10월 13일에 콜로만 성인을 기리기 위해 멜크 수도원에서 미사가 봉헌된다. 전통적으로 콜로만 성인의 축일도 1451년부터 멜크 마을에서 기념하고 있다. 성 콜로만은 수도원과 멜크 마을의 역사뿐만 아니라 오스트리아의 역사에서도 첫 번째 성인이므로 특히 중요한 성인인데, 그 이유는 그가 오스트리아 최초의 후작인 바벤베르크 가문의 최초 성인이기 때문이다.

전설에 따르면 성 콜로만은 아버지의 왕실 유산을 받아들이고 싶지 않았다. 왕관, 권력, 부를 포기하고 성지 순례를 떠난 그는 슈토케라우까지 갔고, 거기서 겁에 질린 이 지역 주민들에 의해 스파이로 의심되는 고문을 당해, 마침내 오래된 말오줌나무에서 교수형을 당했다고 한다. 그 후 이 나무에서 잎과 새 꽃이 피어, 바벤베르크 가문에게 성 콜로만의 성덕을 증언하였고, 두려움과 편견 때문에 무고한 사람이 처형당했다는 사실을 사람들은 뒤늦게 깨닫게 되었다. 1014년에 콜로만은 바벤베르크 가문 무덤에 함께 묻혔고, 콜로만 성인에 대한 신심은 오늘날까지 전승되고 있다.

상트 오틸리엔 수도원
Erzabtei Sankt Ottilien

상트 오틸리엔 수도원은 독일 바이에른 주 오버바이에른 지역의 란츠베르크 군, 에레징Eresing과 암머호Ammersee 근처 엠밍Emming에 위치한 베네딕토회 수도원으로, 이 수도원은 성 베네딕토회 오딜리아 연합회의 본원모수도원이다.

어릴 때부터 나는 성 베네딕토회 왜관수도원 문턱을 자주 넘나들었다. 성 베네딕토회 왜관수도원 아빠스를 역임한 이형우 아빠스의 어머니와 나의 어머니가 황해도 사리원 성당 친구로 이웃하며 산 인연으로 어머니의 손을 잡고 왜관 수도원을 방문하곤 했다. 그 때문인지 왜관 수도원의 모원인 상트 오틸리엔 수도원도 마음의 고향 같은 푸근한 느낌을 주었다. 눈 덮인 겨울의 적막함에 싸인 수도원은 '기도하고 일하라'는 말씀을 오롯이 실천하며 살아가는 이들의 청아함이 느껴졌다.

수도원 종탑(좌)과 한복 차림의 한국인이 표현된 스테인드 글라스

상트 오틸리엔 수도원에는 많은 한국인 순례객들이 찾아온다. 한국과의 특별한 인연이 있기도 하고 신부님들과 수사님들도 한국에 대해서 많이 알고 있다. 한국인 순례자가 찾아오면 수도원 곳곳의 안내를 받게 되는데, 그때마다 그들이 자랑스럽게 보여 주고 설명하는 것이 있다. 제대 한 부분을 차지하고 있는 자그마한 성 김대건 안드레아 신부의 동상으로, 유해도 보관되어 있다.

이 수도원의 선교박물관 한국전시실은 1920년에 시작되었다. 이곳에는 한국의 일상 생활에서부터 한국의 문화와 종교에서 비롯된 수많은 유물이 있다. 이는 20세기 초 한국을 상상할 수 있는 소중한 문화재로, 한국전시실에는 총 555건 626점의 유물이 있으며 중요 문서 및 사진 필름 등은 수장고에 보관되어 있다. 유물 중에는 상트 오틸리엔 수도원의 초대 총아빠스인 노베르트 베버Norbert Weber, 1902-1930와 동료 선교사들이 주로 서울 근교에서 수집한 1천여 건 이상의 유물들이 소장되어 있다 특히 그중에는 1925년 베버 총아빠스가 한국 방문 중에 수집해서 독일로 가져간 것으로 추정되는 〈겸재 정선의 화첩〉이 있다. 성 베네딕토회 왜관 수도원의 선지훈 라파엘 신부님의 지속적인 노력 끝에 왜관 수도원에 '영구 대여' 형식으로 기탁받게 되었다.

수도원 내에는 작고 예쁜 기차역이 있는데 이는 과거 수도원의 활발했던 선교활동을 보여주는 흔적이지만, 현재는 이용자가 적어 간이역으로 쇠락한 무인역으로, 이

상트 오틸리엔 수도원 성당 제대 아래의 성 김대건 신부 상(좌)과 유해함

역 또한 한국과 특별한 인연이 있다. 한국전쟁 당시 독일의 구호품을 모아서 한국으로 보냈는데 전쟁으로 피폐한 한국인들에게 소중한 도움이 된 구호품이 바로 이곳에서 출발했기 때문이다.

상트 오틸리엔 수도원은 성 베네딕토회 수도 전통에 '선교'를 추가한 점이 특징이다. 독일 보이론에서 수도 생활을 하던 암라인Andreas Amrhein 신부는 교회의 선교 요청에 따라 "안으로는 수도승, 밖으로는 선교사"라는 기치를 내걸고 1884년 1월 6일 오버펠츠의 라이헨바흐에 공동체를 세웠다. 암라인 신부는 중세의 전례에 따라 전통적인 베네딕토회 생활과 선교 사업을 결합하기를 원했다. 오래된 이 마을에 성녀 오틸리아St. Otilia에게 바쳐진 작은 경당이 있었다 하여 수도원 이름을 상트 오틸리엔이라 하였다. 같은 해에 첫 번째 선교팀이 동아프리카로 파견되었으며, 오늘날까지 상트 오틸리엔의 가장 큰 임무는 젊은 교회의 발전을 지원하고 해외 국가에서 베네딕토 수도회 생활을 정착시키는 것이다. 노베르트 베버 총아빠스 재임시 수도원은 빠르게 성장하여 남아프리카, 한국 및 중국에 새로운 선교 지역을 열었다. 수년에 걸쳐 상트 오틸리엔 수도원은 고등학교, 휴양지 및 게스트하우스, 출판사, 수많은 작업장, 대규모 농업 및 화원을 갖춘 수도원 마을이 되었다.

몽 생트 오딜 수도원

Mont Sainte-Odile Abbey

산속으로 들어서자 좁고 깊고 계곡에는 아름다운 마을이 골목골목 이어져 있다. 이 길의 끝, 해발 1000m에 성지가 있다. 성녀 오틸리아 산 수도원, 즉 몽 생트 오딜 수도원이다. 호헨부르크 수도원Hohenburg Abbey으로도 불리는 몽 생트 오딜 수도원은 프랑스 알자스 지방의 보주산맥에서 가장 유명한 봉우리 중 하나인 몽 생트 오딜에 위치한다.

마을을 벗어난 버스는 침엽수림 사이를 달렸다. 저녁 9시가 조금 넘었다. 마을과 들판이 보이고 저 멀리 겹겹이 드리워진 산에는 저녁놀이 은근하게 퍼지고 있었다. 오틸리아 성녀의 초대를 받아 아름다운 산 위에서 하루를 머물게 되었다.

산 아래의 풍경은 그 자체로 다른 세상으로 이어질 듯했다. 기대했던 대로의 풍경이었다. 성당 안은 고요했다. 제대 오른편에는 오틸리아 성녀 상이 있고 촛불이 많이 켜져 있다. 이곳은 스물네 시간 성체를 조배하는 곳이다. 전통적으로 교회의 맏딸로 불렸던 프랑스는 신자 수가 줄어들고 세속화된 세상에서 더 이상 그 명맥을 이어오지는 못하고 있지만, 그럼에도 그 신심만큼은 대단하게 느껴졌다.

몽 생트 오딜 수도원의 기적의 샘 길목의 14처

다시 밖으로 나와 옛 수도원으로 향했다. 옛 수도원 건물은 큰 몸집의 바위 절벽 위에 우뚝 서 있었다. 후원 아래에 십자가 오솔길이 나 있고 왼쪽 돌계단 좁은 길로 내려가니 바위 절벽을 둘러 돌아가는 십자가의 길이 있다. 아침 공기와 호흡하며 걸었다. 온갖 나무들로 울창한 숲속에 퍼지는 향기는 미처 깨어나지 못한 영혼에까지 스며드는 것 같았다. 비탈길에 작은 묘지가 눈에 들어왔다. 바위 절벽 사이, 루르드 동굴에 숨은 듯 계시는 성모님을 뵙는 상쾌한 숲의 시간은 참으로 넉넉한 그분의 선물이었다.

성녀가 잠든 수도원 후원의 작은 경당은 고요했다. 순례자의 발길에 나의 걸음도 잠시 보태며 세상에 나누어준 그 작은 성녀의 빛을 바라보았다. 숲의 향에 취하여 십여 분 더 비탈길을 내려가면 큰 바위가 나오는데, 그곳이 바로 성녀가 산길에서 기진해 쓰러져 있는 환자를 위해 목장으로 바위를 쳐 샘물이 흘러나오게 한 곳이다. 바위 위엔 나무와 약초가 무성하고, 게르마늄이 풍부하다는 기적의 샘물은 차고 달았다.

●

알자스 공작 아티크는 눈먼 여자아이가 첫 아이로 태어나자 죽이라고 명령을 내리지만, 아내는 그럴 수 없어 부르고뉴 수녀원으로 보낸다. 열두 살 무렵에 세례를 받으며 오딜(빛의 딸)이라는 세례명을 받는다. 세례날에 성유가 그녀의 눈에 닿자 시력이 회복되는 기적이 일어난다. 남동생이 그녀를 찾아와 같이 아버지에게 돌아가지만, 그는 아들을 꾸짖고 딸을 거부하다가 나중에는 받아들인다. 결혼을 강요하는 아버지를 피해 도망을 간 오딜은 검은 숲에 살게 된다. 아버지는 딸의 운명을 이해하고 자신의 호헨부르크 성을 딸에게 주어 수도원을 세우게 한다. 이곳에 소녀들이 찾아오고 그들과 함께 자선을 베풀며 몽 생트 오딜에 두 번째 수도원을 세운다. 1807년 교황 비오 7세는 공식적으로 성녀 오틸리아를 알자스 지방과 시각장애인 및 눈병으로 고통받는 이들의 수호성인으로 선포했다. 그 후 성녀 오틸리아가 살던 몽 생트 오딜 수도원의 샘물은 눈병을 치료한다고 여겨지면서 샤르트르Chartre, 루르드Lourdes 등과 더불어 프랑스에서 유명한 순례지 가운데 하나가 되었다. 보통 교회 미술에서 두 눈이 있는 성녀 오틸리아가 책을 들고 있는 모습으로 등장하는 이유이다.

몽 생트 오딜 수도원의 기적의 샘

오틸리아 성녀가 갇혔던 곳(좌)과 입구 문

수도원 순례의 서막을 열었다.

체코 프라하와 헝가리 부다페스트에 있는 수도원들과 성당들, 그리고 나에게 두 번째 고향과도 같은 빈을 거쳐, 성모님의 품처럼 따뜻했던 마리아 젤, 대구대교구와 자매 교구인 역사의 도시 잘츠부르크, 성 베네딕토회 왜관 수도원의 모원인 상트 오틸리엔 수도원, 독일의 성모 순례지 알퇴팅, 나치 만행의 현장이었던 다카우 강제수용소, 맥주의 고장 뮌헨, 옛 독일의 역사적 흔적인 로텐부르크 마을과 고성, 철학자의 도시 하이델베르크, 프랑스 신앙의 요람인 스트라스부르와 몽 생트 오딜 수도원을 걸었다. 동쪽에서 시작해서 서쪽으로 가로지르는, 유럽 교회의 허리를 관통하는 일정이었다.

혹독한 유럽의 겨울로, 눈보라 속으로 떠난 첫 순례, 극도로 초조했기에 모든 걸 하느님께 의탁한 여정이었다. 수도원 순례라는 뚜렷한 주제가 있었기에 명소를 보고도 지나치거나 충분히 머물지 못한 아쉬움도 있었지만, 우리 신앙의 뿌리를 찾아가는 기대에 찬 뜨거움이 우리의 시간에 함께했다. 여행 비수기여서 수도원을 섭외하는 데에도 어려움이 많았다. 예측할 수 없는 문제들이 우리 앞에 놓일 때마다 간절한 기도로 함께한 열여섯 분의 순례단과 우리의 여정에 함께 계셨던 하느님의 은혜에 감사드린다. 여러 수도원을 더 많이 가보지 못했다는 아쉬움도 있지만 “오늘의 우리에게 수도원은 어떤 곳이고 우리는 왜 이곳들을 찾아 순례를 떠났는지”를 묵상하는, 은혜로운 여정이었다.

마리아 젤 가르멜 수녀원 오십 주년 행사 출처: https://mariazell.karmel.at/ ▶

2차 수도원 순례

2007년 1월 24일(수)-2월 5일(월)

이탈리아
- 아시시의 성 프란치스코 수도원 대성당
- 수비아코 성 베네딕토 수도원
- 몬테카시노 수도원

오스트리아
- 마리아 젤의 티없이 깨끗하신 성모성심 가르멜 수녀원
- 멜크 수도원

스위스
- 상트 갈렌 수도원
- 아인지델른 수도원

독일
- 상트 오틸리엔 수도원
- 오토보이렌 수도원
- 에탈 수도원
- 비스 순례 성당
- 마울브론 수도원

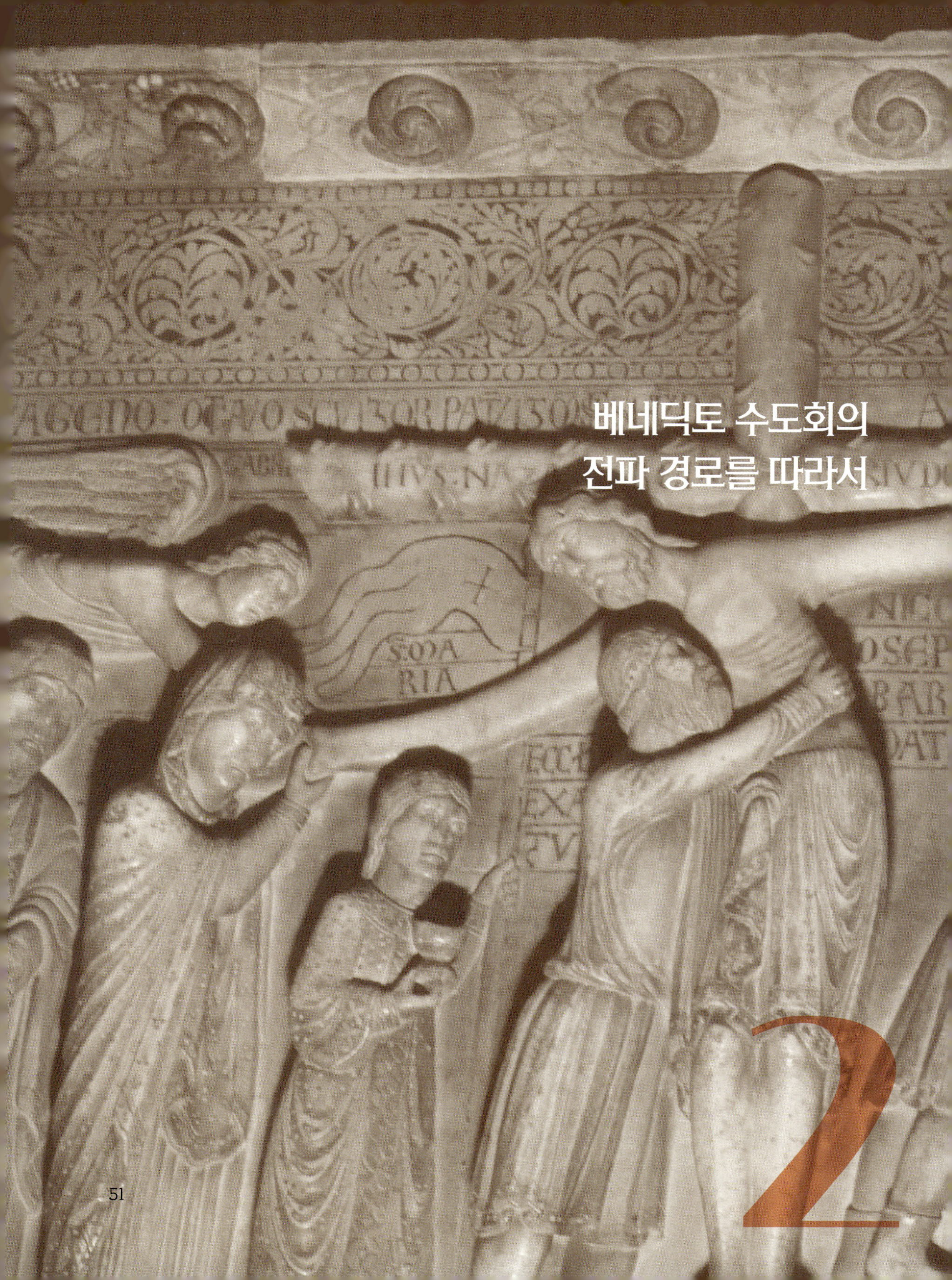

2

베네딕토 수도회의 전파 경로를 따라서

행복하여라,
주님을 경외하는 이 모두
그분의 길을 걷는 이 모두!
(시편 128,1)

© 김상희

2차 수도원 순례는 베네딕토 수도회 전파 경로를 중심에 두었다. 5세기 베네딕토 성인이 시작했던 서방 교회 수도원의 전파 역사를 음미하고 그 여정을 함께하도록 계획한 순례였다. 1월 말에서 2월 초로 이어지는, 강추위 속의 순례였지만 눈도 바람도 우리의 발걸음을 멈추게 하지 못했다.

베네딕토 성인이 수도 생활의 새로운 개념으로 도입한 것은 정주定住, stabilitas, 수도승다운 생활conversatio mo-rum, 아빠스에 대한 순명이었다. '정주'란 수도원에 들어와서 한번 서원하고 나면 다른 수도원으로 옮겨갈 수 없음을 의미하고, '수도승다운 생활'이란 회개의 삶을 약속하고 생활을 바꾸어 세속적인 생활과는 이별한다는 뜻이다. 또한 성 베네딕토에게 있어서 수도자가 된다는 것은 완덕의 길로 나아가기 위해 영적 지도를 받으며 영적 아버지를 중심으로 살아가는 것을 의미하였다. 이러한 서방 교회의 수도원 생활은 선교의 의미와 함께 서유럽으로 퍼져나가기 시작하여 6세기에 절정을 이루었고, 게르만족에게 복음이 전파되면서 유럽은 서서히 그리스도교화, 그리스도교의 대륙이 되었다.

우리는 베네딕토 성인이 영적 수련을 시작했던 로마의 수비아코와 몬테카시노를 시작으로 독일 트리어까지 이어지는 12박 13일의 여정을 시작했다.

아시시의 성 프란치스코 수도원 대성당

Basilica di San Francesco d'Assisi

일정상의 이유로 아시시의 성 프란치스코 성당을 먼저 순례하였다. 아시시의 상징 건축물인 성 프란치스코 수도원 대성당은 세계 각국에서 오는 순례자의 발걸음이 끊이지 않는 곳이다. "가난한 사람들의 공동체로서 이 세상 어디에도 집착함이 없이 순회 설교자로 살아가면서 복음에 나타나는 예수와 그 제자들의 모습을 재현함"을 강조하는 이 수도회의 겸손하고 열절한 생활은 기성 교회에 실망하고 있던 많은 이들에게 큰 감동을 주었으며, 교회 쇄신과 선교에도 큰 공헌을 하였다. 탁발 수도회 중 프란치스코회는 도시에서 사는 공동체와 산속에서 좀 더 은수적으로 사는 공동체, 도시에서 엄격한 청빈을 추구하는 공동체로 나뉜다.

포르치운쿨라 경당과 트란시토, 장미 정원 등을 주변에 둔 아시시의 성 프란치스

아시시의 성 프란치스코 수도원 대성당

코 수도원 대성당은 2000년 '아시시의 성 프란치스코 성당과 프란치스코의 유적'으로 유네스코 세계유산에 지정되었다. 프란치스코 성인의 무덤 위에 복층으로 지어진 이 성당은 1228년 착공하여 1253년 봉헌되었다.

1997년 움브리아를 강타한 지진으로 조토 디 본도네가 그린 상부 성당의 프레스코 벽화가 완전 손상을 입었지만, 그후 복원에 착수하여 2000년에 세상에 공개되었다. 프란치스코 교황은 2013년 이곳을 방문하여 성 프란치스코의 유해가 안치된 곳에서 기도한 뒤 성당 앞 광장에서 미사를 집전한 바 있다.

성 프란치스코가 어려운 시절에 머물렀던 포르치운쿨라의 작은 경당을 허물지 않고 그의 무덤 위에 성당을 세운 이곳은 성 프란치스코가 생을 마감한 장소로, 전 세계의 가톨릭 신자에게 특별히 의미 있는 곳이다.

수비아코 성 베네딕토 수도원

Sacro Speco di Subiaco Monastero di San Benedetto

베네딕토 성인이 몬테카시노에 수도원을 설립하기에 앞서 영적 수련을 시작하며 머물렀던 곳이 수비아코 성 베네딕토 수도원이다. 순례 당일 눈이 너무 많이 내려 일정이 취소되었으나 이번 수도원 순례의 흐름에 있어 반드시 언급이 필요하기에 9차 순례 자료로 대신한다.

수비아코는 오래전부터 신비였다. 해발 410m 수비아코 마을을 지나자 구불대는 산자락마다 성인의 역사와 자취가 축복처럼 서려 있다. 나무 한 그루도 예사롭지 않은 산 위의 십자가는 수비아코 성당을 마주 보고 있었다. 수도원 첫 마음 출발지인 수비아코, 하느님 외에는 어떤 것도 소용없다며 한 계단씩 다가가는 깨달음의 길로 험한 절벽을 오른 길, 절벽을 평지로 만든 공동체의 규범 〈베네딕토 규칙서〉는 모든 수도원의 모범이 되어 천오백 년 전통으로 내려오고 있다.

성 베네딕토는 깊은 골짜기 벼랑에서 하느님 사랑에 빠진 기도의 산으로 향했다. 정주 생활의 수도회를 창설하고 "기도하고 일하라"는 가르침을 준 엄률의 성인에게 여동생 스콜라스티카는 사랑의 하느님을 알게 했다. 도토리를 밟으며 올리브 숲을 지나 마지막 좁은 문의 계단길 끝에 떡하니 나타난 바위 벼랑에 붙은 수비아코 수도원은 수도자의 길을 말해 주고 있었다. 성인이 삼 년 동안 동굴에서 은수 생활을 할 때, 로마누스 수도자는 자신의 몫으로 나온 빵을 남겨서 정기적으로 베네딕토에게 가져다주었다. 로마누스가 산 위에서 빵과 물을 담은 바구니를 줄에 매달아 내려보낸 그 벼랑에 지어진 작은 수도원에 살레시오 수녀회가 공동체를 이루고 있다.

세 분의 수사가 있는 고요한 수도원에서 미사 중에 바치는 순례단의 찬미는 바위벽에 부딪혀 건너편 산으로 올랐다. 성인의 기도에 응답하며 그 산을 오르면서 바쳤

베네딕토 성인이 영적 수련을 시작하며 머물렀던 수비아코 성 베네딕토 수도원

을 옛 사람들의 찬가를 오늘은 순례자들이 부르고 있었다. 작은 겨울 정원에 붉은 장미 몇 송이가 피어 있다. 거룩한 동굴 성당, 성인의 절대 고독의 의미를 느끼며 차례로 기도를 바쳤다. 염원은 달라도 천상을 그리는 마음은 뜨겁고 간절했다.

수비아코 근처 산의 바위 벽에 보석처럼 자리 잡은 거룩한 동굴, 수비아코 동굴은 거의 천 년 동안 베네딕토회 영성의 가장 중요한 장소 중 하나이다. 6세기 초에 누르시아의 베네딕토가 닻을 내리고 예수님의 모범을 따라 은둔자로 살았던 동굴이 그대로 보존되어 있다.

동굴은 성인이 떠난 뒤 오백 년 넘도록 버려져 있었는데, 1090년 스콜라스티카 수도원의 팔롬보 수사가 아빠스로부터 이 동굴에서 은수 생활을 할 수 있도록 허락을 얻은 뒤, 수사들이 하나둘 늘어났고 1193년부터는 열두 명이 사는 정식 공동체가 되었다. 그 무렵 교회 개혁을 강력하게 추진하던 교

베네딕토 성인이 은수 생활을 하던 동굴의 입구(좌)와 동굴 안

황 인노첸시오 3세의 지원으로 이 '거룩한 동굴' 공동체는 현재와 같은 모습으로 점차 발전해갔다. 수도원 내부에는 성 베네딕토가 기도하던 동굴이 그대로 보존되어 있어 좁은 동굴 안에는 흰 대리석으로 조각한 청년 베네딕토 상과 돌로 만든 십자가, 빵 바구니, 장궤틀이 놓여 있다. 성당 내부는 예수 그리스도의 생애와 성 베네딕토의 일생을 그린 프레스코화가 있다. 동굴 밖에는 베네딕토 성인이 은수 생활을 하던 중 유혹을 이기기 위해 알몸으로 뒹굴었다는 장미 정원도 그대로 있다. 동굴은 베네딕토 성인이 세상의 유혹으로부터 벗어나 수도원 생활을 선택한 근거를 보존하고 있다. 이 동굴의 프레스코화는 13, 14세기로 거슬러 올라가는데 그리스도의 수난, 성모님의 삶, 그리고 누르시아의 성 베네딕토의 삶을 주제로 한다.

몬테카시노 수도원

Abbazia di Montecassino

이탈리아 라티움 산의 바위 언덕 카시눔 마을이 있는 몬테카시노는 529년경 누르시아의 베네딕토가 직접 세운 베네딕토회 수도회의 첫 번째 수도원으로 몬테카시노 수도공동체를 위해 성 베네딕토의 규칙서가 만들어졌다.

몬테카시노의 첫 번째 수도원은 570년경 롬바르드족의 침략에 의해 약탈당했다. 두 번째 수도원은 교황 그레고리오 2세의 제안과 베네벤토의 롬바르디아 공작 로무알드 2세의 지원으로 914년경 브레시아의 페트로낙스에 의해 설립되었다. 수도공동체는 처음에는 테아노에 거주하다, 그 이후 914년부터 카푸아에 거주했으며 949년에 이르러 수도원이 재건되었다. 몬테카시노를 떠나 있는 동안 클뤼니 수도원 개혁이 수도공동체에 도입되었다. 11세기와 12세기는 수도원의 황금기였다. 그 당시 수도원은 소위 '성 베네딕토의 땅'이라고 불리는 몬테카시노 주변의 넓은 영토를 획득하고 이 지역을 성으로 요새화하였다. 동방 교회와 좋은 관계를 유지했으며 비잔틴 황제

수도원의 정원

수도원이 함락된 당시 희생된 폴란드군의 묘지

의 후원까지 받았다. 덕분에 비잔틴과 이슬람 장인에 의해 순수 예술과 장인 정신이 장려되었다. 그러나 13세기에 이르러 수도원의 쇠퇴가 시작되었고, 1504년 파두아의 성녀 유스티나 수도원에 소속되었다. 1866년 수도원은 이탈리아 정부에 의해 해산, 현재는 수사들이 보물을 관리하는 국가 기념관이 되었다.

오토보이렌 수도원
Kloster Ottobeuren

수도원 역사의 시작은 지역 영주인 쉴라흐와 그의 아내 에르멘스빈트가 아마도 상트 갈렌과 콘스탄체 호수의 라이케나우 섬에서 온 베네딕토회 수사들에게 764년경에 저택을 선물한 것에서 비롯된 것으로 짐작된다. 당시 수도원은 그와 그의 가족,

바로크 양식의 오토보이렌 수도원

후손의 가족 묘지이며 고인을 위해 기도하는 곳이었다.

12세기에 아바스 루퍼트는 히르사우 개혁을 도입하고 수도 생활을 새롭게 했다. 16세기에 수도원은 남부 독일의 인본주의 중심지가 되어 일찍이 인쇄소를 운영하면서 제2의 전성기를 맞았으나, 30년 전쟁 이후 큰 피해를 입었고 18세기 아바스 네스루퍼트 2세에 의해 다시 번성할 수 있었다. 그는 수도원과 수도원 지역에서 종교적, 사회적, 경제적, 예술적 생활을 장려했다. 이 시기 눈에 띄는 모습은 웅장한 바로크 양식의 수도원 건물들로, 유럽 바로크 양식의 주요 작품 중 대표적인 것으로 인정받는 수도원 성당이 포함된다. 이처럼 오토보이렌 수도원은 창립 이후 번영과 쇠퇴의 단계를 번갈아 가며 다른 수도원과 함께 종교, 문화, 교육, 경제 및 정치 중심지로 거듭났다. 수사들의 이러한 헌신과 노력은 수도원과 주민들 사이에 깊은 유대감을 형성하는 결과를 가져왔다.

에탈 수도원
Kloster Ettal

뮌헨을 거쳐 알프스에 들어설 무렵 햇살이 비치며 구름이 걷히더니 알프스 봉우리가 보였다. 두터운 눈을 이고 있는 독일 가문비나무 숲, 구름에 감춰 있던 봉우리가 나타나자 그 장관에 감탄사가 터졌다.

해발 900m 높이의 계곡 마을을 향해 굽이굽이 산길을 돌다 보면 어느 틈엔가 거대한 위용을 뽐내는 베네딕토회 에탈 수도원이 눈앞에 성큼 다가온다. 가로세로 100m 길이의 대형 건축물로, 눈 속에 환하게 빛나는 수도원은 그 자체가 거룩하고도 위엄이 있으며, 좁은 골짜기 앞뒤로 알프스가 솟아 있다. 수도원의 중심은 수도원 성당으로 수도원 하늘을 향해 높이 솟은 세 개의 첨탑이 있는데, 돔 위에 우뚝 솟은 중앙 첨탑은 높이가 무려 71m로 좌우 첨탑이 두 개 서 있다. 두 첨탑의 높이는 비슷하지만 다른 시기에 다른 양식으로 지어져 나름의 개성을 지니고 있다.

에탈 수도원은 독일 남부 바이에른 지방에서도 가장 아름다운 풍경을 자랑하는 알프스 산자락 암머 계곡에 위치한다. 암머 계곡은 중세 시대 독일 아우구스부르크에서 이탈리아 베로나를 오가던 상업적인 길목이었다. 또한 독일이 이탈리아로 영토를 넓히기 위해 활용해야 할 주요 거점이기도 했다. 바이에른의 황제 루드비히 4세는 성모 마리아에게 전구를 청하던 중 이곳에 수도원을 짓겠다고 약속, 1330년 수도원을 세워 봉헌하고 에탈이라고 이름지었다. 에[Et]는 계곡, 탈[Tal]은 서원, 에탈은 '약속의 계곡'이란 뜻이다. 그리고 이탈리아 피사에서 가져온 이른바 〈에탈의 마돈나〉를 기증했다.

다음날 이른 아침, 수도원 아침기도에 참석하기 위해 방문했다. 그곳을 찾는 사람

에탈 수도원 성당(좌)과 성당 천장의 프레스코화

들을 압도하고도 남을 거대한 수도원이 눈앞에 서 있었다. 알프스의 작은 골짜기 동서축을 중심으로 웅장한 수도원이 앉아 있는 것이다. 수도원 성당은 가로세로 100m나 되는 웅장한 바로크 양식의 건축물이었고 장방형 토지 위에 거대한 수도원 성당, 수사들의 생활 공간, 작업 공간, 손님을 맞이하는 손님방 등으로 구성되어 있다. 육중한 성당 문을 열고 들어가 제단 앞에 서서 하늘에서 내려오는 밝은 빛을 올려다보았다. 성당 돔의 〈천국의 프레스코화〉는 천국이 이 땅에 내려와 있음을 상징하는 것만 같았다.

오전 6시, 수사님이 입장하고 오르간 소리와 함께 기도가 시작되었다. 고요한 기도는 에탈 골짜기로 번져나가며 잠시 세상을 잊게 했다. 눈 덮인 산중의 아침기도가 호흡과 함께 마음 깊이 자리잡으니, 세상과 떨어진 수도원의 종소리, 산 공기와 호흡하며 하느님께 의탁하고 싶어졌다. 푸른 하늘, 흰 구름, 눈보라 그친 알프스, 이 멋진 산속 수도원에 하느님이 계셨다.

이 수도원은 두 분 성직자의 신앙의 삶을 기억하게 한다. 수도원 성당 벽 돌판에 적힌 나치에 저항한 두 분의 성직자, 가톨릭 신부 루퍼트 마이어Rupert Mayer와 개신교 목사이며 신학자인 디트리히 본회퍼Dietrich Bonhoeffer다.

마이어 신부는 1939년부터 1945년까지 에탈 수도원에서 연금 상태로 있었고, 본회퍼 목사는 1940년 11월부터 1941년 2월까지 4개월 동안 에탈 수도원에서 지냈다. 두 사람을 기억하는 돌판에는 "그는 나치 정권에 대항해서 저항했고, 에탈에 연금되었다"고 적혀 있으며 특히 본회퍼 목사의 이름 아래에는 처형을 앞둔 그가 하느님께 대한 희망을 잃지 않고 기도하는 마음을 적은 〈선한 능력으로〉Von guten Mächten가 있다.

나치에 저항한 두 성직자 이름이 돌판에 적혀 있다.

"Von guten Mächten wunderbar

geborgen, erwarten wir getrost, was kommen mag. Gott mit uns am Abend und am Morgen und ganz gewiss an jeden neuen Tag."(하느님의 선한 능력이 우리를 보호하고 계시니 믿음으로 일어날 일들을 기대하고 있습니다. 하느님께서는 밤이나 아침이나 우리 곁에 계십니다. 또한 모든 새로운 날에 우리와 함께하십니다.)

마이어 신부는 1945년 미군에 의해 석방되었지만, 그해 선종하였고 1987년 시복되었다. 본회퍼 목사는 나치에 저항하고 히틀러 암살을 시도한 혐의로 1945년 강제수용소에 이송되어 야간에 즉결 심판을 받고, 그해 4월 9일 새벽 39세의 나이로 교수형에 처해졌다.

독일 통일 후 에탈 수도원도 새로운 도전에 직면하여 켐니츠 근처 벡셀부르크에 있는 오래된 수도원을 재정비하고 젊은이와 노인을 위한 만남의 장소로 젊은이와 가족을 위한 집을 세웠다. 전쟁이 끝난 후, 수사들의 에너지와 지칠 줄 모르는 헌신은 수도원 자체뿐만 아니라 사목, 교육 및 경제를 다시 번창하게 하였다.

오랜 전통을 이어오고 있는 베네딕토 수도회는 앞선 여러 세대에 걸친 수사들의 준비 작업에 큰 빚을 지고 있음을 분명히 알고 있기에, 에탈 수도원은 좋은 것을 보존하고 돌보는 동시에 미래를 위한 노력을 사명으로 생각하고 있다.

상트 갈렌 수도원

Kloster St. Gallen

상트 갈렌 수도원으로 가기 위해 알프스산맥 북동쪽을 향해 달렸다. 그곳은 아인지델른 수도원에서 멀지 않는 곳에 있다. 저 멀리 넓은 광장 한복판에 1983년 유네스코 세계문화유산에 지정된 상트 갈렌 수도원 성당이 하늘과 땅을 가로지르듯 아름답고 웅장한 자태를 뽐내고 있었다.

베네딕토회 규칙에 따라 '기도하고 일하며' 하느님의 세계를 추구하던 수사의 모습은 아쉽게도 찾아볼 수 없었지만, 상트 갈렌 수도원은 상트 갈렌시를 지키는 수호신처럼 도심에 우뚝 서 있어 이곳을 지나는 사람이든 멈춘 채 바라보는 사람이든 모든 이의 마음에 깊은 위안을 주고 있는 듯하였다. 중세 유럽 문화를 고스란히 전해주는 수도원 도서관과 상트 갈렌 수도원의 흔적은 온고지신溫故知新의 고사성어처럼 기록의 창을 통해 과거를 되새기고 미래를 꿈꾸게 하는 것 같았다.

상트 갈렌시와 상트 갈렌 수도원의 기원은 아일랜드 수사 갈루스Gallus의 이름에서 비롯되었다. 612년 수사 갈루스가 처음 이곳을 발견하고 도시의 기반을 다졌다. 하지만 갈루스는 건강 문제로 스승 콜룸바노의 선교 여정에 함께할 수 없었다. 그는 홀로 곰과 늑대가 득실대는 알프스의 깊은 산속, 슈타이나흐Steinach 계곡에 움막을 짓고 금욕생활을 시작했는데 이곳이 바로 그의 이름을 딴 상트 갈렌이었다.

전설에 따르면 갈루스의 기도와 깊은 영성에 감명을 받은 곰이 매일 빵 한 덩이와 장작, 각종 열매를 가지고 와서 그를 도와주었다고 전한다. 그래서인지 수도원과 도시 곳곳에는 곰의 문양과 상징이 있다. 갈루스가 세상을 떠난 후 그의 제자들은 움막에서 콜룸바노 수도 규칙에 따라 '기도' '노동' '독서' '교육'을 하며 그곳에서 함께 생활했다.

하지만 상트 갈렌 수도원의 실제 설립자는 쿠어Chur 지역 래트Rät의 주교에게 교육을 받고 서품된 오트마Otmar였다. 719년경 그는 아르본 사람 발트람 폰 투르

상트 갈렌 수도원 성당

가우Waltram von Thurgau에 의해 갈루스 소공동체의 대표가 되었고 정규 수도원 생활 도입을 위임받았다. 초창기 수사들은 주로 래트 사람들이었고 그 후에는 그 지역의 알레만 귀족 가문 출신들이 왔다. 상트 갈렌 수도원의 초대 수도원장 오트마는 갈루스의 움막이 있던 곳에 그의 신앙과 삶을 기리기 위해 720년경 수도원을 세웠으며, 그 당시 이 지역에서 세력이 점점 더 강해지고 있던 카롤링거 왕조의 이 지역에 대한 접근을 막으려는 목적으로 부유한 귀족들이 오트마의 수도원에 수많은 기부를 하기도 하였다. 수도원은 746년에 칸슈타트의 법정에 의해 알레만 지도부가 해체되고, 이듬해 프랑크 왕 페핀Pippin dem Jüngeren에 의해 갈루스 성인이 따랐던 콜룸바노의 수도 규칙 대신에 베네딕토회 수도 규칙을 따르는 수도원이 되었다. 현재 수도원 건물은 웅장한 바로크 양식으로 지어졌다. 수도원 건물과 함께 상트 갈렌 수도원의 가치를 높여 주는 것은 바로 수도원 도서관이다. 오스트리아 아드몬트Admond 수도원 도서관과 함께 세계에서 가장 오래된 도서관이자 가장 아름다운 도서관 중 하나다. 도서관은 1987년 유네스코 세계문화유산으로 지정되었고, 도서관의 바로크 홀은 스위스에서 가장 아름다운 로코코 건물로 1767년에 완성되었다.

천장은 성경 내용을 프레스코화로 표현했으며 바닥부터 천장까지 연결된 목조 책장들엔 고서들로 채워져 있고, 세계에서 필사본이 가장 많은 이 도서관에는 천 년이 넘은 필사본만 사백 권이 넘는다. 883년에 상트 갈렌의 노트커Notker von St. Gallen가 쓴 프랑크족의 왕이자 신성 로마 제국의 황제인 샤를 마뉴의 전기Gesta Caroli Magni와 성무일도 악보는 필사본의 걸작이다.

이러한 문화적 유산을 바탕으로 상트 갈렌 수도원은 중세 초기에 서양 문화의 가장 중요한 중심지 중 하나로, 유럽의 교회와 문화는 수도원 없이는 설명될 수 없음을 다시 한번 확인시켜 주고 있다. 수세기 동안 상트 갈렌 수도원의 영향을 강하게 받았던 상트 갈렌주 대평의회는 1805년 베네딕토회 수도원을 폐쇄하였다. 그 이후로 가톨릭교회에서 관리하고 있다.

아인지델른 수도원

Kloster Einsiedeln

아인지델른 수도원으로 향하는 길에 하얀 눈 덮인 알프스산 정상과 그 아래 초록이 보이는 평지에는 풀을 뜯고 있는 양들이 눈에 들어왔다. 그 와중에 눈발이 날리기 시작했다. 알프스의 고독을 한 몸에 품은 수도원은 아인지델른 모든 마을을 압도할 만큼 웅장했다. 독일어 'Einsiedler'는 '은수자'라는 뜻으로, 'Einsiedeln' 지명 또한 '은수자들이 살던 곳'이라는 의미다. 스위스에서 산티아고로 가는 시작점이기도 한 이 수도원 인근 마을은 조용하고 깔끔했다. 아인지델른 수도원은 지금도 스위스의 대표 성모신심 순례지로 유명하지만, 10세기에는 스페인 콤포스텔라, 심지어 이탈리아 로마와도 우열을 다툴 정도로 이름난 곳이었다.

'검은 성모상'은 그 명성의 한가운데에 자리한다. 검은 성모상은 9세기 중반 성 마

아인지델른 수도원 성당

인라드가 에첼산속에서 은수 생활을 할 때 취리히의 힐데가르트 수녀의 요청으로 만들었다고 한다. 마인라드 성인이 선종하고 80여 년 후 그의 은거지에 성당과 수도원이 세워지면서 검은 성모상에는 순례객의 줄이 끝없이 이어졌는데, 목각 성모상이 검은색을 띠는 이유가 순례객들이 쉼 없이 촛불을 켜서 생긴 그을음 때문이라고도 전하고 또 다른 전승에 의하면 동방정교회의 전통이라고도 한다. 대성당에 들어서면 먼저 검은 성모상이 모셔진 '은총의 성모 경당' 앞에 서게 된다. 수도자들은 이 검은 성모상에 매달 다른 나라의 전통의상을 입히는데, 방문 당시 한국 올리베따노 성 베네딕토 수녀회 수녀님들이 만든 붉은 자수 옷을 입고 있어 더 반가웠다.

수도자들의 성모 찬송Salve Regina은 지금도 변함없다. 매일 오후 4시 30분 저녁기도와 함께 성모 찬송의 시간이 다가오면 수많은 순례객들과 인근 지역 주민들이 성당으로 모인다. 기도 막바지에 성모 찬송을 노래하며, 그 행렬은 성당을 돌아 다시 제의실 안으로 들어가는 장엄한 광경은 천국을 상징하는 바로크 양식의 화려한 성당 안의 전례여서인지 천국에 와 있다는 착각에 잠기게 하였다.

지하 카타콤바 경당의 제대

수사들의 행렬이 지나는 성당 지하에는 수도자들의 시신을 안장하는 카타콤바가 자리하고 있다. 수도자들은 매일 이 카타콤바 위를 걸으며 삶과 죽음은 하나라는 죽음의 의미를 되새긴다. 예수 그리스도를 통한 부활, 영원한 삶을 향해 나아가는 그리스도인들에게 삶과 죽음의 구분은 의미가 없었다. '죽음을 기억하라!'Memento mori 매일 죽음을 기억함으로써 지금 이 순간 삶의 의미를 더욱 충실히 살아갈 수 있다. 보통 사람에게는 답답한 규율에 얽매인 것처럼 보이는 수도자들의 삶이 그 누구의 삶보다 자유로운 것은, 영원한 삶을 향해 올곧게 나아가려는 그들의 지향 때문이다. 이곳 수사들은 5시 기상, 첫기도, 아침기도, 삼시경, 저녁기도, 끝기도를 바친다. 스위스 땅에서 처음으로 종교개혁의 포문을 연 울리히 츠빙글리Ulrich Zwingli가 아인지델른의 사제였다.

일생 동안 베네딕토회 규칙을 따라 수도승의 삶을 실천하는 데 혼신의 힘을 다한 성 마인라드 수사에게 수도원은 '홀로 사는 삶(독거)을 훈련하는 학교'이며, '하느님께 봉사하는 학교'였다. 마인라드는 성서학자이고, 수도 사제이며, 라이케나우 수도원장의 조카였다. 그는 '홀로 기도'와 '성경 묵상'에 전념하기 위해 수도원을 떠나 알프스의 깊은 숲속에서 칩거하였다. 수도원을 떠나 에젤베르크 산속으로 들어갔지만, 그를 따르는 제자들을 피할 수는 없어 누구도 찾아올 수 없는 더 깊은 산속 아인지델른으로 수행의 장소를 옮겼고, 이곳에서 25년 동안 진정한 수도승의 삶을 살았다. 861년 1월 21일 두 강도의 폭력에 의해 성 마인라드가 사망한 후 다른 은둔자들이 그의 순교 장소에 정착했다. 그들도 성 마인라드처럼, 그리고 4세기 초부터 고독 속에서 하느님을 찾기 위해 팔레스타인과 이집트의 사막으로 들어간 남녀 은수자들의 전통을 생생하게 간직할 수 있도록 취리히 호수와 루체른 호수 사이의 높은 계곡에 있는 마치 스위스의 중동 사막과 같은 곳인 한적한 핀스테레 숲에 자리를 잡았다. 슈트라스부르그의 본당 신부인 에버하르는 성 마인라드가 보여 준 삶의 모범에 매료되었다. 아울러 공동체 생활과 하느님에 대한 공동 찬양이 중심인 베네딕토회 수도원의 이상이 그의 열망이었다. 그래서 934년에 그는 은수자들을 공동체로 모았고, 그는 삶의 규칙으로 성 베네딕토의 규칙을 채택하고 스위스 최초의 베네딕토회 수도공동체를 세우고 그 수도원의 첫 번째 아빠스가 되었다. 아인지델른 수도원 대성당은 18세기에 지어진 스위스 바로크 건축물의 최고봉으로 평가받는다.

비스 순례 성당

Wieskirche

바이에른 슈타인가덴 근처에 있는 비스의 작은 마을은 1738년 6월 14일 〈채찍 맞은 예수〉 목조상에서 피눈물이 흐르는 기적이 일어난 성지다. 비스 순례 성당은 바이에른 알프스 산자락에 위치하며, '초원 위의 기적의 성당'으로 불리는데 놀라울 정도로 원형이 잘 보존되어 있다. 생동감 넘치는 장식과 다채로운 색채, 경쾌한 분위기로 바이에른 로코코 양식의 완벽한 걸작인 동시에 사라진 문명을 보여 주는 극히 이례적인 증거이다.

〈채찍 맞은 예수〉 목조상은 1732년부터 프레몽트레회 슈타인가덴 수도원에서 성금요일 '십자가의 길 행렬 예식' 때 사용하던 성상으로, 프레몽트레회 수사들은 이를 더는 경배하지 않고 방치하고 있었다. 그러던 1738년 6월 14일 농부인 로리 부부에

제단의 가운데 안치된 〈채찍 맞은 예수〉 목조상

의해 피눈물이 흐르는 기적이 목격된다. 그 후 독일, 오스트리아, 보헤미아 심지어 이탈리아에서 찾아오는 순례자들이 크게 늘어나자 슈타인가의 프레몽트레회 수도원장은 훌륭한 성소를 짓기로 결정하였다. 이에 따라 1745년 건축가 도미니쿠스 치머만의 지휘 아래 비스 순례 성당을 짓기 시작하였다. 도미니쿠스 치머만은 알프스 산기슭의 목가적인 배경에 가장 세련된 바이에른 로코코 양식의 건축물을 세웠는데, 성가대석은 1749년에 봉헌되었고 나머지 부분은 1754년에 완공되었다.

로코코 양식의 백미로 알려진 비스 순례 성당은 예술가들로부터 "이 시대의 비참한 세상에서 하늘나라의 일부분을 보게 해 준다"는 찬사를 받을 만큼 아름답다. 특히 제단 가운데 안치된 〈채찍 맞은 예수〉 목조상과 〈무지개 위에서 영광스럽게 부활하신 예수 상〉 천장화는 우리를 위해 생명을 바치신 예수님과 예수님의 부활로 인한 화해의 죄 사함, 그리고 하느님 나라의 영광과 축복을 드러내는, 다시 오시는 구세주 예수님의 모습을 잘 보여 준다. 한마디로 비스 순례 성당은 '구원 신학'을 핵심적으로 보여 주는 성당이다.

마울브론 수도원

Kloster Maulbronn

독일 바덴뷔르템베르크 주 마울브론 교외에 위치한 마울브론 수도원은 12세기 중반에 지은, 그 시대의 건축물 중 가장 보존이 완벽한 것으로 손꼽힌다. 고딕 건축 양식에 큰 영향을 미친 이 건물은 1993년 유네스코 세계문화유산에 지정되었다.

순례단은 스위스 아인지델른 수도원을 지나 북쪽 방향으로 향했다. 아름다운 비스 순례 성당을 순례하고, 올림픽의 도시 바덴바덴을 거쳐 헤르만 헤세가 다닌 김나지움을 운영한 마울브론 베네딕토회 수도원에 이르렀다. 한적한 마을에 있는 마울브론 수도원은 시토회 수도원으로 종교개혁 이후 개신교가 장악하면서 가톨릭 수도원이 아닌 개신교 시설로 사용되고 있어 다소 씁쓸한 아쉬움이 들었다.

마울브론 수도원은 1147년에 창건된 후 12세기에 경제적, 정치적으로 급속하게 성장하였으나 13세기 후반과 14세기에 어려움을 겪었고, 15세기에 다시 찾아온 번영은 1504년 마울브론이 뷔르템베르크 공국에 합병될 때까지 계속되었다. 하지만 16세기에 시토회 수도원이 해체되고 개신교 신학교로 대체되면서 주변은 공국의 중요한 행정 구역이 되었고, 후에는 뷔르템베르크 왕국의 소재지가 되었다. 포탑과 탑문으로 둘러싸인 이 단지에는 현재 마울브론 시청과 기타 행정사무소, 경찰서가 들어서 있고, 수도원은 개신교 신학교와 기숙 학교로 바뀌었다.

헤르만 헤세의 소설 『수레바퀴 밑에서』에서 중요하게 묘사된 마울브론 수도원. 헤세는 1891년 자살 시도 후 도망가기 전까지 이 수도원 학교를 다녔다고 전해진다.

마울브론 수도원

깊은 묵상의 시간 속에 모든 여정을 이끌어주시고 무사히 마칠 수 있게 보호해 주신 하느님께 영광을 드리며, Deo Gratias!

2차 수도원 순례는 로마와 수비아코 몬테카시노를 시작으로 '베네딕토 수도회 전파 경로를 따라' 순례하였다. 1차 때 순례했던 마리아 젤, 멜크, 상트 오틸리엔 수도원도 재순례를 추진하였다. 순례 여정은 신앙의 도시 로마에서 시작하여 독일 신앙의 도시라고 할 수 있는 독일 북부의 트리어Trier까지 이어졌다.

이 여정은 로마시대 로마 군단의 진군의 길이었고 그리스도교 전파의 길이기도 하다. 트리어는 그 옛날 갈리아 지역의 수도였으며 작은 로마라고 불리울 정도로 가톨릭 신앙의 뿌리가 깊으며 지금도 성곽이 남아 있다. 제2차 바티칸 공의회 전례헌장의 정신대로 전례 신학을 통한 전례 쇄신의 핵심적인 역할을 한 트리어 대학이 있는 곳이기도 하다. 신앙의 도시답게 트리어의 성 마티아 베네딕토 수도원 안에는 성 마티아 사도 유해가 보존되어 있다. 교회 전승에 의하면 마티아 사도가 순교한 후 헬레나 성녀에 의해 로마로 옮겨졌고, 그 이후 콘스탄티누스 대제에 의해 트리어로 옮겨 모셔졌다고 한다.

도심 한복판에는 철재로 형상화한 트리어의 수공업 장인의 분수가 있다. 2000년 유빌레움Jublileum을 기념하여 2004년 트리어 수공업자 상공회의소가 예술가 클라우스 아펠Klaus Apel에 의뢰하여 트리어 시에 선물한 것이다.

아홉 개의 양식화된 참나무가 꼭대기에 모여 하나의 나무를 형성하고 있는데, 금속임에도 불구하고 생명력이 넘쳐 난다. 거기에는 다양한 공예 활동이 매우 상세하고 현실감 있게 묘사되어 있는데, 굴뚝청소부, 철공업자, 단조, 타일공, 도자기공, 도

장업자, 소시지 가공업자, 구두제화업자, 제빵업자, 양복업자, 목수, 도축업자, 자동차 정비사, 미용사, 무용가, 음악가, 사진작가 등과 견습생, 도제 장인이 무엇인지도 알 수 있을 정도이다.

"하느님께서 명예로운 수공인들을 축복해 주시길 빕니다"라는 문구 아래, "모든 사람은 견습생이 될 수 있다" "뭔가를 할 수 있는 사람은 누구나 숙련공이다" "장인Meister은 무엇인가를 창의적으로 고안하는 사람이다"라고 기록되어 있다. 오늘날 독일을 대국으로 성장할 수 있게 한 도제제도와 이 제도에 의한 수공업자들의 직업에 대한 자부심, 직업에는 귀하고 천함이 없음을 말해 주고 있는 듯했다.

깊은 묵상의 시간 속에 모든 여정을 이끌어주시고 무사히 마칠 수 있게 보호해 주신 하느님께 영광을 드리며, Deo Gratias!

©김상희

3차 수도원 순례

2009년 1월 30일(금)-2월 11일(수)

프랑스

- 퐁트네 수도원
- 베즐레 수도원
- 성 플뢰리 수도원(생 브누아쉬르루아르 수도원)
- 솔렘 수도원
- 몽생미셸 수도원
- 아르장탕 노트르담 수녀원
- 샬트르 성 바오로 수녀원

스페인

- 성 이냐시오 대성당과 성 이냐시오의 생가
- 산토 도밍고 데 실로스 수도원
- 아빌라의 성녀 데레사의 성모 마리아 수도원
- 마드리드의 에스코리알 수도원 유적
- 피에드라 수도원
- 몬세라트 수도원
- 사그라다 파밀리아 성당

3

파리에서 바르셀로나까지 유럽의 신앙을 꽃피운 수도원을 찾아서

눈은 똑바로 앞을 바라보고
눈길은 앞으로만 곧게 두어라.
바른길을 걸어라. 네가 가는 길이 모두 튼튼하리라.
(잠언 4,25-26)

© 김상희

프랑스의 퐁트네, 베즐레, 성 플뢰리, 솔렘, 몽생미셸 수도원과 아르장탕 노트르담, 샬트르 성 바오로 수녀원과 스페인의 성 이냐시오 대성당과 성 이냐시오의 생가, 산토 도밍고 데 실로스, 아빌라의 성녀 데레사의 성모 마리아 수도원과 마드리드의 엘 에스코리알 수도원 유적과 피에드라, 몬세라트, 사그라다 파밀리아 성당성 가정성당 등 가톨릭교회가 뿌리를 내릴 수 있도록 유럽 지역에 신앙을 꽃피운 수도원들의 면모를 살피고 그 영성의 길을 걷는 세 번째 수도원 순례가 시작되었다.

2006년 수도원 순례를 시작하면서 매년 일정을 가져야겠다고 생각했으나, 여러 이유로 2008년 한 해를 쉬고 2009년에 다시 우리의 순례 계획이 이루어졌다.

특히 '프랑스 수도원'에서의 시간은 우리의 존재를 새롭게 성찰해 보는 시간이 아니었을까 싶을 만큼, 관례적인 신앙생활로부터 벗어나 신앙의 새로운 영역을 만나는 시간이었고, 서양 위주의 그리스도교가 아닌 전 인류를 위한 그리스도교 영성을 체험할 수 있었던 의미 있는 여정이었다.

퐁트네 수도원

Abbaye de Fontenay

깨끗한 프랑스 중부의 겨울 날씨를 만끽하면서 시토회가 시작된 수도원인 퐁트네 수도원으로 향했다. 인적 드문 숲속 도로를 한참 달려 깊은 계곡 한가운데 적막강산에 둘러싸인 퐁트네 수도원에 도착하였다. 수도원에 가까이 다가갈수록 신비한 고요가 밀려왔다. 수도원과 순례 정보를 책에 의존할 수밖에 없었던 당시로서는 이곳이 건물로만 남아 있는 수도원이라는 사실을 미처 알지 못했다. 수도원에 도착하고 보니 그야말로 야은 길재의 "산천은 의구한데 인걸人傑은 간 데 없네"라는 시조의 한 구절이 떠올랐다.

퐁트네 수도원은 프랑스 코트도르 주 몽바르 근처 마뉴 코뮌에 위치한 옛 시토회 수도원으로 유럽에서 가장 오래되고 완벽한 시토회 수도원 중 하나이며 1981년 유네

어둠이 내리는 퐁트네 수도원 ©김상희

스코 세계문화유산으로 지정되었다. 퐁트네 수도원은 다른 시토회 수도원과 함께 로마네스크와 고딕 건축을 연결하는 고리를 형성한다.

정문을 통과하자 퐁트네 수도원 정원과 건물이 한눈에 들어왔다. 거대한 종탑도 보이지 않았고, 장엄하거나 웅장한 건물도 보이지 않아 어느 위치에서 보더라도 수도원 건물이 한눈에 들어올 정도로 높지도, 복잡하지도 않았다. 우리는 그 옛날의 수도원을 그려보며 천천히, 고요히 수도자들의 열절한 신앙 속으로 걸어들어갔다.

그 옛날, 이곳 수도원에는 두 형태의 수도자가 있었다. 봉쇄 생활을 하면서 기도와 공부, 성경 필사 등의 손노동을 하면서 엄격하게 사는 수도자와 기도 생활보다는 노동에 더 중점을 두는 수도자인데, 이들이 사용하는 구역은 한 수도원 안에서도 구분되어 있었다. 정원을 중심으로 동쪽 1층에는 회합실과 필사실이, 2층에는 봉쇄 생활을 하는 수도자들의 방이 있고, 서쪽 1층에는 농기구나 곡식을 보관하는 창고와 식당이, 2층에는 수도자들의 방이 있었다. 정원을 중심으로 남쪽에는 봉쇄 수도자들의 식당과 부엌, 식료품실 등을 두었다.

참사 회의실과 수사들의 공간 위층은 침실이었는데, 오른쪽에 있는 나무 계단을 오르면 옛날 수사들의 침실을 볼 수 있다. 시토회 수도승들의 고행과 절제는 편안함을 금기로 여겼는데, 엄격한 일과에 따라 시간을 통제하는, 천장에 달린 쇠 종이 그를 말해 주는 듯했다. 단순한 건축학적 구조에서 느껴지는 엄숙함과 절제의 아름다움이 묻어나는 회랑은 수도원 성당에 붙어 있었는데, 외부와 완전히 차단된 안뜰의 회랑은 명상과 기도를 위한 산책로로 이용되었다. 회랑은 언어가 아닌 마음으로 소통하는 공간인 동시에 베네딕토 수도원의 상징이자, 수도 생활의 심장이며, 수도원의 모

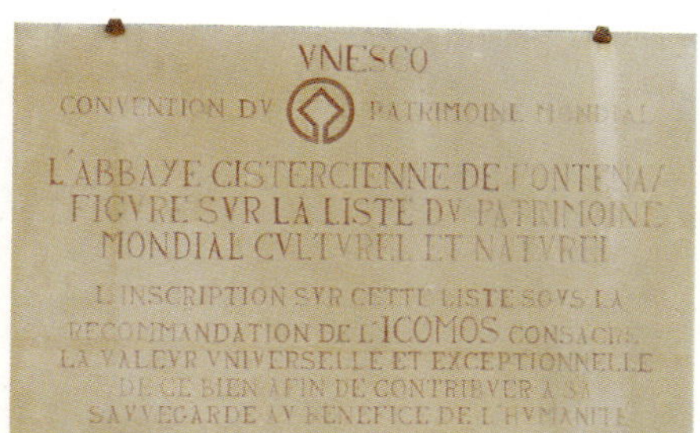

유네스코 세계문화유산 현판

든 공간을 연결해 주는 소통의 장소이다. 강렬하면서도 우아한 이미지를 풍기는 회랑의 열주들은 엄숙함과 단순성 그 자체로 시토 수도원 회랑의 원형을 보여 주고 있었다.

수도원 밖으로 나오니 남쪽 끝에 대장간이 있고, 그 옆으로는 수도원에 물을 공급해 주는 폭포가 시원하게 흐르고 있었다. 수도원 밖 냇물의 낙차를 이용하여 수력을 얻을 수 있도록 냇가에 평형을 이루어 세워진 대장간은 중세 시대의 농기구 제작 과정을 자세히 볼 수 있게 해 주었다. 자급자족하던 당시 시토회 수도원의 규칙에 따라 이곳 수사들이 직접 연장을 만들던 곳으로, 중세의 농기구 문화를 이해하는 데 많은 도움이 될 성 싶었다. 고딕 양식 건축의 특징인 버팀벽의 출현을 예고하는 듯 버팀벽이 대장간 건물을 받치고 있었다.

시토회의 미학은 눈에 보이는 아름다움에 있지 않았다. 세상의 것을 포기하고 절대적 가난을 추구했던 이들에게는 눈에 보이는 아름다움 같은 것은 수도자의 눈과 마음을 빼앗아 하느님께로 향함을 방해할 뿐의 것들이었다. 수도자들의 눈은 영적 독서를 통해서, 수도자들의 마음은 관상을 통해서만 하느님께로 나아갈 수 있다고 믿고 따르는 그들이었다.

수차를 이용해 작동하는 거대한 해머(좌)와 수도원에 물을 공급하는 폭포

세상에서 가장 외진 곳, 방해받지 않고 기도하며 묵상하고 노동할 수 있는 장소를 찾았던 시토회 수사들. 그들은 사람이 살아내기 어려운 지역, 세상에서 가장 쓸모없는 땅에서 스스로 고행하며 베네딕토 사부의 가르침에 충실한 수도 생활을 원했다.

그들의 원의가 하늘에 이르러 1118년 퐁트네 수도원이 시작되었다. 그렇게 시작된 이곳은 1906년 리옹 출신의 에두아르 아이나르가 수도원을 구입하고 복원을 시작하여 1911년에 완료되었다. 에두아르의 후손들은 수도원 건설을 계속했으며 오늘날에도 여전히 아이나르 가족이 소유하고 있다. 시토회 수도원의 건축은 단순, 엄격, 실용성을 강조하며 지은 소박한 건축물에서 그들 수도회 정신을 볼 수 있다. 퐁트네 수도원 성당은 프랑스 시토회 수도원 중 가장 오래되었으며 가장 잘 보존된 곳이다. 자연 채광으로 번지듯 스며드는 빛의 공간은 마치 시간이 멈춘 듯 착각하게 한다. 단순함의 극치를 보여 주는 곳, 제대 오른편에는 14세기의 영주 멜로 데쁘와스와 부인의 모습이 석관 덮개에 조각된 무덤이 있다. 석조로 된 제단화는 13세기 고딕 양식의 성당에서 옮겨왔다.

수사들의 침실 ©김상희

장식을 배제한 단순미가 특징인 십자형 구조의 성당은 로마네스크 양식으로 길이 66m, 익랑Transept, 날개 복도의 길이 30m의 건물로 두 개의 기초용 축대 위에 이 지방에서 생산된 순박한 돌로 지어졌다. 물이 있는 정원을 중심으로 집을 지었던 고대 로마인의 빌라처럼 수도원 건물과 장소들은 사각형 회랑으로 둘러싸여 있고 정원 지하에 빗물을 모아두는 저수조를 중심으로 만들어졌다. 정원 안에는 식당과 가까운 곳에 저수조의 물을 공동으로 사용하는 우물 혹은 세면대를 두었다. 제대를 동쪽으로 두고 있는 성당은 사각 정원의 북쪽 편에 세웠다.

베즐레 수도원

Basilique de Vézelay

퐁트네 수도원 순례를 마치고 점심식사 후 베즐레 수도원을 찾았다. 베즐레 마을의 언덕길을 한참 걸어 올라가니 민가가 나타나기 시작하고 소로를 따라 오르는 길에선 프랑스 시골 마을의 정취가 느껴졌다. 수도원 주변의 마을과 작은 갤러리와 카페, 상점들이며 성탄 축제를 지낸 아기자기한 소품 장식 등 한눈에 들어오는 모든 풍경엔 베즐레의 향기와 문화를 품고 있는 듯했다. 특히 산티아고 순례길 여정의 또다른 시작 장소임을 알려 주는 야고보의 조개 껍질도 눈에 띄었다.

베즐레 수도원은 881년에서 889년 사이에 베네딕토회 수사들이 베즐레 언덕으로 수도원을 옮겨 새로이 건축한 수도원이다. 수도원은 클뤼니 수도원 개혁을 따라 베네딕토회 회원이 된 바딜로의 지도력으로 재건되었다. 특히 베즐레 수도원은 스페인 북서부 갈리시아의 산티아고 데 콤포스텔라로 향하는 순례자들을 위한 프랑스를 통과하는 네 개의 주요 경로 중 하나의 출발점이다.

1050년경 베즐레의 수사들이 막달라 마리아의 유해를 소유하고 있다고 주장하기 시작했는데, 그들은 그 유해가 그들의 창립 성인인 바딜로가 보낸 사절이 성지에서 가져온 것이라고 했고, 베즐레 출신의 한 수사는 프로방스의 지하실에 있는 빈 석관 안에서 베타니아의 마리아 막달레나가 예수님의 발에 향유 부음(루카 7,38)을 표현하는 그림을 성 막시민이 발견했다는 증언을 통해, 아마도 중세 시대 막달라 마리아의 관으로 추정된다고 하였다. 그래서 베즐레의 수사들은 막달라 마리아의 유해가 그들의 수도원으로 옮겨진 무덤이라고 설명했다.

이 수도원의 중요성은 이곳이 세계사적으로 중요한 수많은 사건의 현장 역할을 했다는 사실에 있다. 예를 들면, 1095년에 교황 우르바노[Urbano] 2세는 이곳에서 1차 십자군의 출정식을 거행할 것을 구상했고, 1146년 교황 에우제니오[Eugene] 3세는 여기서

2차 십자군을 모집하도록 했다. 클레르보의 베르나르도Bernhard von Clairvaux는 베즐레 수도원 북쪽 언덕에서 수만 명의 사람들에게 십자가를 나누어주며 십자군에 지원할 것을 독려했다.

성당이 완공된 직후 베즐레는 역사의 정점을 경험했다. 베즐레 수도원은 11-12세기 서방 그리스도교 세계의 정치와 종교의 중심지로 주목을 받았고, 12세기 전성기에는 오백 명의 수사들이 이곳에서 생활했다. 또 수도원 주위에만 만 명이 넘는 주민들이 살았으며, 이곳을 찾는 순례자들의 행렬도 끊이지 않았다고 한다. 12세기의 짧은 영광을 뒤로하고, 1538년에는 수도원이 잠시 폐쇄되기도 했다.

프랑스 혁명으로 폐쇄된 수도원의 수많은 조각품은 파괴되거나 다른 곳으로 옮겨졌고, 1819년에 종탑은 불타버렸다. 노트르담 대성당, 몽생미셸 등 프랑스에서 유명한 중세 랜드마크를 복원한 것으로 유명한 건축가, 외젠 에마뉘엘 비올레르뒤크는 1840년부터 심하게 황폐해진 성당을 복원했고 외부 서쪽 출입구도 복원되었다. 베즐레 언덕 위에 있는 베즐레의 생 마리 마들렌 수도원Abbaye Sainte-Marie-Madeleine de Vzelay 성당만이 지난날의 위상을 자랑하고 있다. 조각된 주두와 문에 복잡한 이미지가 있는 성당은 부르고뉴 로마네스크 예술과 건축의 위대한 걸작 중 하나로 꼽힌다. 1993년 지역 주교는 프랑스 형제자매 공동체인 예루살렘 수도회Fraternité de Jérusalem에 성당을 넘겨 사용하게 했다.

지난날의 위상을 자랑하는 베즐레 수도원 성당
©김상희

베즐레의 생 마리 마들렌 수도원은 교회 건축의 역사에서 매우 중요한 위치를 차지하고 있다. 1120년 7월 21일 발생한 대화재로 기존의 성당이 소실되자 새로운 건축을 위한 대역사가 시작되었다. 새로운 성당인 성모 마리아 막달레나 성당Basilique Sainte-Marie-Madeleine은 그 시대 최고로 발전했던 로마네스크 양식과 새롭게 일어난 고딕 양식의 절묘한 조화를 유지하고 있는 유네스코 세계문화유산이다. 고딕 양식의 특징을 나타내기 위해 석재의 사용을 최소화하였고, 가볍고 밝은 분위기를 만들기 위해 외부의 빛을 최대한 많이 받아들일 수 있도록 건축되었다. 이 성당은 11세기 후반부터 마리아 막달레나의 유해를 모시기 시작하면서 유명한 순례지가 되었고 12세기에는 십자군 원정의 출발지이자, 산티아고 데 콤포스텔라 순례길의 주요한 거점 도시가 되었다.

베즐레 수도원 성당은 경이로움 그 자체다. 이곳에 거주하는 수사들은 물론이고 수도원 성당에서 아침을 맞는 신자들과 순례자들은 떠오르는 태양과 함께 매일 새로운 신비를 경험하게 되는 곳이다. 고딕 건축이 만들어내는 빛의 향연은 빛을 통해

마리아 막달레나 성녀의 유해가 있는 성모 마리아 막달레나 성당

천지만물을 창조하신 하느님의 사랑과 피조물의 아름다움을 만나게 한다.

베즐레 수도원 성당은 현관과 벽, 기둥 곳곳에 부조가 가득하다. 현관 위쪽의 반원형 팀파눔tympanum(건물 정면의 대문이나 출입문, 창문 위에 얹혀 있는 반원형, 삼각형의 부조 장식을 뜻한다)은 기념비적 조각품이다. 로마네스크 시대에 만들어진 대부분의 팀파눔은 최후의 심판을 담고 있지만, 1132년에 세워진 베즐레 수도원 성당의 팀파눔은 성령 강림을 담고 있다. 이는 수사들의 사도적 삶의 기원이 자신에게 있지 않고 하느님 은혜에 있다는 것을 드러내려 한 때문이다.

성 플뢰리 수도원(생 브누아 쉬르 루아르 수도원)

ABBAYE DE FLEURY(Abtei Saint-Benoît-sur-Loire)

베즐레 수도원 순례 다음날 아침 일찍 베네딕토 성인의 유해가 모셔져 있고, 역사와 전통을 자랑하는 프랑스 중세 초기 최초의 베네딕토회 수도원인 성 플뢰리 수도원을 찾았다. 성 플뢰리 수도원은 서유럽에서 가장 유명한 베네딕토회 수도원 중 하나이며 누르시아의 성 베네딕토의 유물을 소장하고 있다. 루아르 강변에 위치하여 로마 시대부터 끊이지 않았던 문화의 중심지인 오를레앙에서 쉽게 접근할 수 있다.

부르고뉴 지방 루아르 강가의 특이한 기후로 습기가 많은 차가운 날씨였다. 그 추위에 난방도 하지 않은 수도원 경당에 몇몇 수사들이 삼시경을 바치고 있었다.

성 플뢰리 수도원 건축의 상징은 무엇보다 현관 종탑에 있는데, 이곳을 찾는 순례자들의 시선은 항상 이 종탑을 향하도록 되어 있다. 플뢰리의 종탑은 프랑스에서도 극소수의 로마네스크 양식의 교회에서만 찾아볼 수 있다. 물론 독일의 수도원에서도 이러한 양식을 찾아볼 수 있지만 이곳과는 비교할 수 없으며, 부르고뉴의 다른 수도원에서도 찾아보기 어렵다. 웅장하고 아름다웠던 성 플뢰리 수도원의 현관 종탑은 안타깝게도 16세기에 무너졌고, 현재의 종탑은 17세기의 것으로 여전히 웅장하며 장엄하다. 그들은 현관 종탑을 통해 수도원이 가지고 있는 근원적 이상을 드러내고 있다. 요한 묵시록 21장에 기록된 새 예루살렘이 종탑의 이상과 정신이다. 플뢰리 수도원의 종탑은 새로운 세계의 도래를 담고 있고, 세속 사람들은 상상조차 할 수 없는 새로운 시대가 다가오고 있음을 선언하고 있다.

성당 안으로 들어가는 문은 3개로 1층은 사면체로 되어 있다. 각 층은 1층과 연결되어 있으며, 각 방향에서 빛이 들어올 수 있도록 3개의 큰 창이 나 있는 다양한 구조이다. 1층 기둥머리에 있는 조각품은 사도 요한이 계시를 받는 장면에서부터 어린 양과 순교자, 최후의 심판 등 요한 묵시록의 내용을 담고 있다.

1797년과 1807년 사이 수도원은 무너져 내렸고 급기야 세상에 팔리고 말았다. 수도원 교회가 지역 교구로 편입되는 비극을 겪으며 플뢰리 수도원은 종말을 맞이했다.

프랑스 혁명과 더불어 세상의 철학이 수도원으로 밀려들자 수사들은 뿔뿔이 흩어지기 시작했다. 1789년 프랑스 혁명 때 해체된 수도원 공동체는 교회의 소유권을 되찾았지만, 실제로 재건은 1944년 제2차 세계대전 중에 이루어지기 시작했다. 베네딕토 수도회의 전통을 계승하려는 젊은 수도사들이 이곳에 정착하면서 플뢰리 수도원은 새로운 시대를 맞이하게 되었고, 현재 이곳에는 삼십여 명의 수도사들이 베네딕토회 규칙에 따라 그리스도의 길을 따르고 있다.

"새 하늘 새 땅"에 마음을 두고, 오늘을 사는 사람들, 수도원 건축물과 그 안에서 베네딕토회 규칙에 따른 기도와 전례로 구도자적 자세로 살아가는 젊은 수사들을 보며 '그들은 무엇 때문에 기도하고 있는지' '무엇이 그들을 기도하게 하는지' 묻게 되는 시간, 성 플뢰리 수도원을 떠나며 솔렘으로 향했다. 솔렘으로 가는 길, 루아르 강가에 있는 프랑스 고성이 눈에 들어왔다. 프랑스의 역사와 부를 상징하는 듯한 위용이라든가 잘 보존된 역사적 유물에서 문화의 대국이 서서히 들어오고 있었다.

종탑이 보이는 수도원

베네딕토 성인의 유해 ©김상희

성 플뢰리 수도원은 생 브누아 쉬르 르아르 지역에 위치하고 있어서, 생 브누아 쉬르 르아르 수도원이라고도 불린다. 이 수도원은 651년 6월 27일 중세 초기에 설립된 최초의 수도원으로 갈리아에서 성 베네딕토의 규칙을 따라 살았던 최초의 수도원 중 하나였고, 성 베네딕토의 유해가 이곳으로 모셔졌다. 1026년 수도원은 서부 문화 중심지 중 하나로 중요한 도서관과 역사적 사료로 빛을 발했으나, 11세기 초 화재로 현재의 성당이 재건축되었다. 기둥 부조 조각품이 뛰어나며 종탑과 현관은 로마네스크 초기의 건축물이다. 현재 건물은 당시 생 브누와의 아빠스 고즐린의 주도로 1027년에 재건되었다. 성당은 고딕 아치로 이어져 종탑 현관과 연결되었고, 대부분의 건물은 1218년경 완공되었다. 수도원 성당은 세 시기에 걸쳐 독특하게 건축되었는데 11세기에 현관 종탑이 세워졌고, 13세기에는 교회의 신랑nave과 성가대석, 익랑transept이 건축되었다.

솔렘 수도원

Abbaye Saint-Pierre de Solesmes

솔렘 수도원 바로 앞에 위치한 고풍스런 호텔에서 하룻밤을 자고 이른 아침 수도원을 찾았다. 프랑스 북서쪽 사르트강 양쪽 기슭에 자리한 수도원은 조용했다. 마침 주님 봉헌 축일이라 큰 축제의 장엄미사를 봉헌하는 날, 그레고리안 성가의 본산답게 미사는 긴 행렬과 더불어 두 시간 반 정도의 장엄한 미사가 진행되었다. 순례단은 영광스럽게도 이 미사에 참례하며 그레고리안 성가의 진수를 느낄 수 있었다.

성 바오로 솔렘 수도원의 전성기는 19-20세기라고 볼 수 있다. 이 시기 수도원의 새로운 역사는 르망의 교구 사제였던 게랑제가 프랑스 혁명으로 파괴된 수도 생활을 복원함으로써 시작되었다. 1833년 솔렘에서 수도원 생활이 재개되면서 게랑제 수사 신부는 베네딕토회의 관상 생활을 되살리고자 했다. 게랑제 수사 신부는 1833년 베네딕토 규칙에 따라 미사 전례와 성무일도를 회복하는 일에 몰두했고, 이는 전례 성가인 그레고리안 성가의 복원으로 이어졌다. 전례 거행과 연구를 수사들의 삶에 최우선으로 두는 것은 교회의 진정한 자산이었다. 프랑스 혁명과 계몽주의의 영향으로 사회뿐 아니라 교회마저도 중심을 잃고 마구 흔들리던 당시, 게랑제 아빠스는 고대 로마 교회의 전통으로 돌아갈 것을 부르짖었다. 이때 나온 것이 그레고리안 성가의 부흥이었다.

이 수도원의 카리스마는, 특히 전례와 그레고리안 성가의 연구와 보급을 통해 유럽 국경을 넘어 전파되었다. 가톨릭 성가의 전문가인 게랑제는 물론 조시옹, 포티에르, 모르크가 솔렘에서 그레고리안 성가의 복원을 위해 헌신했다. 이들은 그레고리안 성가를 연구하고 전례집을 출판했으며, 미사와 성무일도를 위한 공식 성가집도 출간했다. 1975년 로마 응송집Graduale Romanum이 출간됨으로써 그레고리안 성가에 대한

미사 전 행렬 준비를 하는 모습

연구는 전 세계로 확산되었다.

그레고리안 성가는 음악으로 하느님의 말씀인 성경을 피조 세계에 들려주는 하늘의 음악이다. 솔렘 수도원의 정신이 그레고리안 성가에 담겨 있다. 솔렘의 수사들은 음악에서 하느님을 발견했고, 하느님이 음악을 통해 인간의 기억 속으로 내려오는 것을 경험했다. 솔렘 수도원의 아빠스였던 델라테는 "하느님은 사람을 찾고, 반대로 사람은 하느님을 찾아야 한다. 수도 생활은 이것 외에 다른 것이 아니다"라고 말했다.

수도원의 결실은 종교 연구, 그레고리안 성가 복원, 거룩한 예술 등 수사들의 소임에도 전파되고 전달되었다. 이 영적 유산은 제2차 바티칸 공의회의 기여로 강화되어 관상 지향과 라틴어와 그레고리안 전례 거행에 대한 가치를 교회가 인정하여, 창립된 지 180년이 지난 지금도 이 공동체는 창립자의 고유한 은사에 따라 베네딕토회 생활을 이어가고 있으며, 프랑스 베네딕토 수도원의 중심으로 솔렘 수도원은 전례 개혁과 그레고리안 성가의 부흥으로 주목받고 있다. 지금도 많은 지친 영혼들이 영혼의 그리움, 영적 목마름을 채우기 위해 솔렘 수도원을 찾는다. 소울 스테이를 통해 새벽부터 밤까지 끊이지 않고 울려 퍼지는 그레고리안 성가의 선율을 듣게 된다면 영혼의 그리움과 목마름을 채우는 세상의 천국이라고 표현하고 싶어지리라.

1010년경, 사블레의 영주 조프루아는 솔렘 수도원 교회와 농장을 르망에 있는 라 쿠튀르 수도원La Couture Abbey의 수사들에게 기증하였다. 이것이 바로 이 수도원의 탄생 배경이다. 12세기에 자신의 몸에 십자가를 새긴 사블레의 한 남자가 성지에서 그리스도의 가시관에서 가시를 가져왔고, 그 관리를 솔렘 수도원에 맡겼다. 주님 수난을 회상하게 하는 이 놀라운 유물의 보존은 수도원의 후대 역사에 중대한 영향을 주었으며, 이 유물이 수도원 문장의 중앙에 표시된 것도 우연이 아니다. 이 유물은 군중을 모아들였고 수도원의 이름을 널리 알리고 번성하게 했다. 솔렘 수도원은 삼백 년 가까

솔렘 수도원 ▶

이 샤르트르 강가에서 평화를 누렸지만 백년 전쟁으로 이러한 번영은 약화되었고, 1425년 영국군에 의해 수도원이 불타버렸고 마을도 폐허가 되었다. 수사들은 교회를 재건했지만 몇 차례에 걸친 재건축으로 원래 건물보다 규모가 더 축소되었고, 수도원 성당의 현재 외관도 개조 작업에 의해 생겨났다. 르네상스는 솔렘 수도원의 전성기였다. 많은 중요 인물들이 연속적으로 연결되어 1496년부터 1518년까지 라 꾸뛰르의 아빠스였던 미셸 뷰로의 지원을 받아 영성적이며 규율적인 면에서 쇄신을 시작했다. 우선 1505년부터 1556년까지 반세기 동안 재직했던 장 부글러에 대해 언급해야 한다. 솔렘 수도원은 그에게 수도원 성당의 완성, 특히 "솔렘의 성인들"Saints de Solesmes이라고 불리는 성당의 두 개의 큰 조각상을 조화롭게 설치한 것에 감사하고 있다. 1664년에 수도원은 생 모르Saint-Maur 수도회에 통합되었고 수도원은 더욱 엄격한 수도원 생활로 돌아갔다. 수도원이라고 부르는 현재의 건물을 건축한 것은 1723년 마우리스트이다.

몽생미셸 수도원
Abbaye du Mont-Saint-Michel

오래전 영화 〈라스트 콘서트〉Last Concert를 본 적이 있다. 그 영화의 한 장면에서 나타난 몽생미셸 수도원은 신학생이었던 나에게 강렬한 인상으로 다가온 곳이다. 리처드와 스텔라가 버스를 타기 위해 기다리는 동안 카메라는 뒷배경으로 몽생미셸을 비춘다. 그 웅장함과 예술적 조형미에 감탄하면서 몽생미셸 수도원 전경 사진을 벽에 걸어두고 언젠가는 꼭 한번 가보리라 다짐했던 수도원이었다. 몽생미셸은 눈앞으로는 광활한 목초지, 거대한 밀밭이 서해를 향해 끝없이 펼쳐져 있다. 대지가 끝나는지 바다가 시작되는지 경계를 알 수 없는 지점에 우뚝 솟은 몽생미셸은 신비 그 자체였다. "신이 자기 형상대로 인간을 만들자, 인간은 찬사(몽생미셸)로 돌려주었다"God made man in his image and man has returned the compliment고 한 모파상Guy de Maupassant의 말처럼 그 무엇과도 비교할 수 없는 건축의 극치를 보여 주었다.

멀리 바다에 우뚝 솟은 모습이 나타나자 환성이 터져나왔다. 바다 안갯속에 묻히지 않고 온전히 그 자태를 드러내는, 언어로 표현하기에는 너무나 환상적이고 매혹적이었다. 대체 누가 뻘밭 섬 산 꼭대기에 수도원을 세울 생각을 했을까?

프랑스 역사 고비마다 부침이 있었고 가톨릭의 굴곡진 역사 또한 몽생미셸에 남아 있다. 역사는 흘렀으나 몽생미셸은 완전한 모습을 잃지 않고 해무가 휘감아도 다시 형체를 드러내듯 본래의 자리로 돌아간다. 어두운 하늘과 뿌연 바다를 배경으로 강건하고 신비로운 상상이 더해져 꿈속 다른 세계로 빠져들게 하는 것 같다. 별유천지 비인간의 세상이다. 신비롭고 아름다운 극치의 저 모습은 현실이기나 한 건가?

프랑스 서북쪽 노르망디는 척박한 땅이다. 비 내리고 어둡고 음울한 날씨로 설명되는 북쪽에서 온 야만인들에겐 햇살의 소중함이 절실했고, 자연스럽게 빛의 존재

건축이 가지는 정점을 보여주는 몽생미셸 ©김상희

를 찾았다. 누군가에 의해 움직여지는 삶이 시작되고 마침내 하느님을 만났다.

수도원 망루에서 '세상에 이런 곳도 있구나' 하며 감탄했다. 희뿌연 안갯속 초원과 마을이며 우수를 품은 듯 펼쳐진 회색빛 바다, 몽환적인 풍경이 온 맘을 사로잡았다. 비까지 내려 더 환상적인 풍경을 보면서 생각했다. '축복이다!'

갯벌이 펼쳐져 있고 진흙탕 사이로 난 물길이 다시 길을 내어 저 끝으로 밀려난 바다. 여기가 북해인가? 영국이나 덴마크로 이어지는 바다는 겨울의 우수를 진하게 품는다. 햄릿의 대사가 쏟아질 듯 성채와 바다는 많은 것을 말하고 있었다. 땅에서는 건물을 보며 감탄했고, 망루에서는 세상의 풍경에 푹 잠겨버렸다. 땅에 머물러 있는 사람들에게 고개를 들어 하늘을 바라보게 하고, 이 땅에서 자기 영혼의 영원한 고향을 생각하게 만드는 몽생미셸은 노르망디 바닷가 80m 높이의 깎아지른 절벽 위에 우뚝 서서 하늘을 보고 싶은 사람, 하늘을 향해 천상의 문을 두드리고 싶은 영혼의 구도자들의 신앙과 열망을 담고 있었다.

수도원으로 가는 길

전설에 따르면 몽생미셸의 역사는 708년 대천사 미카엘이 오베르 주교의 꿈에 세 번 나타난 이후부터 시작되었다고 한다. 몽생미셸은 원래 몽 통브라 불리던 바위산이었다. 성 미카엘 천사는 무덤산이라는 섬에 자신을 기리는 성지를 지으라고 주교에게 요청하였고, 이 첫 번째 경당의 건설은 이탈리아 풀리아 지방 가르간산에 있는 대천사를 위한 첫 번째 성지를 기념하는 것이지만 무엇보다도 이 당시 서구에서 그리스도교가 부흥한 것을 기념한 것이다.

966년 노르망디의 리차드 1세 공작은 성 베네딕토의 규칙을 따르는 베네딕토회 수사들을 이 산에 파견했다. 플랑드로부터 온 겸손한 수사 열한 명이 정착하여 베네딕토회 수도 규칙에 따라 생활하면서 이곳은 베네딕토회 수도원이 되었다. 수사를 파견하고 전통에 따라 1023년에 시작된 로마네스크 양식의 수도원 성당을 건설한 이래로 이 산은 서방 그리스도교 전역에 없어서는 안 될 순례지가 되었다. 사람들은 자신들의 영혼을 보호하고 구원을 요청하기 위해 몽생미셸 수도원으로 왔다. 이와 병행하여 수도원은 수많은 사본을 만들고, 보존 및 연구하기 시작했으며, 중세 시대에는 중요한 문화 중심지가 되었다. 몽생미셸과 그 해변Mont-Saint-Michel and its Bay은 1979년 유네스코 세계문화유산에 지정되었으며, 이곳에 등장한 최초의 프랑스 문화유산 중 하나이다.

아르장탕 노트르담 수녀원
Abbaye Notre-Dame d'Argentan

먼 땅에서 온 순례단을 위해 정성을 다해 맞아 주신 해맑은 표정의 원장 수녀님께 영성적인 설명을 들으며 '이곳이야말로 지상의 천국'이라는 생각이 들었다.

18세기에 아르장탕으로 이주한 알메네슈Almenèches 수도원은 푸아티에, 주아르와 함께 프랑스에서 가장 오래된 여성 수도원 중 하나로, 가르멜회 수도원이다. 그 기원은 전해진 내용에 의하면 수도원은 9세기 바이킹의 침략 이후 150년과 프랑스 혁명 이후 30년 동안 두 번의 단절과 수세기 동안의 많은 우여곡절을 겪으면서도 건재했다.

전승에 따르면 7세기 말 수사 성 에브룰+707이 이 지역에 15개의 수도원을 세웠는데, 8세기에 성 란틸드가 통치하던 아르장탕에서 남동쪽으로 10km 떨어진 알메네슈 수도원이 여기에 포함된다.

20세기 초 수도원은 반종교법으로 존립이 위협을 받았는데 1914년 6월 30일 수도원 폐쇄 명령이 내려졌으나 전쟁이 발발하여 공식적으로 집행이 중단되었다. 수도원의 일부는 외래진료소로 바뀌었고 수녀들은 그 자리에 남게 되었다. 1912년에 수도원은 로마 관하에서 벗어났고, 새로운 수도원 성당은 1933년에 축성되었다.

제2차 세계대전 중 수도원이 어려운 상황에서도 공동체의 단결을 보장하고 수도원의 재건을 보장할 수 있었던 것은 1940년부터 1964년까지 수녀원장이었던 성 레옹 수녀의 역할 덕분이었다. 1958년 그들은 오르네 강둑에 있는 새로운 건물에서 아르장탕으로 돌아왔고, 1962년 성당 축성식을 거행하였다. 1964년부터 2002년까지 수녀원장이었던 마리 조셉 보케 수녀는 그레고리안 성가 연주에 특별한 관심을 기울여 수도원에 새로운 영적 활력을 불어넣었고, 일부 수녀들은 레이스 제작 전통을 이어갔으며 사진, 스크린 인쇄를 위한 작업장도 만들었다. 2003년부터 2018년까지 마리 폴 푸뤼차드 수녀가 뒤를 이어 지난 세기 동안 전적으로 살아계신 하느님을 섬기는 데 바쳐졌던 유산을 그들의 삶에서 가꾸어 나갈 수 있도록 계속 도왔다.

단아한 느낌의 수도원 성당

아르장탕 수녀원에서 봉헌하는 미사

샤트르 성 바오로 수녀원

Sœurs de Saint-Paul de Chartres

샤트르 성 바오로 수녀회는 교황청 법에 따라 여성을 위한 종교 공동체이자 가장 오래된 여성 선교 기관으로, 한국에 가장 먼저 진출한 수녀회이다. 순례단은 주님 봉헌 축일(2월 2일)을 앞두고 대구와 서울에 관구를 둔 한국에서 가장 오래된 역사를 자랑하는 샤트르 성 바오로 수녀회 본원을 방문했다.

시련과 폭풍을 뚫고 새로운 가지를 계속 뻗어 나가고 있는 샤트르 성 바오로 수녀회는 시대적인 요구와 필요에 부응하여 복음을 전파하기 위해 아프리카를 비롯하여 미국, 유럽, 아시아 등 새로운 선교지에 선교 수녀들을 파견하고 있다. 현재 40개국 사천삼백여 명의 샤트르 성 바오로 수녀회의 수녀들은 국제적인 대가족을 이루어 서로 친교를 나누며 기쁨을 공유하며 하느님의 더 큰 영광을 위하여 '모든 이의 모든 것'이 되어 다양한 형태의 가난과 고통 속에 있는 사람들 속에서 하느님의 사랑을 나누며 봉헌의 삶을 살아가고 있다.

나는 어릴 적 성당에서 살다시피 했다. 성당 담과 나란히 붙어있는 집에서 태어나 성당 종소리를 들으며 자란 나에게 성당은 놀이터였고, 나를 돌봐주시고 놀아주시던 신부님과 수녀님들은 벗과 같았다. 유치원 때 수녀님께 첫영성체 교리를 배우면서도, 초등학교 4학년 때부터 라틴어 미사 복사를 하면서도 그분들의 일거수일투족은 꾸준히 나의 신앙을 성장시켜 주고 계셨다. 이렇듯 나의 어린 시절, 내 삶의 보루와도 같았던 대구관구 수녀님들이 계신 샤트르 본원을 찾아가는 발걸음이 어찌 기쁘지 않겠는가. 우리 순례팀이 찾은 날은 수도자들의 '봉헌 생활의 날'을 하루 앞둔 시점이었다. 대구에서 파견된 수녀님들은 순례단을 만나자 눈물을 흘리셨다. 이국 땅에 파견되어 숱한 세월을 살아오신 수녀님들과 함께 한국말로 미사를 봉헌하면서 몽글몽글 피어오르는 어린 시절의 향기 속에 감사와 찬미를 드렸다.

이 공동체의 시작은 러베빌 라 셔날교구 루이 쇼베 신부1664-1710로 거슬러 올라간다. 1688년 아비뇽에서 사제 서품을 받은 쇼베 신부는 1694년 샬트르교구의 작은 시골 마을 러베빌 라 셔날 본당 주임으로 파견되었다. 3세기에 걸친 긴 전쟁으로 황폐해진 마을 사람들의 인간적, 영적 품위를 되찾는 일을 돕고자, 그는 특별한 이름도, 예정된 날도 없이 일상적인 흐름 속에서 공동체를 창설하였다. 사제관 입구의 해시계에 새겨진 'Ultima Latet'(The last hour is unknown, 마지막 시간은 알 수 없다)라는 문구처럼 쇼비 신부는 평범한 일상을 '마지막 시간'으로 충실히 살았다. 1696년, 쇼베 신부는 공동체의 요람과 동네 아이들을 교육하는 학교로 사용하고자 본당 가까이에 작은 집 한 채를 마련하였다. 이웃을 향한 애덕의 삶을 살고자 본당 내 모든 아이들을 차별 없이 무료로 교육하고 환자를 돌보았다. 쇼베 신부는 함께 일해 나갈 용기 있고 헌신적인 협조자들을 구했다. 러베빌의 마리 미쇼와 작은 촌락 후레네 레베크 출신의 바르브 후코, 본당 가까이에 살았던 마리 안 드 티

샬트르 대성당

이, 그리고 아봉빌의 카트린 시루 등이 자원하였다. 이들은 회색 옷을 입고 엄률 수도원의 수도자들이 지키는 수도규칙을 지켰으며, 다른 수도회 수도자들처럼 하느님께 자신을 바치는 약속을 했다. 1708년에 아베 쇼베는 성장하는 수녀 공동체를 샬트르의 주교인 폴 고데 데 마레 주교에게 맡겼고, 폴 고데 데 마레 주교는 그들에게 샬트르 교외의 생 모리스에 집을 장만해 주고 그들에게 성 바오로의 딸들이라는 이름을 붙였다. 수도회 모원을 샬트르로 이전한 후, 프랑스 국내의 각처에 분원을 신설해 발전을 거듭하여 해외로 선교 수녀를 파견하였다. 수도회 창설 30여 년이 되어가는 1727년, 네 명의 수녀가 남미대륙의 기아나를 향해 떠남으로써 첫 해외 선교의 문을 열었다.

프랑스 혁명으로 수녀들이 해산되고 거처도 사라졌지만, 1794년 마리 조세움에 의해 수녀원이 변화되는데, 1818년에 마르티니크에, 1820년에는 과들루프의 군 병원에 간호사를 보내달라는 정부의 요청으로 다시 구성되었다. 나머지 유럽 지역에서 새로운 프랑스 재단이 설립된 후, 수녀들은 극동 지역에서 선교 활동을 시작했으며 가장 오래된 여성 선교 조직이 되었다.

수녀원의 숙소 © 김상희

성 이냐시오 대성당과 성 이냐시오의 생가

Chiesa di Sant'Ignazio di Loyola

스페인 마드리드에서 450여 km 거리에 위치한 로욜라는 이냐시오 성인의 생가生家와 웅장한 성 이냐시오 대성당으로 상징되는 곳이다. 아시아 선교의 선구자적 역할을 한 예수회 프란치스코 하비에르 성인의 영향인지는 알 수 없으나 아시아인 순례객들이 꽤 많은 곳이다.

생가와 이어지는 이냐시오 대성당을 포함한 건물에는 도서관과 고문서 보관소, 영성센터 등이 있으며, 예수회 모원에는 예수회 초기 선교사들의 초상화도 전시되어 있었는데, 대성당 중앙 제대 뒤편에 세워진 이냐시오 성인의 청동 조각상 손에 들린 책에는 "하느님의 보다 큰 영광을 위하여"Ad Majorem Dei Gloriam라는 예수회의 모토가 적혀 있었다.

성 이냐시오 대성당 ©김상희

성 이냐시오의 생가는 500여 년 전 성인이 생활했던 시절의 모습을 생생히 엿볼 수 있도록 꾸며놨다. 전체가 단단한 석재로 지어진 데다, 사격용 구멍이 뚫려있는 아래층은 일반 집이 아니라 군사 요새로 건축된 집임을 알 수 있었다. 생가 2층에서는 이냐시오가 가족들과 둘러앉아 지내던 거실로 거실의 벽난로를 지나치면 로욜라 집안을 소개하는 자료들도 볼 수 있다. 생가 3층에는 철책으로 막힌 기도방이 있고 이 기도실 제단 위에 피에타 상이 세워져 있는데, 이냐시오가 다리를 치료하는 동안 이 성상 앞에서 자주 시간을 보냈다고 한다. 성인은 『그리스도의 생애와 성인들의 꽃』이라는 책을 읽으며 자신도 성인들처럼 살고 싶다는 원의를 가지기 시작했다. 이를 통해 새로운 인생의 길이 열리고 하느님에 대한 사랑으로 가득 찬 이냐시오는 자신을 하느님께 온전히 의탁하게 된다. 4층은 생가의 심장이라고 불리는 '회심의 소성당'으로 이냐시오 성인이 거주했던 곳이다. 이곳 천장에는 "로욜라의 이냐시오, 하느님께 의탁하다"라는 글이 쓰여 있고, 소성당 한쪽 모퉁이에는 한 손에 책을 들고 하늘을 바라보는 성 이냐시오 조각상이 있다. 성인의 시선 끝에는 작은 나무 성모상이 있다.

예수회 설립 후 성 이냐시오가 "나는 자주 오랫동안 창문가에 서서 하늘을 바라보곤 했습니다. 그때 내 안에서 우리 주님을 섬겨야 한다는 강한 충동이 일어났습니다"라고 증언했던 것처럼, 소성당 한쪽에는 아란자의 성모화가 있다. 예수 그리스도를 따르고자 했던 열망으로 통회와 보속의 순례 길을 떠난 성 이냐시오가 아란자에서 밤을 새우며 기도했던 시간을 기억하게 하는 성모화이다.

이천 년 교회 역사에 예수회가 미친 영향력은 대단하다. 역사적으로 가톨릭이 종교개혁 및 개신교의 도전에 부딪쳤을 때 그 선봉에 서서 반 종교개혁의 상징과도 같은 단체로 존재했다. 또한 종교적 자기반성과 엄격한 복종을 요구하는 조직을 강조하는 쇄신을 통해 가톨릭이 당면했던 문제를 해결하거나 근대까지 아시아와 남미 지역 선교에 큰 노력을 기울였다는 점도 특기할 만하다.

16세기 유럽은 그리스도교의 분열로 개신교와 가톨릭 간의 갈등이 심화되고 있었다. 가톨릭의 부패와 타락을 비판하면서 프로테스탄트들의 활동과 교세가 활발하게 번져갔으며 마르틴 루터와 장 칼뱅의 등장으로 가톨릭의 교세는 위축되었다. 마르틴 루터가 불 지핀 종교개혁의 불길에 안일하게 대응한 교황청과는 달리, 스페인이나 북이탈리아, 플랑드르 지방의 지역 교회들은 사태의 심각성을 인식하고 가톨릭의 신앙적 혁신을 촉구했다. 예수회의 이러한 탄생 배경이 있었기에 역사적 인물인 성 이냐시오 데 로욜라의 생가 대성당 방문은 수도원 순례에 큰 의미를 더해 주는 일정이었다.

성 이냐시오 데 로욜라1492-1556는 전통적인 수도 생활 형태에서 벗어난 새로운 형태의 수도 생활을 시작하였다. 그는 수도원을 수도자들이 모여 함께 살아가는 공동체의 개념에서 탈피하여 복음 선포를 위한 전초 기지의 역할을 하게 만들었고, 전통적으로 수도 신분의 필수적인 표지로 여겨지던 수도복 · 가대歌隊 수도원 전례 및 형제들이 더불어 살아가는 공동체 개념에서 벗어나 고도의 기동성mobility으로 하느님의 영광을 위해 헌신하게 하였다. 아울러 그가 고안한 '영성 수련'을 통하여 공동체에서 이탈된 상태에서도 영적인 활력을 충전할 수 있도록 배려했는데, 이런 예수회의 정신과 조직은 그 후 창설되는 수도회에 큰 영향을 미치게 되었다. 하지만 예수회는 탁발 수도회보다 더 강력한 중앙 집권 체제였으며, 회원들의 철저한 순명과 학문 연구를 요구하였다.

성 이냐시오를 비롯한 예수회 초기의 신앙지도자들은 인문주의적 교육을 받으며 스페인이나 파리의 신비주의적 신앙관을 이어 받았기 때문에 개인의 양심을 중요시했다. 또한 미사뿐만 아니라 사적인 고행과 성찰, 명상을 통한 개인적인 신학적 체험에 중점을 두는 등 르네상스의 신학적 조류의 영향도 크게 받아, 알게 모르게 교황청과의 노선 차이가 역사적으로 눈에 띄는 편이다.

이냐시오의 기도방(좌)과 기도방의 십자가 ©김상희

산토 도밍고 데 실로스 수도원

Abadía del Monasterio de Santo Domingo de Silos

스페인을 가로질러 남으로 내려가 영성신학의 도시 부르고스에 도착했다. 겨울비까지 내려 인적 드문 부르고스 대성당 주위는 냉기만 감돌았다. 오래전 이곳에서 공부를 마치고 돌아와 신학교에서 함께 살았던 후배 신부를 떠올리며 부르고스 대성당을 한 바퀴 둘러보고 호텔로 돌아와 내일을 준비하였다. 내일 가게 될, 황톳빛의 산토 도밍고 데 실로스 수도원, 그 역사와 영성의 전통을 기대하며.

산토 도밍고 데 실로스 수도원의 역사는 7세기로 거슬러 올라가지만, 가장 중요한 부분은 11세기에 지어졌다는 점이다. 1088년에 로마네스크 양식의 수도원이 봉헌되었고, 그 뒤 벤츄라 로드리게스가 디자인한 또 다른 신고전주의 성당으로 대체되었으며, 보존된 회랑은 로마네스크 양식으로 정사각형 평면도와 2개의 아케이드 층을 갖추고 있다.

수도원이 오래되다 보니 도서관 또한 귀중한 필사본이 많다. 스페인의 고유한 전례인 모자라빅 전례를 연구하기 위해서는 이 수도원이 가장 큰 역할을 하고 있다. 현대식으로 리모델링된 도서관은 오래된 수도원 건물들과 너무나도 대조를 이루고 있어 인상깊었는데다가, 성당과 수도자들 숙소 중간에 위치하고 있어서 수시로 미로들을 통하여 수도자들이 드나들며 자료를 검색하는 것도 기억에 남았다.

산토 도밍고 데 실로스 수도원은 그 역사로 따지면 천 년이 훨씬 넘은 수도원으로, 이름이 낯설지 않은 것은 1990년대 중반에 이례적으로 그레고리오 성가 앨범이 빌보드 차트 상위권에 오르며, 앨범이 3백만 장 넘게 팔린 적이 있기 때문이다. 그야말로 세계적인 대히트였고, 바로 이곳 수도원의 기록인 것이다. 그레고리오 성가로 유명한 프랑스의 솔렘 수도원도 달성하지 못한 대기록이다. 하지만 이 수도원 역시 베네딕토회 중 하나인 솔렘 연합회에 속한 곳이니, 그 음악적 유전자를 숨기지 못한 것이다. 지금은 수도자들도 연세 드신 분이 많고, 예전과 같진 않지만 성당에서 그레고리안 성가를 부를 때면 솔렘 수도원과는 또 다른 소리로 기도를 한다.

1041년부터 1073년까지 수도원장을 맡았던 실로스의 도밍고에게 봉헌되었는데, 이 성인은 수도원이 무어인의 습격으로 여러 차례 피해를 입은 이후 다시 부흥해 나가는 과정을 주도했다.

수도원에는 리에바나의 베아투스라는 스페인 수사가 필사한 주석이 달린 12세기 요한 묵시록 필사본도 있었는데 이는 중세에 그리스도교인들에게 크게 주목받았다. 이 필사본에는 성경의 장면들을 그린 106개의 세밀화가 있으며, 완성하는 데 거의 20년이 걸렸다. 이처럼 수도원이 금박과 은박으로 장식한 서적 채식彩飾과 공예의 학문적 중심지가 되었던 것 역시 도밍고 수도원장의 뛰어난 지도 아래에서였다. 오늘날 이러한 서적들은 수도원에 딸린 박물관과 도서관에서 볼 수 있다.

천 년이 훨씬 넘은 산토 도밍고 데 실로스 수도원

산토 도밍고 데 실로스 수도원은 필사실, 즉 수사들이 종교 서적을 베껴 쓰는 작업을 하는 방 덕분에 유명해졌다. 도서관에는 『실로스 미사 전례서』가 있는데, 이 책은 서양의 그리스도교 문명 속에서 종이로 제작된 가장 오래된 문헌이다. 11세기에 제작된 이 문헌은 154장으로 이루어진 4절 판의 모사라빅(무어인들이 이베리아 반도를 점령한 이후, 이슬람교 통치 아래에서의 스페인 그리스도교 전례서를 이르는 말) 미사 전례서이다. 모사라빅 전례는 로마 가톨릭교회의 라틴 양식 전례보다 시기적으로 이전이므로, 이는 그리스도교 내에서 전례예식이 어떻게 진화되어 왔는지 보여 주는 중요한 자료이다.

〈수태고지〉(좌)와 〈부활하신 예수와 토마스 사도의 의심〉

아빌라의 성녀 데레사의 성모 마리아 수도원

El monasterio de Santa María de la Encarnación

아빌라의 성녀 데레사는 예수의 성 데레사라고도 불리는 가르멜 수녀이자 저명한 스페인 신비주의 종교개혁가이다. 아빌라의 성녀 대 데레사의 영성적 발자취가 남아 있는 성모 마리아 수도원은 그 자체로도 의미를 지니고 있었고, 특히 신앙과 열정의 나라 스페인의 수도원이었기에 큰 기대를 갖고 순례하였다. 먼저 순례단을 반긴 것은 견고한 철옹성 아빌라의 장엄한 성곽이었다. 견고한 신앙의 나라 스페인의 신앙과 열정을 드러내듯 그 자태를 뽐내고 있었다. 전망대에서 바라본 아빌라는 마치 하늘의 성채같은 느낌이었다.

성모 마리아 수도원은 1479년 도냐 베아트리즈 데 이구에라에 의해 설립되었고 성녀 데레사가 1535년에 수련자로 가르멜회에 입회한 수도원이었다. 성녀는 이곳에 27년 동안 머물다가 가르멜 수도원 개혁을 위해 이 지역을 떠났다.

이 수도원은 아빌라의 데레사Teresa of Avila의 삶에서 가장 중요한 장소 중 하나이며, 1535년부터 1574년까지 거의 지속적으로 그곳에 머물렀다. 체베다의 데레사Teresa de Cepeda가 아버지의 허락 없이 가르멜 수도회에 들어갔을 때 수도원은 도시에서 가장 인구가 많은 곳 중 하나였다. 그곳에는 매우 많은 재산이 있었고, 다른 많은 수도원과 마찬가지로 수도원 생활은 엄격하지 않았으며 수녀들 사이에는 매우 분명한 사회적 차이가 있었다.

예수 강생 수도원La Encarnación에서 그는 보르자의 프란치스코Francisco de Borja, 십자가의 성 요한Juan de la Cruz 및 알칸타라의 베드로Pedro de Alcántara의 조언을 받아 가르멜 개혁을 준비했다. 수도원에는 데레사 박물관이 있으며, 가장 눈에 띄는 작품 중 하나는 십자가에 달리신 그리스도를 묘사한 십자가의 성 요한의 그림이다.

성모님께 봉헌된 가르멜 수도원은 봉쇄수도원으로, 아빌라 성벽 밖에 자리잡고 있었다. 입구 왼쪽 수도원의 일부는 박물관으로 꾸며 순례객들에게 공개하고 있었고, 묵직한 출입문에는 안쪽과 바깥쪽을 잇는 줄 하나가 걸려 있었다. 끈을 당겨 종을 울리면 바깥쪽에서 문을 열어주는 형태로 안에서는 문을 열 수가 없다. 흔히 죽어서도 나올 수 없다는 봉쇄수도원의 실재가 두꺼운 나무 문을 통해 먼저 다가왔다.

2층 방에는 수녀들의 당시 유품들을 전시해 놓았다. 성녀는 수도자들이 기도만 하는 수도 생활은 바람직하지 않다고 여겼고, 무엇보다 즐겁고 행복한 삶을 살아야 바른 신앙생활도 가능하다고 보았다. 2층 유품실에는 그을린 벽난로와 찌그러진 주방용품, 당시 수도자들의 손때 묻은 첼로와 기타, 북 등 각종 악기들과 역시 손때 묻은 기도서와 악보들도 전시되어 있었다. 오래된 낡은 제의와 성물, 십자가의 성 요한 성인이 예수님이 돌아가시는 모습을 위에서 보고 직접 그린 〈기둥에 묶여 매 맞으시는 예수〉도 있다. 성녀는 기둥에 묶여 매 맞으시는 예수님을 영적으로 보았고, 이 성상을 통해 예수님의 수난 고통을 묵상하고 하느님의 얼굴을 뵈며 대화를 하는 완덕의 단계에까지 이르렀다.

아빌라 성벽은 견고하여, 그 당시 외적의 침입을 막을 수 있을 만큼 튼튼하게 건축되었다. 지금도 든든하게 이 성곽 도시를 지켜주고 있는 모습에서 대 데레사 성녀의 가르멜 영성이 이 시대, 혼탁한 교회의 모습 속에서도 정화된 삶을 살아가려는 익명의 참된 그리스도인들을 격려하고 지켜주는 힘임을 느끼게 하였다.

아빌라 성벽과 대 데레사 성녀의 영성에 심취된 밤을 지새우고 다시 출발하려는 아침, 폭설이 내렸다. 몬세라트 수도원으로 가야 하는데 산사태로 길이 막혔다는 연락을 받았다. 과연 몬세라트 수도원으로 갈 수 있을지 근심하며 출발했지만, 하느님의 이끄심에 맡기며 어느새 몬세라트 정상에 이르렀을 때, 그 모든 것이 기우였음을 실감했다. 주님을 찬미합시다! Benedicamus Domino!

성곽 도시 아빌라 ©김상희

아빌라 전망대(좌)와 수도원 기념관의 벽화 〈기둥에 묶여 매 맞으시는 예수〉 ©김상희

엘 에스코리알 수도원

Monasterio y Sitio de El Escorial

아빌라에서부터 보았던 눈을 마드리드 인근 엘 에스코리알 수도원에서도 맞이했다. 눈도, 추위도 순례단의 행군을 막을 수는 없었다. 엘 에스코리알은 스페인 마드리드 교외에서 북서쪽으로 45km 떨어진 산 로렌소 데 엘 에스코리알에 위치한 광대한 규모의 복합건물군으로, 정식 명칭은 '산 로렌소 데 엘 에스코리알 왕실 수도원'Monasterio de San Lorenzo de El Escorial이다. 이곳에는 수도원뿐만 아니라 스페인 왕실의 궁전·성당·영묘·박물관·도서관 등이 자리하고 있다. 특히 이곳은 카를로스 1세 이래로 펠리페 5세와 페르난도 6세를 제외한 역대 스페인 국왕과 배우자 및 왕자, 공주들이 안장되는 영묘로 지금까지 계속 사용 중이다. 눈을 의심할 정도로 거대한 규모였다. 스페인의 교회 건축물 규모는 익히 들어 짐작하고 있었지만, 이런 규모가 가능했을까 싶었다. 하지만 곧 수도원이면서 왕령지였기에 가능하였음을 이해하게 되었다. 유명한 작가들의 작품과 수도원 내의 프레스코화 등 스페인이 자랑하는 신앙의 유산이 한데 어우러진 엘 에스코리알은 1984년 유네스코 세계유산에 지정되었다.

성당에서 가장 화려하게 장식된 부분은 높은 제단을 둘러싼 공간이다. 제단 뒷면에 붉은 화강암과 벽옥으로 만든 3단 '레레도스'reredos 제단 칸막이벽가 있는데, 거의 28m 높이의 벽옥은 레오네 레오니가 금으로 장식한 청동 조각상과 펠리페 3세가 의뢰한 종교화 3세트가 장식되어 있다. 한쪽에는 무릎을 꿇은 카를로스와 펠리페의 가족들을 묘사한 실물 크기의 청동 금박 조각상이 설치되어 있으며, 레오네 레오니 역시 자신의 아들인 폼페오 레오니의 도움을 받았다. 가장 아래 중앙에 후엔 데 에레라가 벽옥과 구리로 제작한 감실이 있다.

수도원 순례 중에 왕국을 견학하며, 당대 위대한 예술가들의 치적을 감상하는 시간이었다. 신대륙 발견을 통해 막대한 힘을 얻은 왕권에서 우러나오는 신앙심을 어떻게 이해하고 시대적 정신으로 받아들여야 하는지 머릿속이 조금 혼란스럽기도 했지만, 그 시대를 풍미하던 이들의 신앙적 열정만큼은 이해할 수 있었던 시간이었다.

엘 에스코리알은 역사적, 문화적 의미를 가진 두 개의 거대한 건축물 단지로 구성되어 있는데 왕실 수도원과 약 5㎞ 떨어진 곳에 위치한 왕실의 사냥 오두막이자, 수도원의 휴양지인 라 그라니야 데 라 프레스네다La Granjilla de La Fresneda이다. 이러한 장소들은 이중적 성격을 지니고 있다. 즉 종교개혁 이후 개신교에 대한 가톨릭의 우위와 16세기와 17세기의 스페인 왕정의 권력과 스페인 로마 가톨릭 교회의 그리스도교적 우위를 건축물을 통해 표현한 곳으로, 엘 에스코리알은 수도원이자 스페인의 왕궁이다. 원래는 예로니모 수도회 소속 수사들의 재산이었지만 이후에 아우구스티노 수도회에서 운영하는 수도원이 되었고, 기숙학교의 역할을 하기도 했다.

펠리페 2세 국왕은 1559년에 후안 바우티스타를 궁정 건축가로 임명하였고, 그리스도교 중심으로서 스페인의 역할을 기념하는 건축물 엘 에스코리알을 설계했다. 솔로몬의 전설적인 지혜를 일깨워주는 엘 에스코리알의 중앙에 위치한 프레스코 벽화는 위대한 유다인 왕에 대한 펠리페 2세의 집념을 그려낸 것으로, 펠리페 2세의 사려 깊고 논리적인 성격, 그의 비범함을 담아낸 작품으로 보인다. 엘 에스코리알의 중심 건축물인 산 로렌소 엘레알의 바실리카는 원래 서유럽의 후기 고딕 대성당과 마찬가지로 라틴 십자가 형태를 취하도록 설계되었다. 이 계획은 후안 데 에레라에 의해 길이가 모두 같은 4개의 팔을 가진 형태인 그리스 십자가로 수정되었다.

엘 에스코리알 수도원

피에드라 수도원

Monasterio de Piedra

피에드라 수도원은 스페인 사라고사 주 아라곤의 누에발로스Nuévalos-칼라타유드 지역Comarca de Calatayud 마을에 위치하고 있는데, 역사의 우여곡절을 거쳐 현재는 스페인의 유명한 수도원 유원지, 관광지로 변해버렸다. 수도원이라기보다는 폐허가 되어 유물 전시장으로 전락해버린, 이제는 자연관광 테마 공원 같은 곳이 되었다.

한국 교회도 쇄신없이 지금의 상태로 지속된다면, 그리고 시간이 흘러 종교라는 단어라든가 종교라는 의미가 더 이상 사람들의 마음과 뇌리에 각인되지 않고 외면당하는 시기가 온다면 그 많은 성당과 건물들은 어떻게 될까? 한국 교회의 미래가 오버랩되는 순간이었다.

시토회 수도원은 원래 물가에 자리를 잡도록 지침이 되어 있다. 물을 이용해 삶에

흔적만 남아 있는 수도원

다양한 도움을 받기 위한 이유에서다. 방앗간, 대장간을 비롯해서 수세식 화장실, 농토의 경작 등을 하면서 자급자족을 하였다. 그래서 이 수도원도 물을 이용한 다양한 공간들이 있었다. 수도원이란 기대를 갖고 찾아간 피에드라 수도원은 오히려 오염되지 않은 자연 생태환경을 통해서 순례에 지친 순례단을 힐링으로 초대하였다. 하지만 폐허가 된 수도원은 아직도 마음 한구석에 남아 한국 교회의 미래를 염려하게 하고 있다.

수도원은 로마네스크 양식에서 고딕 양식으로 전환되는 시기에 지어졌다. 전형적인 건축 양식인 고딕 시토회Gothic Cistercian 양식을 보여 주는데, 그 모습은 냉정하고 엄격하며 단순하고 밝은 건축구조를 지니고 있다. 수사들은 이 수도원에서 육백 년 이상 살았다. 1195년 5월, 알폰소 2세는 시토

시토회 수사들의 삶을 그린 벽화(좌)와 수도원 인근의 폭포

회 수사들에게 피에드라 기증을 비준하고, 수도원에 완전한 통제와 관할권을 부여했다. 이러한 기증에는 군주와 그 친척들의 영혼을 위해 위령 미사를 봉헌하겠다는 수사들의 약속을 담고 있다. 수사들은 피에드라 강둑에 있는 나무와 진흙 벽돌로 지어진 피에드라 비에하Piedra Vieja라는 임시 수도원에 정착했다. 피에드라 누에바 수도원Piedra Nueva Monastery은 수도원의 네 번째이자 마지막 수도원이었고, 1203년에 건축이 시작되었다. 1218년 12월 16일, 피에드라 비에하Piedra Vieja 공동체를 피에드라 누에바Piedra Nueva로 이전하는 행사가 거행되었다.

오늘날 성당은 19세기에 건물이 몰수된 후 수년간 방치되어 폐허가 되었다. 1814년 전쟁이 끝난 후 페르난도 7세는 살아남은 수사들이 공동체를 재건하도록 허용했지만, 1820년 자유주의 삼년제Liberal Triennium 기간 동안 수도원은 다시 해체되었고, 그 자산은 국유화되거나 부분적으로 경매되었다가, 1823년 공동체가 재건되었다. 1835년, 마리아 크리스티나는 1차 칼리스트 전쟁 때 딸이 이끌었던 자유군에 자금 조달을 위해 남자 수도원을 해체하고 교회 재산을 몰수하는 법령을 발표했다. 이 법령은 피에드라 공동체의 해체를 의미했고, 목록에 포함된 물품은 1840년대와 1850년대에 아테카, 사라고사, 마드리드에서 경매되었다.

피에드라 수도원은 1983년 2월 16일에 국립 기념물 목록에 추가되었으며 현재 유럽에서 가장 아름다운 장소 중 하나이다. 아쉽지만 다행히 이곳이 수도원이었음을 알려 주는 전시관이 있다. 특히 수사들이 포도주를 만들고 생활하는 과정을 인형으로 만들어 전시하고 있다.

몬세라트 수도원

Monasterio de Montserrat

몬세라트는 스페인 바로셀로나의 외곽에 위치한 산이다. 아빌라를 떠나 마드리드를 거쳐 몬세라트에 이르는 동안 폭풍과 눈이 계속되었다. 폭풍으로 인한 산사태로 길이 막혔다는 소식에 버스 안의 순례단은 근심어린 마음으로 묵주 기도를 바쳤다. 좁은 산길 도로가 힘에 겨운지 버스는 굉음을 냈고, 한참을 지나 도로가 복구되었다는 소식과 함께 순례단은 무사히 몬세라트 수도원에 도착했다. 어마어마한 돌산이 순례단을 맞았다. 바윗돌을 품은 돌산은 질식시킬듯 장엄한 자태였는데, 톱으로 자른 듯, 깎아내린 듯한 모습이 하나같이 기이했다.

장엄하게 바치는 주일 성무일도 저녁기도Vespere를 수사님들과 에스콜라니아 소년 합창단과 함께했다. '빈 소년 합창단' '파리 나무십자가 소년 합창단'과 함께 세계 3대 소년 합창단으로 명성을 얻고 있는 에스콜라니아 소년 합창단은 바로 이곳 몬세

몬세라트에서의 일출 풍경 © 김상희

라트 수도원 소속이다. 1223년에 창립되었고 종교적, 음악적 성격의 기관인 몬세라트에 합창단이 존재했음을 입증하는 14세기 문서가 이미 있다. 카탈루냐 지방에서 창설된 이 소년 합창단의 명성은 엄격한 교육 과정에서 비롯된다. 현재 대성당에서 열리는 전례 거행과 공동체 기도에 참여하고 있는 이들 학생들은 높은 수준의 음악 교육과 인간적, 지적 교육을 받는다. 그 명성은 이미 국제적으로 인정받고 있으며, 현재 전 세계를 순회하며 콘서트를 진행하고 풍부한 음반도 보유하고 있다.

전 세계에서 활동 중인 유명 뮤지션 중에는 이 합창단 출신 음악인이 상당히 많다. 주일을 제외한 매일 오후 1시 정각에 종소리와 함께 천상의 목소리로 성가를 부르는 이 소년 합창단원은 모두 오십 명. 이들은 수도원에서 학업을 받으면서도 다른 지역을 두루 여행하며 학문을 익히고 있는데, 우선은 음악적 자질이 뛰어나야 들어갈 수 있다. 이 소년 합창단이 가장 소중하게 생각하고 있는 임무는 몬세라트 수도원 대성당에서 성무일도를 바치며 그레고리안 성가를 노래하는 것이다. 천상의 소리가 있다면 아마 이날의 성무일도 화음과 같지 않을까 생각했다. 예수님의 제자들이 타볼산에서 예수님의 거룩한 변모를 보고 초막 셋을 짓자고 했던 것처럼, 이곳 수도원에서 살고 싶은 그런 저녁기도 시간이었다.

수도원에서 운영하는 여행자 숙소에서 이틀 저녁을 보내고, 새벽에 일어나 지중해 쪽에서의 일출을 볼 수 있었다. 수도원 주변의 배경까지 더해진 몬세라트에서의 일출은 가히 감탄사를 유발하게 했다. “파수꾼들이 아침을 기다리기보다 내 영혼이 주님을 더 기다리네.”(시편 130,6) 시편의 이 구절과 조화를 이루던 몬세라트의 일출의 순간은 지금도 잊히지 않는 축복된 시간이었다. 이스라엘이 구세주 메시아를 기다리듯 어둠에서 빛으로 나아가길 갈망하는 고통과 슬픔, 실패와 좌절 속에서 희망과 기쁨으로 나아가길 원하는 간절한 사람들의 소망을 채워주듯 빛이신 주님께서 다가오는 느낌을 받을 수 있었다.

수도원 ©김상희 ▶

몬세라트 수도원은 해발 1236m 높이에 톱니 모양의 기암괴석들로 이루어진 암벽 산에 세워진 베네딕토회 수도원으로 몬세라트의 성모상을 공경한다. 11세기에 설립되었고, 19세기에서 20세기 사이에 재건되었으며, 오늘날에도 칠십 명이 넘는 수사가 함께 수도 생활을 하고 있다. 기원전에는 로마인들에 의해 비너스를 숭배하는 신전이 이 자리에 세워졌다고 한다. '톱니 모양의 산'이라는 뜻을 지닌 몬세라트는 카탈루냐의 문화 및 정신 생활에서 중요한 역할을 한다. 이곳은 카탈루냐의 주요 종교 휴양지이며 바르셀로나와 카탈루냐 전역의 젊은이들로 구성된 그룹이 몬세라트 정상에서 일출을 보기 위해 종종 야간 하이킹을 온다.

몬세라트 수도원 대성당의 초기 건축은 16세기에 시작되었으며, 반도 전쟁에서 파괴된 후 1811년에 완전한 재건축이 시작되었다. 1881년 교황 레오 13세는 몬세라트 성당에 소 바실리카의 지위를 부여했다. 성당 정면은 베난치와 아가핏의 조각 부조와 함께 은세공 방식의 복원 스타일로 프란치스코에 의해 1901년에 이루어졌다. "평화의 비전이라 불리는 축복 받은 예루살렘 도시"Urbs Jerusalem Beata Dicta Pacis Visio라는 문구와 성 제오르지오의 부조가 있는 프리즈 기슭에는 요셉 토라스 주교가 쓴 "카탈루냐는 그리스도교가 될 것인가 아닌가"라는 문구가 새겨져 있다. 이는 곧 가톨릭 뿌리의 정치적 모토로 채택되었다. 몬세라트 수도원에는 수비라치가 제작한 카탈루냐의 수호성인인 성 조르디 조각상이 있다. 수비라치는 가우디에 이어 사그라다 파밀리아 성당을 지은 건축가로 알려져 있다. 이 조각상은 음각으로 표현하여 어느 자리에서든지 눈이 마주치게 되어 있다. 대성당에는 저명한 화가들의 작품을 소장한 박물관이 있으며 몬세라트수도원출판사는 1499년에 첫 번째 책을 출판한, 세계에서 가장 오래 운영되는 인쇄소 중 하나이다.

사그라다 파밀리아 성당

Templo Expiatorio de la Sagrada Familia

스페인에서의 마지막 일정으로 바르셀로나에 건축 중인 사그라다 파밀리아 성당을 순례했다. 바실리카 성당 엑스피아토리 데 라 사그라다 파밀리아Basílica de la Sagrada Família는 스페인 카탈루냐 지방 바르셀로나의 에이샴플라 지구에 건설 중인 성당으로 143년이 지난 지금까지 완공되지 않았다. '사그라다'는 스페인어로 '성스러운'이라는 뜻이며, '파밀리아'는 가족을 뜻하기 때문에 '성가정 성당'이라 부르기도 한다.

이 성당은 세계에서 가장 큰 미완성 가톨릭 성당으로, 천재 건축가이자 19~20세기를 대표하는 건축가 안토니오 가우디Antoni Plàcid Guillem Gaudí i Cornet 1852-1926가 설계하고 직접 건축을 책임진 성당이다. 1984년 이미 그의 작품들이 유네스코 세계문화유산으로 지정되었고, 이 성당도 2005년 유네스코 세계문화유산으로 지정되었다. 아울러 2010년 11월 7일 교황 베네딕토 16세는 이 성당을 소 바실리카 성당으로 선포하였다. 규모라든가 독특한 건축 양식에서 세기의 걸작임을 한눈에 짐작하게 했다. 아직 완공되지 않았지만 하느님께 봉헌하고자 한 가우디 건축가의 신앙과 열정, 스페인 가톨릭교회의 진심어린 노력이 가슴에 와 닿았다. 몬세라트에서의 신앙적 감동이 성가정 성당으로까지 이어져 순례자의 걸음을 더욱 기쁘게 했다. 성당 내부는 한창 건축 중이어서 분주하고 소란스러웠지만, 한편으로는 그 소리야말로 하느님께 봉헌하는 성당을 짓는 열정의 하모니라 생각했다.

●

이 성당은 1882년 3월 19일 건축가 프란치스코데 파울라 델 빌라Francisco de Paula del Villar에 의해 건축이 시작되었지만 완공되지 못하고 1883년 사임하자, 그 후임으로 가우디가 수석 건축가로 취임하여 고딕 양식과 곡선 아르누보 양식을 결합한 건축 및 엔지니어링 스타일로 건축 계획을 변경하였다. 가우디는 여생을 이 프로젝트에 바쳤지만, 1926년 사망할 당시 건축은 채 4분의 1도 완료되지 못했고, 그의 시신은 이 성당의 지하에 안장되었다.

사그라다 파밀리아의 건설은 오로지 개인 기부금에만 의존해서 천천히 진행되었다가 스페인 내전으로 중단되기도 했다. 1939년 프란치스코 데 파울라 킨타나가 현장 관리를 맡았고, 가우디의 작업실에서 구한 자료와 출판된 계획서, 사진을 통해 재구성할 수 있었기 때문에 계속 진행할 수 있었다. 건설은 1950년대에 간헐적으로 재개되었고, 그 이후 컴퓨터 지원 설계 및 컴퓨터 수치 제어와 같은 기술이 발전함으로써 2010년에 절반 정도를 건축할 수 있었다. 2014년에는 가우디 사망 백 주년인 2026년까지 완공될 것으로 예측했지만, COVID-19 로 인해 작업이 다시 지연되었다. 미술 평론가 라이너 제르브스는 “미술사 전체를 통틀어 이와 같은 성당을 세우는 것은 아마도 불가능할 것”이라고 말했다.

건축의 구조를 실험하는 모래 주머니(좌)와 건축 중에 있는 성당 내부 ©김상희

사그라다 파밀리아 성당 전면의 모습 ©김상희 ▶

아빌라와 몬세라트로 가는 동안 지중해와 대서양의 영향을 받는 스페인의 겨울 날씨를 제대로 경험했다. 광활한 평지에서 온몸으로 찬란한 빛을 받는가 하면 갑자기 폭풍에 폭설, 폭우까지 내려 변화무쌍한 날씨의 파노라마가 펼쳐졌다. 그 와중에도 몬세라트 수도원의 문이 우리에게 활짝 열렸으니 어찌 감사하지 않을 수 있을까.

역사적으로 프랑스 교회는 '가톨릭교회의 맏딸'로, 스페인 교회는 '가톨릭교회의 파수꾼'으로 불리며 각자의 역할을 충실히 해왔다. 그러나 프랑스 교회는 프랑스 혁명과 사회적 가치관의 변화로, 그 역사는 유지되고 있으나 마치 기운을 잃어가는 노인을 보는 것 같아 안타까웠다. 반면 피레네산맥 너머의 스페인 교회는 남미 선교와 이슬람 확장을 막아낸 교회다운 역동적인 힘이 느껴졌다.

특별히 프랑스 솔렘 수도원, 몽생미셸, 샬트르 성 바오로 수녀회를 순례한 것은 그 나름의 의미가 있었다. 한국 교회와 밀접한 관계를 지닌 수도회와 프랑스 역사 속에 뿌리 깊게 자리 잡은 수도원의 정취를 느낄 수 있었고, 10세기 수도원 개혁과 쇄신의 이유와 의미를 깊이 있게 체험할 수 있었다. 순례 일정 마지막에 방문한 바르셀로나의 성 가정 성당은 아직 미완성이었음에도 큰 울림을 주었다. 찍어내듯 천편일률적이고 무미건조한 성당 건축에 익숙해진 우리와 비교하니 마음 한켠이 무거웠다.

앞선 1,2차 순례 경험이 많은 도움이 되었다. 훗날 우리의 수도원 순례가 지속되는 원천인 '수도원을 사랑하는 사람들'의 모임이 조용히 형성되고 있었다.

"Benedicamus Domino, Deo Gratias!"주님을 찬미합시다. 하느님 감사합니다!

©김상희

4차 수도원 순례

2010년 1월 26일(화)-2월 7일(일)

그리스
- 다프니 수도원
- 메테오라
- 성 니콜라스 아나파프사스 수도원
- 메갈로 메테오론 수도원
- 바를람 수도원
- 성 루사누 수도원(수녀원)
- 아기아 트리아스 수도원
- 아기오스 스테파노 수도원(수녀원)

불가리아
- 릴라 수도원
- 보야나 성당
- 성 페트카 성당
- 성 게오르기오스 성당
- 성 알렉산드로 네프스키 성당

루마니아
- 수체아바 수도원
- 몰도비차 수도원
- 보로네슈 수도원
- 후모르 수도원
- 프로보타 수도원
- 수체아바의 성 요한 신 수도원
- 파트라우치 수도원
- 네암트 수도원
- 시나이아 수도원

세르비아
- 성 사바 대성당

크로아티아

오스트리아
- 아드몬트 수도원

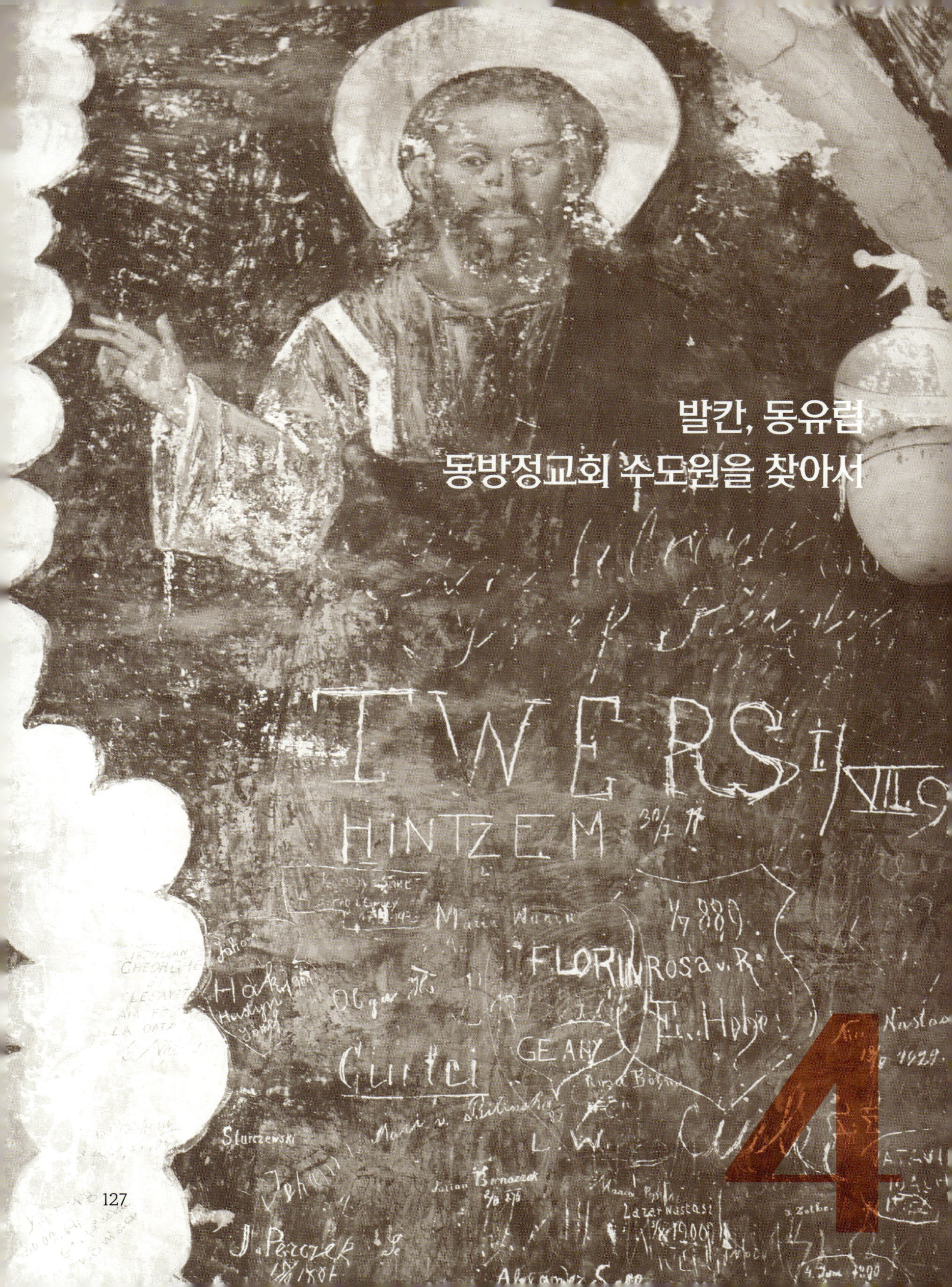

4 발칸, 동유럽 동방정교회 수도원을 찾아서

주님께서 나를 그토록 벌하셨어도
죽음에 내버리지는 않으셨네.
내게 열어라, 정의의 문을.
그리로 들어가서 나 주님을 찬송하리라.
(시편 118,18-19)

©김정희

어느 날부터인가 서방 교회보다 더 깊은 수도원 역사가 있는 곳, '동방정교회'가 나의 뇌리를 떠나지 않고 있었다. 유럽에 살 때 빈의 동방정교회 성당을 몇 차례 방문한 경험, 수사 신부님과 대화를 해보는 경험 정도가 전부였던 나에게는 더 이상의 상세한 정보가 없었다. 공산 정권에서 해방된 지 얼마 되지 않은 곳들을 순례해야 했던 4차 순례는 많은 계획들을 현지에서 파악하고 리셋한 고난의 행군이었다.

대부분의 순례지 국가가 냉전 시대 공산 치하에 있었기에 공산 정권이 퇴조하고 20여 년이 지났음에도 교통과 여행 인프라가 제대로 되어 있지 않았다. 게다가 불가리아와 루마니아 등 동구권 국가의 도로는 겨우 2차선 정도인 데다가 이동 중에 이용할 수 있는 화장실도 주유소뿐이어서 모든 일정이 계획했던 시간에 이루어지지 않아 어떤 날에는 새벽 1시에 숙소에 도착해 저녁 식사를 하기도 했다.

지금은 솅겐 이행 협약Schengen Agreement에 의해, 그리고 동구권 대다수 국가의 EU 가입으로 쉽게 국경을 통과하지만, 당시엔 국경 세관의 엄격한 관리라든가 공산 치하의 어두운 관행 등으로 국경을 넘는 데 두 시간 이상 소요되었다. 특히 그리스는 국가 경제가 거의 파산 지경에 이르러 곳곳에서 농민들이 트랙터와 농산물로 고속도로를 막고 시위하는 바람에 생각지 못한 장애가 빈번했다.

그렇다고 해서 모든 것이 암울하기만 했던 것은 아니다. 한국 가톨릭교회 순례단이 동방정교회 수도원, 특히 불가리아, 루마니아, 세르비아를 방문한 것은 처음이 아니었을까. 공산 치하에 묻혀 드러나지 않았던 동유럽 동방정교회의 진수를 눈과 가슴으로 보고 느낄 수 있었던 것은 그 자체로 소중한 의미였다.

동방정교회 東方正敎會, Eastern Orthodox church

예수님의 탄생지는 아시아 지역인 이스라엘이고, 예루살렘 교회가 모교회이며, 동방 교회의 수도원이 그리스도교 수도원의 출발이다. 반면 서방 교회 수도원은 성 아우구스티노가 성 베네딕토에게 제의한 것에서 출발하였고, 5세기의 성 베네딕토가 원조이다. 이미 3-4세기에 왕성했던 동방 교회는 '동방이교'라고도 하는데, '동방 교회'가 정식 명칭이다. 동방 교회는 자신들을 'Orthodox', 즉 '정교회'원래의 것을 보존해 나간다라 하고, 서방에서도 제2차 바티칸 공의회 후부터 '동방정교회'라는 명칭을 존중하기 시작했다. 이후 정교회들은 그리스 정교회, 불가리아 정교회, 러시아 정교회, 시리아 정교회 등의 국가 자치교회로서 민족적 성격을 띤다.

1054년 동쪽에 있기에 동방 교회라고 불리운 동방 교회는 아르메니아 교회, 시리아 교회, 이집트 콥트 교회 세 가지였다. '예수님은 신성뿐이다'라는 단성설과 '예수님은 신성과 인성이지만 분리된 이성이었다고 주장하여, 성모님께로부터 난 예수님은 인성만 있다'고 주장하는 이성설은 천주의 성모라는 믿음을 거부했다. 이러한 이성설의 대표가 경교의 네스토리우스파로, 431년 에페소 공의회에서 단죄를 받게 된다.

신학적으로 볼 때 동방 교회는 전통을 준수하고, 역사적으로도 동방 교회가 자리를 잡았다. 동방 교부들이 많이 나타나면서 5세기에 급성장을 했다. 더구나 서방 교회는 라틴어를 사용하는 반면, 동방 교회는 그리스어를 쓰면서 신학적·언어적 차이와 함께 문화적 차이, 신앙의 차이로 이어졌다.

750년 스테파노 교황 때는 로마 교황청을 침공하기도 했는데, 신앙이 아닌 인간적인 여러 이유로 동·서방은 점점 멀어졌다. 898년 교황을 파문하는 사건으로까지 심화되면서 동·서방은 서로가 서로를 파문시키며 대립했다. 조사단도 거부하였고, 교황 수위권 다툼으로 갈등이 오래 지속되었으며, 게다가 사제 독신 거부, 누룩을 넣지 않은 빵, 성령 등 이 세 가지 문제로 완전히 갈라졌다. 동방 교회는 서방 교회 자체를 파문해버릴 뿐 아니라 로마 교황은 물론 그 수위권도 인정하지 않게 되었다. 이후 동방은 슬라브쪽으로 선교해 갔지만, 동로마 동방 교회가 이슬람에 의해 정복당하고, 십자군으로부터도 상처를 입게 된다.

오늘의 동서방 교회는, 교회의 일치를 어떻게 할 것인가를 대화 중이다. 교황 재위 시절 요한 바오로 2세는 동방 교회와의 일치를 모색하기 위해 1979년 교황청에 신학 위원회를 구성하기도 했었다. 결국 이 모든 결별의 원인은 인간이고 인간의 문제이기에 해결이 가능할 것이라고 생각된다. 그리스행 직항이 없어 프랑크푸르트에서 환승하는 코스였으나 연결 편 항공기의 지연으로 새벽 1시가 넘어서야 그리스 아테네 호텔에 도착했다. 대구에서 나선 시간부터 계산하면 꼬박 스물일곱 시간이 걸린 후였다. 공항에서 호텔로 이동하는 동안에도 농민들의 시위로 고속도로 곳곳이 차단되어 있어 우회로를 찾는 데에도 시간이 많이 소요되었다. 하루 이상의 시간을 이동하는 데 쓰고 나니 시차 적응은 커녕 이것저것 일정 준비하다보니 아침이었다.

이번 순례는 동방정교회의 수도원이 목적이었기에 연락이 닿는 가톨릭 성당에서는 미사를 봉헌할 수 있었지만, 그 외에는 가능한 공간을 빌려야 했다. 그래서 첫날의 미사는 호텔에서 봉헌되었다. 십자군 운동을 통한 서방 교회의 만행과 피해의 역사가 동방정교회 지역에 아직도 남아 있는 느낌을 떨칠 수 없었다.

다프니 수도원

Μονή Δαφνίου

아테네의 파르테논 신전과 아고라 광장 등을 지나 수도원 순례의 목적에 충실하고자 다프니 수도원을 맨 먼저 방문하였다. 이 수도원은 엘레우시스로 이어지는 성스러운 길Sacred Way에 같은 이름의 인근 숲에 둘러싸여 있는데 숲이 월계수이다. '다프니'는 다프네이온Lauretum에서 유래한 '월계수 숲'을 의미하는 현대 그리스어다. 다프니 수도원은 동로마 제국 시대에 설립된 그리스 정교회의 수도원로 아테네 중심부 북서쪽 아티논 애비뉴 남쪽의 차이다리 교외에 위치한다. 이곳은 델포이 근처의 호시오스루카스 수도원, 키오스 섬의 네아모니 수도원과 함께 역사적, 건축학적 가치를 인정받아 유네스코 세계문화유산으로 지정되었다.

이 수도원은 기원후 396년 고트족에 의해 더럽혀진 아폴로 신전 터에 세워졌는데, 현재는 다프니 수도원의 부속 성당 건물만 남아 있다. 성당은 11세기 말의 건축물로 간주하고 있지만 수도원 자체의 설립은 5세기에서 6세기경으로 추정된다. 성당은 영면하는 성모 마리아를 묘사한 모자이크로 화려하게 장식되었다. 11세기의 모자이크가 남아 있는 매우 중요한 성당이지만, 지진으로 파괴되어 복구 중에 있다.

정교회의 수도 생활은 크게 은수 생활, 반 은수 생활, 공동체 수도 생활, 세 가지로 나뉜다. 반 은수 생활은 은수 생활과 공동체 수도 생활의 중간 형태로, 은수 생활을 하는 2-5명 정도의 수도자가 수도원에 모여 수도 생활을 하는 형태를 말하는데 동방정교회 수도원은 아토스섬의 수도원을 제외하고는 공동체 수도 생활이 많다. 그리스 수도원은 10세기에 시작되어 14세기에 활성화되었다. 아토스섬을 비롯한 동방 교회 수도원에서는 4세기 초의 바실리오 수도 규칙이 그대로 적용되지만 서방 교회 수도원은 베네딕토 규칙서를 모태로 하며 수사들은 독신을 지켜야 한다.

다프니 수도원 ©김상희

메테오라

Μετέωρα

겨울의 메테오라는 적막했다. 하얀 눈 속의 수도원은 고요함으로 우리를 반겨주었다. 동서방 교회 분리 후 낯선 이방인이 되어 외면해온 역사를 돌아봐야 했지만, 폴란드 출신의 교황 요한 바오로 2세의 사랑과 평화의 간절한 호소로 마침내 화목하고 평화로운 시간을 함께 만들어 갈 수 있게 됨에 감사드리며, 종교의 의미를 생각하고 더불어 신앙인으로서의 삶을 끄집어 내어보는 시간이었다.

동방 교회의 은수자들이 신앙의 가치와 하느님에 대한 사랑을 삶으로 증거한 역사적인 장소에서 우리는 더욱 숙연해졌고, 증오 갈등 분쟁의 얼룩진 역사를 딛고 서 있는 아름다운 풍경에 그저 감탄할 수만은 없었다.

그리스에서 역사적, 종교적으로 가장 신성한 지역이 어디냐고 묻는다면, 고대 그리

"세상에 메테오라 같은 곳은 메테오라밖에 없다"고 표현되는 메테오라 ©김상희

스를 기준으로 본다면 아폴론의 신전이 있는 델포이고, 근·현대를 기준으로 본다면 동방정교회의 수도원이 모여 있는 메테오라가 아닐까.

북부 테살리아 지역에 위치한 이곳은 "세상에 메테오라 같은 곳은 메테오라밖에 없다"는 표현처럼 수직의 바위와 기암괴석, 그 위에 세워진 형언하기 어려운 그림 같은 곳이다. 메테오라는 그리스에서 아토스산 다음으로 정교회의 큰 수도원이 많이 밀집한 지역으로, 가장 가까운 도시는 칼람바카이다. 여섯 수도원이 자연 사암 바위 언덕 위에 자리 잡고 있으며, 뛰어난 건축물과 아름다움, 그리고 종교적, 예술적 중요성으로 인해 1988년 유네스코 세계문화유산에 지정되었다. 중세 시대에 어떻게 그리 험준한 바위산 정상에 수도원 시설을 지었을까, 놀랍고 궁금했다. 이곳의 기암괴석은 바닷물이 급격하게 빠져 나가면서 지층의 변동으로 급하게 솟아 올랐다는 해석이 있다. 평지로 이어지던 그리스 아테네를 넘어 북쪽으로 올라가는 중에 서서히 나타나기 시작하는 높은 봉우리들, 평균 300m 높이의 기암괴석 위에 영적 풍요를 이룬 '메테오라' 수도원들이 그 장엄함을 뽐내며 우리를 맞아주었다. 마치 하늘과 맞닿은 듯한 수도원은 순례자에게 정화의 기회를 제공하는 것 같았다.

은수자들은 11세기부터 세상과 떨어진 외딴 곳 핀두스산맥 속 피네이오스강이 흐르는 하늘 기둥에 올라 바위 벼랑에서 살았다. 메테오라 지역 돌출 바위 기둥의 중간중간에 뚫린 자연 바위굴을 이용하였다. 12세기 말에는 파나기아 두피아니Panaghia Doupiani라고 하는 공주公住 생활터skete, 수도자들이 공동생활을 하는 마을와 작은 교회가 '하늘 기둥'에 있는 한 기슭에 들어섰는데, 이곳에는 이미 수사들이 거주하고 있었다.

그들은 세상을 향해 내려가는 삶이 아닌, 하늘의 삶을 올려다보면서 도르래로 끌어올린 최소한의 물자로 거친 바람과 추위, 굶주림과 갈증 속에서 금욕적이고 가난한 바위 위 영적 풍요를 이루었다. 절벽 위 수도원은 아찔하도록 험한 곳에 있었다. 무엇이, 왜, 이곳으로 그들을 끌어올렸을까?

최근 발견에 의하면 이미 13세기 초부터 수사들이 모여 수도원을 이루고 있었다는 사실이 확인되고 있다. 파나기아 두피아니에 1336년 이전에 수도원이 있었다는 기록이 있으나 최근 수도원을 보수하면서 발견된 증거와 벽화는 1200년경의 것으로 확인되었다. 그러나 이미 그 이전 시대부터 광야를 찾아 은거하던 수사들이 이곳에 찾아와 조그만 처소를 마련하고 수도 생활을 했던 것으로 확인되고 있다. 이 수도원들은 독특한 예술 작품이며, 어떠한 장소를 수행 명상 기도의 장소로 만든 건축적 변형 중 가장 독특한 사례라고 할 수 있다.

메테오라는 뛰어난 수도원 건축 양식을 보여 준다. 또한 14세기와 15세기에 토스카나 지방과 같은 서구 세계와 동방정교회에서 초기 그리스도교의 이상적인 공주 생활을 이루었을 때의 수도원 공동체 모습을 보여 준다. 수도원은 정치가 상당히 불안했던 14세기 초기에 지어졌고 테살리아의 수도원들은 접근하기 어려운 봉우리 위에 조직적으로 지어졌다. 당시 테살리아 지방을 점령했던 세르비아의 정교회 왕실의 많은 기부금으로 인하여 더욱 발전하게 되었고 튀르키예 지배 당시에는 도피처의 역할을 했다. 1348년 메갈로 메테오론 수도원이 613m 높이의 바위 돌출부 정상에 처음 지어졌으며, 규모가 가장 크고 가장 높은 수도원이다. 수도원이 전성기일 때는 13개의 공동 수도원Cenobite과 20여 개의 작은 거주처로 구성되었고, 15세기 말과 16세기에는 그 수가 24개에 달하여 17세기까지 계속 번성해서 콘스탄티노플의 총대주교 에레미야스 1세1522-1545는 수도원 가운데 여럿을 총대주교가 직접 관할하기도 했지만, 현재는 메갈로 메테오론 수도원, 바를람 수도원, 아기아 트리아스 수도원, 성 니콜라스 아나파프사스 수도원, 성 루사누 수도원, 아기오스 스테파노 수도원 6개만 남아 있고 수도 생활을 하고 있는 곳은 메갈로 메테오론, 바를람, 아기아 트리아스, 아기오스 스테파노스 수도원이다.

여성의 출입을 허용한 것은 얼마 되지 않았다. 지금도 여성은 수도원 입구에 준비된 치마를 둘러야 들어갈 수 있다. 이틀에 걸쳐서 하늘에 닿은 메갈로 메테오론 수도원과 바를람, 성 루사누, 아기오스 스테파노스, 가장 아름답지만 가장 힘들게 오른다는 아기아 트리아스삼위일체 수도원을 순례했다. 대부분의 수도원은 도르래를 타고 올라야 했는데, 계단과 다리를 놓아 일반인이 출입하게 된 것은 최근에 이루어졌다.

성 니콜라스 아나파프사스 수도원

Μονή Άγιος Νικόλαος Αναπαυσάς

성 니콜라스 아나파프사스 수도원은 메테오라로 가는 중에 맨처음으로 만나게 되는 좁은 바위 위에 층층이 쌓아올린 14세기 수도원이다. 이 수도원은 높이 85m의 바위 위에 자리 잡고 있는데 '아나파프사스'라는 명칭이 어디에서 유래했는지는 정확히 알려져 있지 않다. 동사 '아나빠브오'내가 쉰다의 과거형이 명사화 되었다는 추측도

메테오라로 가는 중에 맨 처음 만나게 되는, 성 니콜라스 아나파프사스 수도원 ©김상희

있고, 은수자들이 이곳 바위에서 휴식을 한 데서 유래했다는 설도 있고, 수도원 건립에 재정적 지원을 한 사람의 이름이라는 견해도 있다.

이 수도원은 1510년에 라리사 지방의 주교좌 교회로부터 온 성 니콜라오스와 니카노르가 무너진 수도원 위에 새로 건립했다. 이곳에서 발견된 성화들은 13세기 또는 14세기의 것으로 추정된다. 특히 이 수도원의 성화들은 1527년 크레타섬에서 온 테오파네스의 작업에 의해 이루어졌다. 성화 가운데 아주 훌륭한 것으로 알려진 것은 동물들의 이름을 명명하는 〈에덴에서의 아담〉으로, 색감과 구도의 완성도가 성화 전체에 나타나 있다. 이 성화 위에 있는 〈에브라임의 수면〉 〈판토크레이터〉Pantocrator 〈재림〉 등의 성화 또한 진한 감동을 가져다 준다.

메갈로 메테오론 수도원

Μονή Μεγάλου Μετεώρου

메갈로 메테오론 수도원은 1348년 설립된, 메테오라에서 가장 오래된 수도원이자 가장 높은 곳에 위치한 가장 큰 규모의 수도원이다. '메갈로'큰, 위대한라는 말이 앞에 붙는 이유이기도 하다. 메갈로 메테오론 수도원의 설립자는 성 아타나시오1303-1382로 메테오라 전체 지역을 위한 체계적인 수도원 생활의 창시자로도 유명하다.

메갈로 메테오론은 해발 613m, 피네이오스강으로부터 473m, 칼람바카 마을의 중심지로부터는 413m에 이른다. 방문객들이 오르게 되는 높이는 통상 250m까지이다. 이전에는 그물과 사다리를 이용했으나 1923년에 146개의 계단이 만들어지고 하나의 굴로 된 통로가 만들어져서 수도원 방문이 매우 쉬워졌다. 메갈로 메테오론 수도원의 146개 돌계단 끝에 새겨진 '천국의 것을 바라라'는 문장은 613m 바위기둥 절벽 성당에 오른 순례자에게 지난날을 돌아보게 하는 정화의 시간을 안내하고 있었다.

수도원 성당의 천장 돔에는 삼위일체 하느님, 아래는 복음사가와 사도들, 성인들이 프레스코화로 장식돼 있다. 수도승들을 관상 세계로 이끌며 바위 봉우리에 하늘나라를 펼쳐낸 곳에서 전해지는 그들의 깊은 신심은 순례자에게도 깊은 전율을 주었다. 성당은 메테오라의 건축물 가운데 으뜸이며 그리스의 빼어난 성당 건축물 중 하나로 알려져 있다. 1552년에는 크레타 출신의 위대한 성화가로 알려져 있는 테오파네스 이곳에 많은 성화를 남겼다. 수도원의 옛 식당은 오늘날에는 박물관 역할로 사용되며 값진 유물들(필사본, 이콘, 나무조각 등)이 전시되어 있다. 수사 다니엘이 14년에 걸쳐서 직접 손으로 만든 나무로 된 십자가 조각상은 값을 헤아릴 수 없는 유물로 알려져 있다. 이 메갈로 메테오론 수도원 도서관에는 여러 종류의 고서들과 뻴가미네스Parchmenets, 양피지들 사본 등이 550권에 이르고 있다. 1908년에 비잔틴 학자 니꼬

메테오라에서 가장 오래되고 규모가 큰 메갈로 메테오론 수도원 ©김상희

스 베이스에 의해 그동안 감춰져 있던 819점의 옛 문서들이 발굴되었다.

전승에 의하면 돌계단이 끝나는 수도원 입구 왼쪽 아래 부분에서 하나의 작은 동굴이 발견되었는데, 이곳은 성 아타나시오가 14세기에 수도원을 건립하기 직전에 거주하며 수도에 정진한 곳으로 알려져 있다. 루마니아의 매리 여왕이 1921년에 처음 방문할 때까지 금녀의 수도원이었다.

빗물로만 생활하던 옛 생활을 보여 주는 수도원 입구의 큰 물항아리, 신앙을 멀리한 이들의 오감에 호소하는 슬픈 눈빛으로 떠나는 마음을 사로잡고 있는 자비의 성모 이콘, 유독 비탄에 젖어 보는 이를 아프게 하던 정교회 수도원의 성모님…. 신비의 수도원은 세상의 호기심이 되었고, 천년의 비바람에도 꿋꿋하게 하느님을 찬양하는 수도승들의 기도는 세상을 밝히는 빛이 되었다. 맑은 기운이 퍼지는 바위산, 신화의 땅에서 메테오라는 세상을 넘어서는 하느님의 새로운 신화를 우리에게 보여 주었다.

수도원 입구(좌)와 사람 또는 물품을 올리는 데 사용하는 도르래 ©김상희

바를람 수도원

Μονή Βαρλαάμ

바를람 수도원은 1541년에 건립된, 메테오라에서 두 번째 규모의 수도원이다. 바를람이라는 수도자가 바위에 올라 '뜨리스 이에랄헤스'[세 사제들]를 위한 작은 성소와 몇 개의 방을 지었는데 수도원의 이름은 그 수도자의 이름에서 유래했다고 전해진다. 이 바를람 수도원에는 나무로 만든 함이 많이 있는데, 그 속에는 많은 사본들과 보물들이 들어 있다고 전한다. 성소의 벽과 나무 등에 그려진 성화들은 시대와 작가에 따라 약간씩 다른 모습과 기법으로 표현되어 있다.

373m 높이의 바위 절벽 꼭대기에 위치한 이 수도원은 본래 4개의 사다리를 이용하여 오르도록 되어 있었는데 한 사다리에는 25칸의 층계가 있었다. 후에는 그물로 된 망을 이용했으며 이 그물망은 오늘날에도 식량 운반 등 수도원의 필요에 따라 사용되고 있다. 현재 방문객들은 1923년도에 설치된 195개의 계단을 이용하고 있다.

메테오라에서 두 번째 규모인 바를람 수도원 ©김상희

성 루사누 수도원(수녀원)

Ιερά Μονή Ρουσάνου-Αγίας

산기슭에 바위 기둥 하나를 잡고 서 있는 성 루사누 수녀원의 작은 꽃밭에는 수도승을 닮은 고운 꽃이 피어 있고, 프레스코화로 만나는 하늘나라와 수도원 창문으로 내다본 산 아래 마을과 계곡은 초록에 묻혀 평화와 환희를 주고 있었다.

전체 수도원 가운데 가장 작지만 깎아지르듯 솟아오른 바위에 세워진 이 수도원은 주위의 자연 경관과 더불어 많은 사랑을 받고 있다. '루사누'라고 명명된 이 수도원의 기원에 관해서는 정확하게 알려져 있지 않으나 루사누 또는 루사노라는 이름은 수도원의 첫 번째 설립자로 알려져 있는 '루사노스'에서 유래했거나 테살리아 지방의 로사나 마을로부터 온 은수자에 의해 설립되었기에 명명된 것으로 추정할 수 있다. 이 수도원은 1545년 이전에 그리스의 북부 지역인 이피로스 출신인 막시모와 요아삽에 의해 건립되었다는 전승이 있으며, 수사 니코데모와 베네딕토가 1288년에 세웠

주위의 경관과 더불어 많은 사랑을 받는 성 루사누 수도원 ©김상희

다는 전승도 있다.

아주 작은 이 경당은 성녀 바르바라에게 바쳐진 것으로, 성화들은 1561년도에 크레타 기법으로 그려졌다. 옛날에는 사다리를 통하여 오르거나 나무로 다리를 놓아 다녔으나 1936년 수도원 곁에 솟아오른 두 개의 높다란 바위에 반영구적인 다리를 설치했다. 현재 이 수도원은 수녀들의 기도처로 사용되고 있다.

아기아 트리아스 수도원
Μονή Αγίας Τριάδος

아기아 트리아스 수도원(삼위일체 수도원)은 메테오라 수도원 가운데 가장 아름다운 바위 위에 건립된 수도원이다. 수도자 도메티오스에 의하여 1438년(다른 전승에 따르면 1476년)에 설립되었으며 아기아 트리아스 성당은 1689년 이후에 건립되었고, 1692년

메테오라 수도원 중 가장 아름다운 바위 위에 건립된 아기아 트리아스 수도원 ©김상희

에 이르러 성화가 그려졌다. 역사적인 자료와 방문객들의 기록에 의하면 이곳에 수도원을 짓기 위해 70주간에 걸쳐서 그 재료들을 운반했다고 전한다. 필사본과 성화 등 오래되고 값진 자산과 유물이 잘 보존되어 왔으나, 1941년부터 사이에 심한 약탈과 파괴를 당하였다.

한국 드라마를 좋아한다는 유쾌한 정교회 사제 세 분은 한국 순례객은 처음 맞이한다고 하셨다. 문득 벼랑 위 옛 은수자들이 그리워져 절벽 위 수도원 정상까지 올랐다. 이곳은 영화 007 시리즈 〈007 For your eyes only〉에서의 추격 장면 배경으로 유명하다. 수도원은 바위 높이 65-100m, 정상의 면적 5000-6000㎡에 이르는 바위 기둥 정상에 있다. 그물과 사다리를 통하여 오르다가 1925년 설치한 백사십 개의 계단을 이용할 수 있게 되면서 방문이 한결 안전하고 쉬워졌으나 여전히 상당한 체력이 요구된다.

아기오스 스테파노 수도원(수녀원)

Μονή Αγίου Στεφάνου

다른 수도원들에 비해 규모는 작지만, 메테오라 수도원 중에서도 가장 잘 보존되어 있는 아기오스 스테파노 수도원은 메테오라의 몇 안 되는 여성 수도원 중 하나이다. 메테오라의 가장 남쪽 바위 위, 그림 같은 칼람바카 마을 바로 위에 자리 잡고 있어서 일명 칼람바카의 전망대로 불린다. 이 바위는 꾸꿀라산으로부터 깊고 좁은 협곡을 사이에 두고 자리하고 있는데 그 간격은 8m로, 여기에 다리를 놓아 하나로 연결시켜 어렵지 않게 수도원을 방문할 수 있었다. 이 바위 정상의 면적은 7500㎡이다. 전승에 의하면 1192년부터 이 바위 위에 사람들이 주거했으며 14세기에 이르러 수도원이 형성되었다.

아기오스 스테파노 수도원에는 경당이 두 곳 있는데, 오래되고 작은 성 스테파노 경당은 1350년에 세워졌다. 16세기에 니콜라오가 성화를 그렸으나 1943년에 파괴되고 말았다. 보다 큰 경당은 성 하라람보스에게 바쳐진 경당으로, 1798년에 지어졌는데 이곳에서 많은 필사본이 발견되었다. 1961년에 수녀원으로 전환되어 오늘에 이르고 있는데 이 수도원의 정원 쪽에서 칼람바카 마을을 잘 조망할 수 있다.

아기오스 스테파노 수도원 ©김상희

불가리아 정교회 Bulgarian Orthodox Church

불가리아 정교회는 한때 동방 교회로부터 독립을 선언하며 민족주의적 이단으로 몰려 콘스탄티노플 대주교로부터 파문당했던, 불가리아적 색채가 강한 정교회이다.

864년 황제 보리스 1세가 불가리아에 그리스도교를 받아들였는데, 이때 동로마 제국의 콘스탄티노폴리스 총대주교는 불가리아에 주교를 파견했다. 마케도니아의 오흐리트 시는 선교 중심지가 되었다. 오흐리트의 성 클리멘토스(선교사인 성 키릴로스와 성 메토디오스의 제자)는 많은 슬라브인에게 성직자 교육을 시켜 불가리아 민족교회의 기초를 마련했다. 보리스의 아들 시메온 1세는 불가리아의 주교를 총대주교로 선포했으나 시메온 1세가 죽은(927년) 후에야, 동로마 제국의 콘스탄티노플 총대주교는 당시 불가리아의 수도였던 프레슬라프에 있는 불가리아 총대교구를 인정했다. 동로마 황제 바실리오스 2세 불가로크토노스('불가리아인의 학살자'라는 별명)의 침략으로 불가리아 교회는 콘스탄티노폴리스 총대교구 산하의 대교구로 격하되었는데, 대주교좌는 오흐리트에 있었다.

현재 불가리아 정교회는 국내에 약 육백오십오만 명, 다른 유럽 국가들이나 북미에 백만에서 이백만 명의 신도가 있다. 불가리아 국내에 열세 개 교구, 국외에 두 개 교구를 운영하고 있으며, 교구 사제는 천오백 명 정도이다. 또 백이십 곳 정도의 수도원이 있어, 수사는 이백 명 정도이며, 수녀의 수도 거의 동일한 것으로 추정된다.

릴라 수도원

Рилски манастир

높은 계곡을 양쪽으로 두고 발칸 최고의 수도원인 릴라 수도원으로 가는 길, 구름이 걷히고 햇살이 퍼지는 그 길은 마치 빛이신 주님께로 향해 나아가는 느낌이었다.

24개의 돔 지붕을 한 성모 대성당을 가운데 두고, 성벽 양 날개처럼 빙 둘러선 회랑 건물은 석조와 목조로 건축하여 섬세한 조각품과 얼룩말 무늬 아치형 기둥이 줄지어 아름다움의 극치를 이루었다.

19세기 프레스코화 천이백여 점을 품고 있는 화려한 성당에서 불가리아인들은 옛 방식으로 기도하고 있고, 사제는 성수를 듬뿍 뿌리며 성물을 축복하는 이색적인 장면을 연출했다. 특히 최고의 공경을 받는 이반 릴스키 성인의 유리관에 입을 맞추는 사람들의 모습은 보는 이로 하여금 경건함을 느끼게 했다. 릴라에는 네 명의 노수사가 객실을 운영하며 방문객을 맞기에 바빴다.

순례단은 불가리아의 맥을 이어, 불굴의 정신으로 영혼의 장수국이 되게 한 릴라의 아름다운 산중에서 거룩한 기도로 나라를 구한 열렬한 애국자들을 생각했다. 산, 릴라의 신념, 프레스코화의 강한 기운을 받은 순례단은 릴라 수도원의 곳곳을 의미

불가리아의 정신을 대변하는 곳, 릴라 수도원 ©김상희

있게 순례했다.

현재 남아 있는 건물 중에 가장 오래된 건물은 1334년부터 1335년 세르비아 왕국의 봉건 영주였던 흐렐류의 후원으로 재건되었을 때 건립된 흐렐류 탑이다. 불가리아 민족 부흥기18-19세기 동안 수도원은 1833년 화재로 소실되었다가 전국의 부유한 불가리아인들의 도움으로 재건되었다. 1816년에는 수도원 내에 주거용 건물이 건설되었고, 1844년에는 흐렐류 탑에 종탑이 설치되었다.

불가리아 부흥 건축의 가장 중요한 걸작인 수도원은 1976년 국가 역사 기념물로 지정되었으며, 1983년 유네스코 세계문화유산으로 지정되었다. 2002년 5월 25일, 교황 요한 바오로 2세가 불가리아 순례 중 릴라 수도원을 방문한 바 있다.

릴라 수도원은 불가리아의 정신을 대표하는 곳으로 동방 교회의 어머니이며 이슬람 저항의 본거지로 불가리아 신앙의 뿌리이다. 불가리아의 수도인 소피아에서 남서쪽으로 117km 정도 떨어진 곳에 위치한다. 개인적으로 수도원이라기보다는 불가리아의 보고寶庫라고 할 수 있는 이곳은 드루즈리아

수도원 설립 이야기를 담은 벽화 ©김상희

비차강과 릴스카강이 풍부하게 흐르는 릴라산맥 기슭에 찬란하게 영원의 꽃을 피우고 있으며, 수도원은 불가리아 정신과 민족의 요람이며 기둥인 동시에 보존 장소로 남아 있다.

수도원은 불가리아 제1제국 시기인 927년 불가리아 국민의 천상 수호자로서 수도원의 이름을 딴 릴라의 은수자 성 이반 릴스키St. Ivan of Rila에 의해 설립된 것으로 알려져 있다. 그는 지금 수도원 터에서 멀지 않은 동굴에서 물질적 소유 없이 기거하며, 은수 수행을 통해 야생 동물과 사람들에게 치유의 기적을 행했는데, 깊은 계곡으로 그 가르침을 받기 위해 온 제자들이 이 수도원 터를 마련했다. 14세기를 지나면서는 요새처럼 튼튼하게 건축되어, 오스만 투르크군 점령 때 독립운동의 구심점이 되었으며 오백여 명에 달하는 수사들을 양성, 신앙과 민족정신을 전파시켰다. 가혹한 탄압에 저항하며 하느님께 의지한 불가리아 정신은 릴라에서 비롯된 것이다.

수도원이 설립된 이후에는 불가리아 제2제국의 거의 모든 차르가 대규모 기부를 하여 수도원을 불가리아 민족의식의 문화적, 정신적 중심지로 만들었으며, 이는 12세기에서 14세기에 걸쳐 절정에 이르렀다. 10세기부터 14세기까지의 성 이반의 유해에 대한 정보는 자세히 설명되어 있지만, 릴라 수도원 자체에 대한 역사적 정보는 거의 없다. 11세기부터 현재까지 수도원에는 성 니콜라스의 유명한 〈지시서〉의 글라골리차어 사본과 같은 문학적 기념물이 보존되어 있다.

수도원의 주요 성당은 19세기 중반에 지어졌다. 성당에는 다섯 개의 돔, 세 개의 제단, 두 개의 측면 경당이 있으며, 내부에서 가장 귀중한 조각 중 하나는 나무 조각으로 유명한 금도금 성상이다. 1846년에 완성된 프레스코화는 유명한 형제 자하리 조그라프Zahari Zograf와 디미타르 조그라프Dimitar Zograf를 포함하여 반스코Bansko, 사모코프Samokov 및 라즐록Razlog의 많은 대가들의 작품이다. 릴라 수도원 박물관은 특히 전체를 나무 조각(81×43)으로 만든 나무 십자가인 라파일 십자가Rafail Cross가 유명하다. 라파일Rafail이라는 수사가 미세한 부린과 돋보기 렌즈를 사용하여 104개의 종교적인 장면과 육백오십 개의 작은 모형의 인물을 재현하면서 이 조각품의 크기를 줄였다. 이 예술 작품은 완성되기까지 열두 해가 걸렸다.

보야나 성당

Боянска църква

불가리아 소피아의 아침, 살짝 눈 내린 미끄러운 길을 지나 보야나 성당으로 향하던 길, 체코 출신 버스 기사가 길을 착각해 도심의 아파트로 진입하는 바람에 더 가지도 나오지도 못하는 진퇴양난의 위기에 놓였다. 수차례의 전진과 후진을 반복하여 겨우 도심을 벗어나 큰 길로 나오기는 했으나, 보야나 성당으로 가는 길은 예상 외로 힘들었다. 몇 차례나 길을 헤맨 끝에 언덕 위 보야나 성당에 도착했다.

보야나 성당은 불가리아의 수도 소피아의 외곽 비토샤 산자락에 자리 잡은 작은 석조 성당으로, 11세기에 지어진 불가리아 정교회 성당이다. 소피아를 요새화하기 위해 비토샤산에 구축한 35개의 정착지와 요새지 가운데 하나였고, 왕가의 별장지대에 위치하여 왕족들의 사적 기도처로 1048년 건축되었다. 이 성당은 중세 미술을 완벽하게 보존하고 있어서 1979년에 유네스코 세계유산에 지정되어 출입 인원과 관람 시간까지도 엄격하게 통제하고 있었다. 보야나 성당은 10세기 후반에서 11세기 초반, 13세기 중반과 19세기 중반, 시대가 다른 3개의 건물로 구성되어 있다. 건축된 시대가 다른 3개 동의 건물을 하나로 잇는 둥근 지붕과 그리스 십자형 평면이 특징인 이 중세

아름다운 중세 프레스코화로 유명한 보야나 성당 ©김상희

성당은 아름다운 중세 프레스코화로 유명한데, 여든아홉 개 장면에 개성을 살린 이백사십여 인물 그림으로도 유명하다. 중앙 벽화는 심하게 손상되어 유네스코 지원으로 복원 중이었다. 작은 성당에는 성전에서 어른의 눈매로 토론하고 있는 열두 살의 예수를 찾은 요셉과 마리아가 조심스레 서 있는 환희의 신비 5단 장면 벽화가 그려져 있다. 성 모자화의 애절한 눈빛은 참된 가치와 감동의 세계로 우리를 이끌었다. 거대한 삼나무 정원에서 고풍스런 보야나의 정취에 끌려 하느님의 든든한 가치가 되고 싶었던 순례단은 불가리아 영혼의 씨앗을 가슴 깊이 묻었다. 두 번째 부분은 동쪽 성당에 인접해 있으며 2층 무덤 성당 형태에 속한다. 반원통형 아치형 천장이 있는 1층의 가족 무덤과 북쪽과 남쪽 벽에 두 개의 아르코솔벽 무덤이 있고, 위층에는 가족 경당이 있는데, 이는 동쪽 성당과 구조가 동일하다. 외관은 세라믹 장식품으로 장식되어 있다. 19세기 중반에 건축된 마지막 부분은 성당의 보존과 복원을 위해 1954년 대중에게 공개되지는 않았고, 2006년에 부분적으로만 재개장했다. 불가리아 국립역사박물관이 관리하는 이 건물은 2008년 10월 2일 완전히 재개관되었는데, 그 가치는 보야나 불가리아 정교회의 가르침이 세세 대대에 전해진 생생한 교리실이자, 진리의 길로 인도하는 교리교사라고 할 수 있겠다.

성 페트카 성당

Света Петка Самарджийска

제2차 세계대전 이후 발견된 성 페트카 성당은 불가리아의 수도 소피아에 있는 중세 불가리아 정교회 성당이다. 현대 및 고대 도시의 중심에 위치한 작은 단일 성당 건물로, 부분적으로 지하의 형태이다. 성당이 지하에 있는 이유는 오스만 제국이 지배하던 시절에는 성당이 지상으로 나올 수 없었기 때문이다. 교회 신축이나 낡은 교회 보수도 허락될 수 없었고, 단지 '비무슬림이 지켜야 하는 규율'을 따라 살 수밖에 없었다. 성당은 반원통형, 반구형 벽으로 구성되어 있고 지하실도 갖추고 있으며, 벽의 두께는 1m로 벽돌과 돌로 만들어졌다. 이곳은 성경에 등장하는 장면을 묘사한 14, 15, 17, 19세기의 벽화로 유명한 문화재로, 11세기 불가리아 성인인 성녀 페트카에게 봉헌되었다. 성 페트카 성당은 중세 시대에 이 성당에서 말안장을 만드는 장인의 수호성인 의식을 행하였기 때문에 현재의 이름을 갖게 되었다. 형용사 'samardzhiyski'는 '말 안장을 만드는 장인'을 의미하는 'semerci'에서 파생되었다.

성 게오르기오스 성당

Εκκλησία Αγίου Γεωργίου

아주 오래된 붉은 벽돌 원형 건물인 성 게오르기오스 성당 ©김상희

성 게오르기오스 성당은 불가리아 소피아에 있는 아주 오래된 붉은 벽돌 원형 건물이다. 4세기 초 로마식 목욕탕으로 건설된 이 성당은 로마와 비잔틴 제국 시대 고대 다키아 지중해의 수도였던 세르디카 성벽 안에 있다. 성당은 오늘날 소피아에서 가장 오래된 건물로 간주되며, 콘스탄티누스 대제와 훗날 세바스토크레이터 칼로얀의 궁전이 있던 '콘스탄틴 지구'라고 불리는 세르디카-스레데츠에서 가장 아름다운 건물 중 하나로 꼽힌다. 세르디카 공의회의 중요한 회의 중 일부가 이 성당에서 열린 것으로 보인다.

정사각형 기초 위에 지어진 원통형 돔 구조의 이 건물은 중앙 돔의 프레스코화로 유명하다. 벽에는 부분적으로 보존된 프레스코화의 5개 층이 있는데, 가장 오래된 것은 4세기에 꽃무늬를 주제로 한 로마-비잔틴 양식이다. 두 번째는 불가리아 중세 스타일로 10세기의 천사가 그려져 있고, 세 번째는 11세기와 12세기의 것으로, 예언자와 그리스도의 승천, 성모 마리아의 승천 등을 묘사한 프레스코화, 그리고 네 번째는 입구 북쪽에 14세기의 것으로 기증자인 주교 초상화가 있고, 다섯 번째는 이슬람 형식의 장식이 있다. 모든 벽화 중에서 눈에 띄는 것은 10세기의 벽화로, 돔 아래에 그려진 영혼이 담긴 인간 천사의 얼굴은 독특해서 불가리아 제1제국 황금기에 불가리아 미술 장인들의 뛰어난 재능을 보여 주는 가장 영향력 있는 작품 중 하나다.

성당 부근에 남아 있는 고대 건물의 흔적 ©김상희

성 알렉산드로 네프스키 성당

Свети Александър Невски

성 알렉산드로 네프스키 성당은 불가리아 소피아에 있는 불가리아 정교회 기념 성당이자 주교좌 성당으로 같은 이름의 광장에 위치해 있다. 1882년에서 1912년 사이에 설계 및 건축되었으며, 1955년에 국가적으로 중요한 문화 기념물로 지정되었다.

제1차 정기 국회에서 수도인 소피아에 성전을 건립한다는 결정이 나자, 1백 9십만 BGN(한화 약 16억 4천 5백만 원)에 달하는 시민들의 자발적 기부금이 모였다. 성전은 당시 소피아에서 가장 높은 지점인 해발 552m에, 1904년에 시작되어 1912년에 완료되었다. 과거 러시아-투르크 전쟁(1877-1878)을 통해 불가리아는 오스만 투르크로부터 독립할 수 있었으므로 이 전쟁에서 전사한 이십만 명의 러시아 군인을 기리기 위해 알렉산더 2세 차르의 수호성인이었던 알렉산드로 네프스키 성인의 이름을 선택함으로써 불가리아의 차르와 러시아에 대한 감사의 마음을 표현하였다.

여름의 성 알렉산드로 네프스키 성당 ©김상희

루마니아 정교회 Romanian Orthodox church

루마니아인들은 운명의 '칼과 화살'에 끊임없이 직면했던 민족으로서 그리스도교 신앙을 통해 그들의 정체성을 보존하기를 갈망했고, 안정과 안보의 필요성을 전국에 걸쳐 건설된 수많은 교회와 수도원을 통해 증명했었다. 그래서 루마니아의 종교 건물이 일반적으로 박물관, 고고학 유적지, 기념물과 같은 대부분의 다른 루마니아 문화 명소보다 더 잘 관리되어 있고 수도원에 대한 안내서 등이 더 잘 갖추고 있는 이유도 여기에 있다.

15-18세기에 왈라키아와 몰다비아의 수도원은 일반적으로 현명한 군주, 고위 인사 또는 고위 성직자에 의해 건립되고, 재정 지원을 받아 유지되었다. 수도원은 예술과 문화, 학자의 역할, 학교, 훈련 센터, 도서관 및 인쇄 시설 등과 같은 분야에 활동을 하면서 주요 관리자인 동시에 후원자였다. 수도원의 발전은 왕이나 지주, 부유한 신자들이 소유한 귀중한 보물과 거대한 재산, 숲, 포도원, 호수 등을 기부한 덕분이었다. 게다가 루마니아는 지리적으로 동서양 세계의 교차점에 있었으며, 그에 따른 수세기 동안 합스부르크, 오스만, 러시아 등 세 제국과 특히 튀르키예의 침공을 받을 만큼 탐내던 부유한 나라였다.

그래서 많은 수도원이 요새화되었으며(몰다비아의 스테판 대왕 통치 기간 또는 왈라키아의 마테이 바사라브 통치 기간 동안), 방어 요새 건설을 금지했기 때문에 루마니아 왕들이 오스만 제국에 대한 저항을 속이려고 수도원을 요새화했다. 많은 수의 수도원과 교회는 전쟁시 루마니아인들이 자신과 귀중한 자산을 보관하기 위해 안전하고 접근하기 어려운 장소(카르파티아산맥과 수카르파티아산맥 근처)에 보관한 것과도 관련이 있다. 수도원에 보관된 예술품과 역사적 보물은 어렵고 불확실한 시대에 역사와 문화를 보존하려는 루마니아인의 필요성을 드러낸 살아있는 신호였다.

다행스럽게도 시간의 흐름과 역사의 폐해를 겪었지만, 오늘날까지 보존된 작품들은 정통성의 의미를 넘어 루마니아인들의 정신적 삶과 예술적 풍요, 전설을 정확하게 설명하고 있다. 니콜라에 차우셰스쿠의 루마니아의 공산 독재를 시민의 힘으로 물리치고 자유를 얻었지만, 공산 독재 동안 황폐해진 삶의 모습은 이른 시간 안에 극복되지 못해 그 민낯을 낱낱이 볼 수 있었다. 사회적인 인프라가 제대로 갖추어져 있지 않은 극심한 고난의 행군이었다. 눈과 세찬 바람, 60km 이상의 속도도 낼 수 없는 좁은 2차선 도로, 이틀 동안 달려서 도착한 그곳, 수체아바 지역에 있는 수도원에서 그동안 우리 순례단의 행군이 얼마나 의미 있는 것인지를 온몸으로 체감할 수 있었다. 미사를 드리겠다는 일념으로 정교회 지역에서 가톨릭 성당을 수소문해서 찾던 시간, 가슴 벅차도록 반갑게 맞아주던 그곳 신부님의 모습 등 그동안의 루마니아 가톨릭교회의 삶과 역사가 조금씩 우리 안으로 들어오고 있었다.

수체아바 수도원
Manastirea Sfantul Ioan cel Nou din Suceava

수체아바 수도원은 루마니아 북동부에 있는 수체아바 지역의 라다우티Rădăuţi 마을에서 18km 떨어진 수체아바 마을의 강 근처에 위치한 정교회 수도원이다. 1585년 이레미아 모빌라Ieremia Movilă, 게오르게 모빌라Gheorghe Movilă 및 시몬 몰리바Simion Movilă가 지었다.

프레스코 벽화로 둘러싸인 수도원 성당 ©김상희

성당 건물에는 비잔틴 양식과 고딕 양식의 요소가 모두 포함되어 있으며, 북부 몰다비아의 다른 프레스코 벽화 성당의 전형적인 요소도 일부 포함되어 있다. 또 내부와 외부의 벽 모두 구약과 신약의 성경 주제를 묘사한 예술적 가치가 높은 프레스코 벽화로 덮여 있다. 연대는 1601년경으로, 수체아바는 유명한 몰도바 스타일의 외부 벽화로 장식된 마지막 수도원 중 하나다. 수도원 건물의 내부 안뜰은 거의 정사각형이며 높은 벽과 넓은 벽으로 둘러싸여 있고, 건물 내에는 네 개의 타워(각 모서리에 하나씩)를 포함하여 여러 가지 다른 방어 구조물이 있다. 특히 이곳은 왕족의 거주지이면서 뚜꺼운 벽으로 요새화된 수도원으로, 현재는 역사 및 예술적인 뛰어난 유물을 전시하는 박물관이 있다. 이 수도원은 몰다비아의 교회 중 하나로 2010년에 유네스코 세계문화유산에 지정되었다.

몰도비차 수도원

Mânăstirea Moldovița

몰도비차 수도원은 루마니아 정교회 수도원으로, 루마니아 수체아바 카운티 바트라 몰도비차이 자치구 영토에 위치해 있다. 수도원 안에 위치한 수태고지Annunciation 기념 성당은 6개의 다른 몰다비아 수도원과 함께 1993년 유네스코 세계문화유산에 지정되었다. 몰도비차 수도원은 스테파노 대왕의 사생아인 페트루 라레스Petru Rares가 1532년에 건설했다. 성당은 다섯 개의 방이 있는 전통적인 3원추형이며, 방어탑과 벽으로 둘러싸여 있다.

이 수도원은 동쪽으로부터 침략한 무슬림 오스만 정복자들에 대한 보호 장벽의 목적으로 설립되었다. 스테파노 대왕은 1457년부터 1504년 사망할 때까지, 루마니아의 왕으로 오스만 제국과 36번 싸워 34번 승리했다. 그는 매우 신앙심이 강했고, 수년 후에 성당을 세웠다. 1527년부터 1538년까지, 그리고 다시 1541년부터 1546년까지 루마니아를 통치한 페트루 라레스는 부코비나 교회에 대한 새로운 비전을 추진하려고 했다. 그는 예술가들에게 정교한 프레스코화로 성당 내부와 외부를 장식하게 했다. 남쪽 정면에는 최후의 심판과 콘스탄티노플 포위 공격을 주제로 한 그림이 있다.

보이보데 페트루 라레가 지은 수도원 성당은 외벽에 프레스코화가 있는 몰다비아 북부의 8개 수도원 중 하나다. 이 프레스코화는 일명 〈색깔 있는 성경〉이라고 말한다. 몰다비아의 프레스코화는 1537년 수체아바의 토마가 그렸는데, 노란색 색채가 강조되어 있고 잘 보존되어 있다. 외부에 있는 노란색과 파란색 계열의 프레스코화는 그리스도교 정교회 예술의 반복되는 주제로 사용되는데, 그림 속 성인들의 행렬은 왕좌에 앉아 있는 아기 예수를 무릎에 안고 있는 성모님께로 이어진다. 그리고 〈이새의 나무〉는 성인의 무리와 그리스도의 조상들이 질서 있게 벽 밑에 놓여 있는 이새나무 뿌리에서 솟아난다.

베란다는 높은 아치를 통해 외부와 자연광이 들어오도록 개방되어 있고, 아치에는 〈최후의 심판〉이 불의 강과 바다의 묘사로 서쪽 성벽 전체를 덮고 있다. 마치 죽은 사람을 심판대로 넘겨주고 있는 것 같은 몰도비차와 후모르 수도원은 이 지상의 마지막 교회를 의미한다.

성당 외벽에 프레스코화가 있는 몰도비차 수도원 성당

보로네슈 수도원

Mănăstirea Voroneț

보로네슈 수도원은 현재 수체아바 지역 구라 후모룰루이시의 일부인 루마니아 마을 보로네슈에 있는 중세 수도원으로 보로네치강 계곡에 위치하고 있다. 이 수도원은 수체아바 지역 남부 부코비나에서 가장 유명한 프레스코 벽화가 그려진 수도원 중 하나다. 수도원은 1488년 스테파노 대왕이 바슬루이Vaslui 전투에서 승리한 것을 기념하기 위해 3개월 3주에 걸쳐 지었다. 생생한 프레스코화 벽화로 인해 종종 '동방의 시스티나 성당'으로 불리는 보로네슈의 벽화는 루마니아에서 '보로네슈 블루'로 알려진 강렬한 파란색 음영이 특징이다.

성당의 기원에 관한 전설은 루마니아 역사의 중심에 있는 두 사람을 하나로 연결한다. 수도원의 창시자인 스테파노 대왕Stephen the Great과 수도원의 첫 번째 대수도원장인 은수자 성 다니엘Saint Daniil the Hermit로, 수도원에는 성 다니엘의 무덤이 있다. 이 성당은 유네스코 세계문화유산에 등재된 몰다비아의 벽화가 그려진 교회 중 하나다.

수도원 성당

수도원 부지의 연대는 알려져 있지 않다. 전설에 따르면 오스만 투르크군과의 전쟁 중 위기의 순간에 스테파노 대왕이 보로네슈에 있는 수도 공동체의 은수자

다니엘에게 와서 조언을 구했는데, 다니엘은 그에게 싸움을 포기하지 말라고 했다. 그런 다음 승리 후, 그는 성 게오르그를 기리는 수도원을 세웠다고 한다. 수도원에는 은수자 성 다니엘, 그리고리 로슈카Grigorie Roşca 및 교회와 귀족들의 여러 수호성인을 기념하는 묘비가 있다. 보로네츠는 성직자, 수도자, 수녀들이 종교 문헌을 읽고 쓰고 번역하는 법을 배우는 캘리그라피 학교로 유명했다. 이 학교는 루마니아어 성경 번역의 두 가지 주목할 만한 예, 즉 1871년에 발견된 보로네슈 코덱스와 1882년에 발견된 보로네슈 시편을 제작했고, 이 책들은 현재 루마니아 아카데미에 있다.

수도원은 1775년 합스부르크 왕조가 몰다비아 북부를 합병한 직후 폐쇄되었고, 1991년에 수도원 공동체는 보로네슈로 복귀했다. 복귀 후 수도원 주민들은 상주 수녀들을 위한 숙소, 경당, 우물, 마구간, 헛간 및 순례자들을 위한 집을 지었다.

보로네슈 수도원에 있는 성 게오르그의 총대주교 성당은 아마도 루마니아에서 가장 유명한 성당이 아닐까 한다. 밝고 강렬한 색상의 외부 프레스코화와 유명한 남동석藍銅石, Azurite 색을 배경으로 한 수백 개의 잘 보존된 인물들로 인해 전 세계적으로 알려져 있다. 작은 창문, 교차된 막대로 이루어진 직사각형 프레임, 내부 문 프레임의 움푹 들어간 뾰족한 아치 또는 어깨 아치는 고딕 양식으로, 그 위의 각 벽에도 화려한 고딕 양식의 아치가 있는 높은 창문이 있다. 여기에는 맹렬한 사자와 몰다비아 문장의 오록스 머리와 같은 전령 모티프뿐만 아니라 꼬리가 두 개인 인어 같은 서유럽 중세 문학에서 영감을 받은 생물도 포함되어 있다.

후모르 수도원

Mănăstirea Humor

후모르 수도원은 루마니아 구라 후모룰루이시에서 북쪽으로 약 5km 떨어진 마나스트레아 후모룰루이에 위치해 있다.

하느님의 어머니 동정 성모 마리아의 영면의 이름으로 봉헌된 수녀들을 위한 수도원이다. 수도원은 1563년 포이에보드와 그의 신하 테오도르에 의해 지어졌다. 수도원은 1415년경에 있었던 이전 수도원의 기초 위에 세워졌지만, 1786년에 폐쇄되었다가 1990년에야 다시 문을 열었다. 이 수도원 성당은 몰다비아의 그림이 그려진 성당 중 하나로 유네스코 세계문화유산에 등재되어 있다.

후모르 수도원은 몰다비아에서 최초로 프레스코화로 그려진 수도원 중 하나로, 보로네츠Voroneț와 함께 가장 잘 보존되어 있으며, 프레스코화의 주요 색상은 적갈색이다. 1535년에 그려진 후모르 수도원 프레스코화를 담당한 대가는 수체아바의 토마Toma다. 이 수도원의 프레스코화 모티프에는 콘스탄티노플 포위전과 최후의 심판이 포함되는데, 이는 부코비나 수도원 외부 벽면에서도 볼 수 있는 내용이다.

후모르 수도원 © Pudelek / Wikimedia Commons / CC BY-SA 4.0.

또한 콘스탄티노플 총대주교 세르기우스Sergius의 시에서 영감을 받은 동정녀께 바치는 찬가도 있는데, 그 내용은 626년 페르시아의 정복으로부터 도시를 구하기 위해 하느님의 어머니 동정 마리아의 기적적 개입을 묘사한다. 그러나 페르시아인들은 이 수도원에서 흔히 볼 수 있는 투르크인으로 묘사되어 있다. 그 이유는 그들의 그림이 영적인 의미 외에도 때로는 정치적 홍보에도 사용되었기 때문이다.

프로보타 수도원

Mănăstirea Probota

프로보타 수도원은 루마니아 수체아바 주 돌하스카 마을의 프로보타에 있는 루마니아 정교회 수도원이다. 1530년 몰다비아의 군주 페트루 라레스에 의해 세워졌으며, 그 이전인 1398년에 목조 교회가, 1400년경에는 석조 교회가 있던 자리에 지어졌다. 페트루 라레스와 그의 가족 묘소가 있는 왕실 묘지 역할을 했다. 성 니콜라스

프로보타 수도원 © Hans A. Rosbach / Wikimedia Commons / CC BY-SA 4.0.

에게 헌정된 수도원 성당은 16세기 몰다비아 건축의 중요한 성과로 평가받고 있으다. 수도원 성당은 1993년 유네스코 세계문화유산으로 지정된 '몰다비아의 교회들' 중 하나로, 특히 건축 직후인 1532년에서 1536년 사이에 그려진 내부 및 외부 프레스코화로 유명한데, 〈최후의 심판〉 〈이새의 나무〉 같은 장면들이 묘사되어 있다.

성 요한 신 수도원

Mănăstirea Sfântul Ioan cel Nou

성 요한 신 수도원은 루마니아 수체아바에 있는 루마니아 정교회 수도원이다. 1514년에서 1522년 사이에 지어진 이 수도원 성당은 유네스코 세계문화유산으로 지정된 몰다비아의 8개의 성당 중 하나이며 역사적 기념물이다. 건축은 인근 미라우치 교회(당시 몰다비아 메트로폴리탄 대성당)가 1513년 파괴된 후 포이포데 3세 통치 기간에 시작되어 몰다비아의 스테판 4세에 의해 완료되었다. 수도원 성당은 1677년까지 몰다비아의 총대주교 성당으로 사용되었으며, 1991년 이후에는 수체아바대교구와 라더우치대교구의 총대주교 성당으로 사용되었다. 교회는 성 게오르그 이름으로 봉헌되었으며 외부에는 이 지역의 전형적인 프레스코화가 있다.

성 요한 신 수도원

이 수도원은 오스만 제국의 점령 기

간 동안 현재 우크라이나의 빌호로드 드니스트로프스키인 체타테아 알바에서 순교한 몰다비아 수사인 수체아바의 성 요한의 이름으로 봉헌되었다. 몰다비아의 알렉산더 1세는 1402년에 그의 유해를 수체아바로 모셔왔다. 이곳은 기념비적인 성당 외에도 수도원 단지에는 1589년 몰도바의 절름발이 베드로Peter the Lame 통치 기간에 지어진 종탑, 1626-1629년에 성직자 아나스타시 크림차Anastasie Crimca 가 세운 예배당, 19세기에 지어진 수도사들의 옛 방, 1894년과 1896년 사이에 지어진 수도원장의 집, 그리고 주변 벽이 있다.

파트라우치 수도원
Mănăstirea Pătrăuți

파트라우치 수도원에 있는 성 십자가 성당Biserica Înălțarea Sfintei Cruci은 1487년에 몰다비아의 이슈트반 3세를 교구장으로 하여 건축되었으며, 몰다비아의 여덟 개 교회 건물 중 하나로 유네스코 세계문화유산으로 지정되어 있고 루마니아 문화종교부에서 사적지로 지정했다.

작은 건물은 동쪽의 둥근 천장과 북쪽과 남쪽으로 뻗어 있는 두 개의 더 얕은 측면 반원형 천장으로 구성되어 있다. 길이가 17.6m, 측면 8.9m에 달하는 이 소박한 건물은

파트라우치 수도원 성당

수도원 연합의 총대주교 성당으로 사용되었다. 건물 외부의 프레스코화는 거의 남아 있지 않고, 내부 벽화는 1487년 교회 건축 직후에 제작되었다. 1496년에서 1499년 사이에 부분적으로 다시 그려져서 현존하는 몰다비아 수도원 성당 프레스코화 중 가장 초기의 모습을 드러내고 있다. 파트라우치의 성당의 지성소에는 최후의 만찬, 사도들의 영성체, 사도들의 발을 씻기시는 예수의 장면이 표현되어 있다.

네암트 수도원

Mănăstirea Neamt

네암트 수도원은 루마니아 정교회 종교 정착지로, 루마니아에서 가장 오래되고 중요한 수도원 중 하나다. 14세기에 건축되었으며 중세 몰다비아 건축의 한 모델이다. 이 성당은 15세기 건축물의 보석으로 스테판 셀 마레Stefan cel Mare가 건축했으며 몰다비아 군대가 존 앨버트 왕과 싸운 해1497에 완공되었다.

네암트 수도원 성당(좌)과 무덤의 방에 있는 스테판 알의 관

타르구 네암트에서 서쪽으로 10km 떨어진 네암트 카운티의 루마니아 북동부에 위치하고 있는데, 웅장하고 섬세한 색상 효과를 지닌 이 수도원은 스테판 셀 마레 시대 전반에 걸쳐 발전한 몰도바 건축 양식의 성숙함을 보여 준다. 성당의 정면은 스테판 셀 마레 시대의 특징적인 장식으로 덮여 있다. 녹색, 노란색, 갈색으로 칠해진 에나멜 창으로 된 고딕 양식의 창문과 프레스코화가 특이하다.

이 성당에서 처음으로 발견된 무덤의 방에는 스테판 알Stefan al.의 무덤이 있는데, 네암트 수도원에 보관된 예술 보물은 수세기에 걸쳐 이곳에서 일어난 집중적인 예술 및 문화 활동을 증언한다. 네암트 수도원의 학문적 전통은 17세기와 18세기에 사라졌다가 이듬해 초에 다시 태어났다. 수도원 박물관에는 1807년부터 책을 인쇄하는 데 사용된 오래된 인쇄기가 보관되어 있다. 또한 수도원에는 육백 년이 넘는 역사를 지닌 유명한 도서관이 있다. 만천 권에 달하는 도서관의 책에는 많은 희귀 도서가 포

시나이아 수도원 성당

함되어 있으며, 그중 일부는 이 나라에서 처음으로 인쇄된 도서도 포함된다. 이전 네암트 요새 성당의 제단화는 니콜라에 그리고레스쿠Nicolae Grigorescu가 그린 <이집트 탈출> 아이콘과 함께 수도원에 있는 모든 보물 중에서 가장 중요한 보물이다.

시나이아 수도원

Mănăstirea Sinaia

시나이아 수도원은 루마니아 프라호바 카운티 시나이아에 위치한 루마니아 정교회 수도원으로, 1695년 미하이 칸타쿠지노 왕자에 의해 설립되었으며 이집트 시나이산에 있는 위대한 성 카타리나 수도원의 이름을 따서 명명되었다. 미하이 칸타쿠지노 왕자는 시나이산 순례를 마치고 돌아온 후 수도원을 세웠는데, 최초의 건물은 1690년에서 1695년 사이에 완공되었다. 원래 수도원은 브라쇼브에서 부쿠레슈티로 가는 길에 요새화된 수도원으로 사용할 목적이었다.

수도원에는 12사도를 모방하기 위해 열두 명의 수사를 수용할 계획이었지만 시간이 지나면서 수사가 늘어났으며, 1735년부터 1739년까지 러시아와 오스만 제국의 전쟁이 한창이던 중에 수사들이 수도원을 떠나기 전 귀중품들을 종 속에 묻어 숨겼다. 오스만 투르크군은 수도원 성벽 안에 주둔한 군대를 격파했고 그 지역을 불태우고 성벽 두 군데를 뚫었다. 1850년까지 시나이아는 수도원과 오두막집으로만 이루어져 있었는데 1948년에 이르러서야 부쿠레슈티대교구의 후원을 받을 수 있게 되었다. 그 뒤 루마니아 총대주교 유스티니아누스 마리나가 대교구의 자금으로 1951년에서 1957년 사이에 건물을 복원했고 수도원 전체에 수돗물, 전기, 천연가스를 공급했다.

세르비아 정교회Serbia Orthodox church

세르비아는 유고 내전이 끝난 지 얼마 되지 않아서인지 무언가 삼엄했다. 불만에 찬 표정의 국경수비대들이 세르비아 국경 검문소에서 우리를 맞았고, 모두 차에서 내려 한 사람 한 사람 검사대를 거쳐 확인을 받고도 버스 안에서 무작정 기다려야 했다. 유고 내전을 통해 밀로셰비치의 광기 어린 세르비아 민족주의로 많은 그리스도인과 이슬람인들이 목숨을 잃었고, 또 고대 문화유산마저도 파괴된, 인간의 광기를 체험하게 했던 역사 현장에 발을 디딘다는 것은 그 자체만으로도 힘들었다.

세르비아 정교회의 신자는 주로 세르비아, 몬테네그로, 보스니아 헤르체고비나 스릅스카 공화국에 거주하고 있다. 세르비아 정교회는 불가리아 정교회에 이어 세계에서 두 번째로 오랜 역사를 가진 슬라브계 동방정교회로, 세르비아, 보스니아 헤르체고비나, 몬테네그로, 크로아티아에 위치한 대교구, 관구로 구성되어 있으며 전 세계에 형성된 세르비아계 공동체에도 존재한다.

성 사바 대성당

아드리아해의 그 흔한 바다도 없는, 유고슬라비아 현대문학을 대표하는 초현실주의자 시인이자 루마니아 민족시인인 바스크 포파Vasco Popa, 1922-1991가 쓴 것처럼 세르비아는 '절름발이 늑대'라고 할 수 있다. 많은 수도원이 있었음에도 여러 이유로 성 사바 대성당 방문만 가능했음이 못내 아쉽다.

성 사바 대성당Храм светог Саве은 세르비아의 수도인 베오그라드의 브라차르에 위치한 세르비아 정교회 성당으로, 세르비아 정교회의 주교좌이자 주요 대성당으로 계획되었다. 세르비아 정교회의 설립자인 중세 세르비아의 중요한 인물인 성 사바를 기념하는 비잔티움 건축 양식이다.

이 성당은 성 사바의 무덤으로 추정되는 장소에 건립되었는데, 그의 관은 1595년 오스만 제국 고관 시난 파샤에 의해 장작더미 위에 놓여 불태워졌다. 그곳에 사바 성인을 기리기 위해 건축한 이 성당은 세르비아에서 가장 큰 정교회 성당일 뿐만 아니라, 동방정교회에서도 가장 큰 정교회 성당이며 더 나아가 세계에서도 가장 큰 성당 중 하나다. 성당의 돔은 아야 소피아Hagia Sophia와 닮았다.

성당은 큰 돔과 4개의 애프스apse로 인해 빛에 대한 민감도가 높은 대칭형 평면을 가지고 있으며, 금 모자이크로 이루어진 내부 클래딩은 거의 완성되었다. 돔 내부의 모자이크 장식은 러시아 연방의 기부로 확보되었고, 모자이크 클래딩의 더 큰 부분은 세르비아 공화국에서 연속적으로 자금을 조달했다.

아드몬트 수도원

Stift Admont

동유럽의 강행군으로 지칠 대로 지친 순례단은 세르비아를 거쳐 크로아티아, 슬로베니아를 거쳐 오스트리아 그라츠에 도착하였다. 오스트리아의 그라츠는 마산교구의 자매 교구로 이미 한국에 많이 알려진 곳이다. 그라츠에서는 수도원 방문 대신 그라츠 시계탑, 주교좌 대성당을 순례하고 하룻밤을 보낸 뒤, 그라츠의 설경과 함께 알프스의 산을 넘어 함박눈을 머리 한가득 이고 있는 아드몬트 수도원을 방문했다.

처음 계획은 빈 공항에서 귀국 편 항공기를 타기 위해 오스트리아로 경로를 편성하여, 빈의 정교회 성당을 순례하고 그리스도교 일치의 의미를 구현해 보려 하였으나, 빈 정교회 성당과의 소통이 여의치 않아 1박 2일 일정으로 아드몬트 수도원 등을

아드몬트 수도원의 설경 © 김상희

성 블라이세의 유해

순례하게 되었다. 빈에서 생활할 때 아드몬트 수도원을 자주 가보기도 했고, 머물기도 한 곳이어서일까, 마치 고향을 찾아온 사람을 포근히 환영해 주는 느낌의 아드몬트 수도원에는 편안한 익숙함이 머물고 있었다.

아드몬트라는 이름은 '산에서'를 의미하는 라틴어 표현 'ad montes'에서 파생된 단어이다. 아드몬트 수도원은 오스트리아 아드몬트 마을의 엔스강에 위치한 베네딕토회 수도원으로 슈타이어막Steiermark 지역에 남아 있는 가장 오래된 수도원이다. 이곳 수도원에는 세계에서 가장 큰 수도원 도서관과 오랜 역사를 지닌 과학과 관련된 전시장이 있다. 바로크 양식의 건축물, 예술품으로도 유명한 수도원은 산이 많은 게소이제Gesäuse 국립공원 경계에 있어 위치도 특이하며 특별히 수려한 자연 경관을 자랑한다.

성 블라이세Saint Blaise에게 헌정된 아드몬트 수도원은 1074년 잘츠부르크 대주교 게브하르트Gebhard of Salzburg가 옛 구르크 성녀 헴마Saint Hemma of Gurk의 유산을 물려받아 설립했으며, 아빠스 이싱린Isingrin 아래에 있던 잘츠부르크 성 베드로 수도원의 수사들이 이주하여 정착했다. 두 번째 아빠스 기젤베르Giselbert가 11세기 유럽 수도원은 위기였으므로 클루니 수도원 개혁을 아드몬트 수도원에 도입했다.

초기 아빠스인 볼프홀트는 귀족 가문의 소녀들을 교육하기 위해 아드몬트 수도원 내에 수녀원을 설립했으며, 한때 아드몬트 수도원은 남녀 수도자들이 공존하고 공생하는 이중 수도원 성격을 띤 수도원이었다. 중세의 남녀 공동 수도원에는 수사와 수녀는 한 건물에 거주할 수 없었고, 수사는 수녀들의 공간에 들어갈 수 없었을 뿐만 아니라, 수사와 수녀들은 사적 대화를 나눌 수도 없었다.

아드몬트 수도원의 수녀들은 필사를 통해 성경과 교부들의 문서를 보급했다. 아드몬트 수도원 수녀들은 인문학적 힘을 통해 자신의 목소리를 세상에 내놓았고 이를 통해 읽고 쓰는 글의 힘이 봉쇄된 세계를 넘어 세상과 소통할 수 있게 만들었다. 수

◀ 아드몬트 수도원의 아름다운 도서관 ©김상희

도원은 중세 시대에 번성했으며 훌륭한 기록실을 보유했고, 아드몬트 수도원의 엥겔베르트Engelbert, 1297-1327 아빠스는 유명한 학자이자 많은 작품의 저자였다.

투르크족과의 전쟁과 종교개혁으로 인해 오랫동안 쇠퇴했지만, 반 종교개혁으로 인해 수도원은 다시 한번 번성했다. 그 이후 유덴부르그로 이전한 중등학교 외에도 신학과 철학 학부가 있었다. 17세기와 18세기에 수도원은 세계적으로 유명한 교회 자수가 베노 한Benno Haan 형제와 조각가 요세프 스타멜의 작품을 통해 예술적 최고봉에 도달했다. 하지만 1930년대의 경제 위기로 인해 수도원은 많은 예술품을 매각해야 했고, 국가 사회주의 정부 기간 동안 수도원은 해체되고 수사들은 쫓겨났다. 이후 수사들은 1946년에 복귀했고 다시 번성하는 베네딕토 공동체가 되었다. 1641년부터 이 수도원은 잘츠부르크 수도회 연합의 회원이었다가, 1930년에 현재의 베네딕토회 오스트리아 수도회에 합병되었다.

수도원 동서쪽 중앙에 서 있는 가느다란 석조상이 눈에 들어왔다. 여윈 어깨, 가느다란 목, 작은 얼굴, 그 애잔한 모습은 영혼을 깊은 슬픔으로 인도하는 듯했다. 석조상의 주인공은 구르크Gurk의 헴마Hemma 성녀였다. 그녀는 부유한 백작 부인으로 엄청난 재산을 물려받았지만 부자로 살지 않고 모든 재산을 가난한 사람들을 위해 봉헌했다. 불쌍한 영혼을 위해 오스트리아 카린시아에 10개의 성당을 세웠고 이곳 아드몬트 수도원도 성녀의 후원으로 세워졌으므로 가난한 영혼을 위한 성녀의 마음이 여전히 이 수도원에 보존되어 있는 것 같았다.

수도원 성당은 아름답고 우아했다. 수도원 성당은 1865년 화재 이후, 건축가 빌헬름 뷔허Wilhelm Bücher가 독일의 레겐스부르크 대성당에서 영감을 받아 지은 오스트리아 최초의 신고딕 양식의 수도원이다. 수도원 교회 서쪽 2개의 탑 높이는 67m이며, 정면에는 성 베네딕토와 성녀 스콜라스티카의 조각상이 있었다. 내부로 들어서자 중앙 통로와 두 개의 측면 통로로 구성되어 있으며, 각 통로에는 다섯 개의 측면 경당과 여섯 개의 기념 제대가 있다. 성당의 주보성인인 성 블라이세Saint Blaise의 모습이 서쪽 문 꼭대기에 있다. 마르티노 알토몬테1657-1745가 그린 성모 마리아 제대의 그림은 스타멜이 만든 묵주의 비밀이 새겨진 열다섯 개의 메달에 둘러싸여 있다. 두 작품 모두 1726년에 제작되었으며 1856년의 화재에서도 보존되었다.

아드몬트 수도원은 도서관, 미술관, 자연사 박물관이 인상적이었다. 알프스의 깊은 계곡에서 도마뱀, 악어, 포유류가 담긴 의료용 항아리와 과학자 가브리엘 스트로블 신부가 수집한 벌레와 나비가 방 하나를 가득 메우고 있었다.

아드몬트 수도원에서 놓칠 수 없는 곳 중 하나가 도서관이다. 수도원이 유럽 지역사회에 모든 학문의 시발점이며 기초라는 것을 증명해 주는 곳이기 때문이다. 건축가 후에버 요셉의 설계로 1776년에 건축된 길이 70m, 너비 14m, 높이 13m의 세계에서 가장 큰 수도원 도서관은 다양한 건축 장르를 통해 계몽주의의 이상을 보여 주고 있다. 도서관은 세 개의 방으로 구성되어 있으며, 사십여덟 개 창문으로 고즈넉한 자연의 빛을 그대로 받아들이고 있다. 수도원의 전체 소장품 이십만 권 중에 칠만 권을 전시하고 있는데 8세기의 사본과 천오백 년 이전에 인쇄된 책과 다양한 성경 필사본이 가장 귀중한 자료로 꼽힌다. 수도원은 천사백 개 이상의 사본을 보유하고 있는데, 그중 가장 오래된 것은 잘츠부르크의 성 베드로 수도원에서 나온 것으로, 창립자 게브하르트 대주교의 선물이었다. 일곱 개의 그림으로 구성된 도서관의 천장은 신성한 계시의 최고점까지 인간 지식의 단계를 보여 주는 바르톨로메오 알토몬테Bartolomeo Altomonte의 프레스코화로 장식되어 있다.

4차 순례는 우리 눈앞에 신세계를 펼쳐주었다. 미지의 세계를 개척한다는 것, 특히 한국 순례단으로는 최초로 동방정교회 수도원을 순례한다는 설렘과 자부심은 어떤 것과도 바꿀 수 없었다. 동방정교회 지역에서 서방 교회에 대한 반감을 피부로 느끼면서, 그리스도교 일치 운동에 있어 극복해야 할 과제가 많음을 체감했다. 제2차 바티칸 공의회를 통해 교황 바오로 6세와 콘스탄티노플 총대주교 간의 화해와 일치를 위한 노력이 지속되어 왔지만 현장에서의 느낌은 사뭇 달랐다.

동방 교회는 자신들을 'Orthodox', 즉 정교회正敎會, 원래의 것을 보존해나간다라고 칭하는 데서 정통을 사수해왔다는 프라이드가 있다. 또한 서방 교회와는 달리 신앙생활 면에서 민족적, 국가적 종교로 변화되었기에 서방 교회의 교회법적인 신앙생활보다는 자율적인, 그리고 신비적인 신앙이 더 강조되고 있어서 마치 제2차 바티칸 공의회 이후 윤리신학의 쇄신에서 베르나르드 헤링Bernhard Häring 신부가 주장한 "Frei in Christus"그리스도 안에서의 자유 대로 그리스도께 대한 신앙 안에서 자유로운 영혼들의 신앙생활을 보는 듯하였다.

15세기 이후 교회법적인 신앙, 율법주의적인 신앙의 강조로 경직화되고 수동적이 된 신앙으로 인해 세상과 괴리된 교회의 모습으로 고착화되던 서방 교회가 제2차 바티칸 공의회를 통해 쇄신과 변화의 교회로 탈바꿈하려 시도하였지만, 공의회 이후 60여 년이 되도록 그 변화의 효과를 누리지는 못하고 있는 것 같다. 특히 프란치스코 교황님의 변화와 개혁의 시도가 보수파들에 의해 왜곡되거나 폄하되는 현상, 요지부동의 모습 등이다. 부족한 가운데 동방정교회의 현 실태를 체험할 수 있었고, 기회가 된다면 깊이 연구하고 학습하여 다시 순례하고 싶은 매력적인 곳이었다.

©김상희

5차 수도원 순례

2011년 1월 19일-30일(일)

독일
- 뮌스터 슈바르작 수도원
- 벨텐부르크 수도원
- 툿찡 포교 베네딕토 수녀원

스위스
- 성 십자가 수도회 수녀원

프랑스
- 카르투시오 수도회 수도원
- 노트르담 드 시토 수도원
- 파리외방전교회
- 프라도 사제회

5

한국 진출 수도원들의 모원을 찾아서

사실 땅 위에는 우리를 위한 영원한 도성이 없습니다.
우리는 앞으로 올 도성을 찾고 있습니다.

(히브 13,14)

©김상희

한국에 진출한 수도원들은 정통 수도 영성을 살아가는 봉쇄수도원이라기 보다는 16세기 이후 유럽의 사회적 필요성에 의해 세상에서 고유한 사도적 소명을 수행하기 위해 생겨난 단순서원 수도회society라 할 수 있으며, 교구 중심의 교회들이 생겨나면서 선교를 위한 사도적 활동을 할 수 있는 수도회들이 필요한 데서 연유한 것이라고 할 수 있다.

유럽의 수도원처럼 '격리'Monasterium의 의미를 구현하는 수도원Monastery은 2000년대에 들어서 한국에 진출하게 되었다. 샬트르 성 바오로 수녀회와 베네딕토 수도원, 그리고 올리베따노 여자 수도원이 1900년대 한국에 진출하였지만, 이는 선교의 목적이었다. 곧 창설자의 의지를 반영하는 활동 중심 수도회의 목적이 있기 때문에 교회 역사에 바탕을 둔 전통 수도원의 모습은 자리잡고 있지 못한 것 같다. 특히 단순서원 수도회와 장엄서원 수도원의 교회법적 구분도 이러한 의미를 반영하고 있다.

따라서 5차 수도원 순례의 목적은 한국에 진출한 수도원 중에서 유럽(독일, 프랑스, 스위스)의 모원을 순례함으로써 한국 진출 수도회의 근본을 체험하고 수도회 사도직 활동의 고유한 의미를 이해하는 데 중점을 두면서, 아울러 영화 〈위대한 침묵〉의 카르투시오 수도원 순례를 통해 수도 영성의 정확한 이해를 시도하고자 했다.

내가 살던 빈의 베네딕토회 수녀원의 수녀님들은 그 흔한 커피를 마시지 않았다. 일상의 것에 대한 절제의 의미였다. 오로지 주일 점심식사 후 공동체 시간에 단 한 잔 마시는 것을 보고 놀라움을 금할 수 없었다. 수도 생활을 '그리스도인들이 추구해야 할 영성을 완전한 모습으로 사는 삶'이라고 할 때, 이번 순례는 그리스도인들이 자신의 삶을 어떻게 살아야 하는지 체험하고 배우는 순례였다.

뮌스터 슈바르작 수도원

Abtei Münsterschwarzach

겨울의 프랑크푸르트는 여전히 추웠다. 뉘른베르크 방향 고속도로로 접어든 지 1시간여 지나자 '슈바르작'이라는 표지판이 눈에 띄었다. 수도원 순례 첫 여정이라 할 수 있는 뮌스터 슈바르작 수도원이 가까웠음을 알려 주는 표시다. 곧이어 네 개의 종탑이 인상적인, 청회색 빛의 지붕에 옅은 황갈색 건물의 수도원이 웅장한 모습을 드러냈다. 뮌스터 슈바르작 수도원은 슈바르작 강가에 있는 수도원으로, 슈바르작이라는 작은 개울이 있어서 여기에서 비롯되었다.

펠리치타스 성녀를 주보성인으로 모시고 있으며, 현재 유럽 교회 안에서 규모에서나 사업에서 매우 왕성한 활동을 벌이는 곳으로 꼽히는 수도원인 동시에 가장 중요한 독일 베네딕토회 수도원 중 하나다. 수도원에는 백 명의 베네딕토회 회원이 있으

네 개의 종탑이 인상적인 청회색 빛 지붕의 뮌스터 슈바르작 수도원

며, 그중 약 칠십 명은 뮌스터 슈바르작 수도원에서 일하고 있고, 서른다섯 명은 수도원의 부서에서 일하거나 전 세계적으로 파견되어 선교 활동을 하고 있다. 수도원은 성 오틸리엔의 베네딕토 수족에 속해 있다. 베네딕토회 소명과 선교적 소명이 결합된 오틸리엔 연합회의 창설 정신처럼, 뮌스터 슈바르작 수도원은 기도와 노동, 예술 활동, 학교 운영, 영적 봉사, 선교 등 다양한 활동을 조화롭게 벌이면서 베네딕토 영성을 세상 안에서 추구한다.

수도원 건물은 780년 칼 대제Carlos Magnus의 세 번째 왕후 파스트라다에 의해 설립되었고 성당 완공은 788년 이뤄졌다. 성모 마리아 성 살바르토 성녀 펠리치타스에게 봉헌된 이 수도원은 카롤링거 왕가 소속 수도원이었으며, 원장은 카롤링거 왕가의 딸들이 맡았다. 카롤링거 왕가 출신 마지막 원장수녀 베르타가 사망한 뒤, 수녀들은 877년 수녀원을 포기하고 취리히로 이주했다. 이후로 이 수녀원에 베네딕토회가 자리잡게 되었다.

1001년 레겐스부르크의 성 에러람 수도원 수사들이 수도원을 다시 재건하고, 1066년 에그베르트 아빠스 시기에 로마네스크 양식의 수도원 성당이 완공되었다. 11세기경 뮌스터슈바르작 수도원은 발터 아빠스 지도 아래 전성기를 맞이하였다. 1654년 철학, 신학대학을 설립했고, 18세기에 이르러서는 바로크 양식의 바실리카를 완공했는데 천장 프레스코화는 요한 홀쩌의 작품이다.

수도원은 1803년 세속화로 인해 해체되어 수도원 건물은 경매에 넘겨졌고, 1805년 수도원 성당은 매각되었다. 옛 수도원 방앗간에는 종이 공장이 들어서 1825년부터 1863년까지 운영되기도 했다. 1913년은 수도원의 새로운 시작이라고 볼 수 있다. 옛 수도원의 잔존물과 수도원 소유지를 상트 오틸리엔 수도원에서 매입했고, 인근 상트 루드비히 수도원 오틸리엔 수사들이 재진출하였다. 이어 1914년 2월 13일 뮌스터슈바르작 수도원은 다시 아빠스좌로 승격되었다.

독일이 제1차 세계대전의 패전국이 된 후, 옛 독일 식민지에서 활동하던 선교사들이 귀환하였고 네 개의 종탑으로 이뤄진 웅장한 수도원 성당은 나치 치하 독일에서 건축된 성당 건물 중 가장 큰 위용을 자랑하며 1938년 축성식을 거행했다. 1960년 초, 이 시기에 수많은 신부, 수사들이 한국과 아프리카 등지로 파견되었다. 수도원 내에는 6학급의 소규모 김나지움이 있는데, 현재에도 미국 네브라스카주에 스카일러 분원을 두고 있으며, 탄자니아, 남아프리카 공화국, 케냐, 아시아, 아프리카 등에 많은 선교사들이 파견되어 활동하고 있다.

한국의 성 베네딕도회 왜관 수도원은 성 베네딕토회 오틸리엔 연합회 소속 수도원으로 이곳과 가족이라 할 수 있다. 한국에 파견된 많은 선교사들이 북한의 덕원 수도원과 만주 연길 수도원에서 다양한 문화사업과 본당 사목을 했으며, 한국 전쟁 이후에도 많은 선교사들이 추가로 파견되어 왜관 수도원이 뿌리내리는 데 많은 도움을 주었다. 왜관 수도원 초대 아빠스인 오도 하아스도 뮌스터슈바르작 수도원 출신이고, 대구가톨릭대학교 신학대학에서 영성지도를 해오신 현익현 바르톨로메오 신부님도 이 수도원 소속이다. 또한 이 수도원은 왜관 수도자들이 독일에서 유학 또는 기술 습득을 위해 파견되었을 때, 2007년 왜관 수도원 화재 때에도 미국 분원 스카일러 수도원을 통해 지원을 아끼지 않았다. 특히 이곳에는 세계적 영성가 안셀름 그륀 신부가 거주하고 있어, 영성 서적 출판, 강연회 등의 활동도 활발하다. 그런 이유때문인지 왠지 모를 역동성이 느껴졌다. 손님 숙소나 책방 등에서 마주치는 비교적 젊은 수사 신부들은 전통과 오랜 역사 안에 부상하는 새로운 유럽 교회의 모습으로 다가왔다.

이 수도원을 찾는 이들의 거의 반 정도가 비신자일 정도로 독일 사람들에게는 영적 오아시스 역할을 하고 있으며, 안셀름 그륀 신부의 특강과 장엄한 전례, 그레고리오 성가 등 천 년 세월 이어온 거룩한 신앙의 유산을 통해 영적 갈망을 채워주는 쉼터로 자리매김하고 있다. 한국 순례단들에게는 영성, 삶, 문화 등 유럽 사회 전체의 면면에 자리잡고 있는 신앙의 근원을 이해하고, 수도원의 근본정신을 살펴봄과 동시에 한국 교회가 나아가야 할 내적 성숙의 방향을 생각해보는 계기가 되었다.

주일을 제외한 수도원의 일상은 새벽 5시 5분, 첫기도로 시작된다. 어느 책에서의 표현처럼 젊고 나이든 수도자들이 한자리에 모여 바치는 시편 기도는 씨줄 날줄처럼 촘촘히 얽혀 우리 안으로 들어오고 있었다. 이어지는 미사에서 베네딕토회가 전통적으로 거행해 오고 있는 장중하고 장엄한 전례 거행에 수사 신부들은 제대 양편 가대 1층에, 수사들은 뒤편에 자리 잡고 그레고리오 성가의 고유한 음색을 드러냈다. 나지막하게 조화를 이룬 엄숙한 선율은 수도원이 가진 오랜 영성의 울림이었다.

"기도하고 일하라"는 베네딕토회의 모토처럼 하루 여섯 차례 이어지는 기도 시간은 그들의 중심이라 할 수 있다. 인근 지역 신자들도 참여하여 함께 성무일도를 바치고 미사를 봉헌하는 모습이 자연스럽다. 이들의 기도는 천 년이 넘도록 이렇게 지속되어 왔으리라. 기도 속에서 신앙을 보호받고 신앙이 유지되며 생생한 신앙의 증언들로 유럽 교회의 맥을 잇고 오늘날까지 전해져 왔으리라.

물질적 세속화가 극심한 현실에서, 사람들이 교회를 멀리하는 현실에서 이토록 원칙에 가까운 전례가 거행되고 미사가 봉헌되는 것이 매우 중요하다고 수도원은 말하고 있었다. 위기일수록 원칙이 중요하며, 그러한 원칙을 지키는 것에 자부심을 느낀다고 했다. 이러한 이유에서 수도원은 영성적 봉사에 보다 주력하고 있었다. 즉 세상 안의 '영적인 섬' '영적 오아시스'가 되고자 했고, 풍랑이 이는 세상의 바다에서 안식을 취하도록 돕고자 했다.

수도원을 나오는 길, 어두움을 깨우는 종소리와 함께 낮게 울려 퍼지던 하느님 찬미의 음성이 귓가에 아련했다. 세파에 찌든 물기없는 정신을 일깨우는 신선한 영혼의 선물이었다.

벨텐부르크 수도원

Kloster Weltenburg

벨텐부르크 수도원은 벨텐부르크에 있는 베네딕토회 수도원(성 게오르그 수도원 소속)이다. 도나우 협곡에 위치한 수도원은 바이에른 베네딕토회 연합 소속으로, 오늘날의 주요 임무는 본당 사목 활동(두 본당 관리)과 '성 게오르그 피정센터' 운영이다. 중세 이후 교회의 영향력이 강해 수도자의 고향으로 불린, 바이에른 주에서도 가장 오래된 610년경에 창건된 수도원이다. 아일랜드 선교사 골롬반에 의해 세워진 것으로 전해지며 아름다운 자연 경관을 지니고 있다.

고고학적 발견에 따르면 벨텐부르크 주변 지역은 600년경에 그리스도교인들이 지배하고 있었고 700년경 '바이에른의 사도'인 성 루퍼트가 수도원 성당을 성 게오르그에게 봉헌하였다. 8세기에 벨텐부르크 수사들은 보니파시우스 교회 개혁의 일

아름다운 자연 경관 속의 벨텐부르크 수도원 성당

환으로 성 베네딕토회 수도 규칙을 받아들였다. 748년부터 788년까지 바이에른 공작 타실로 3세는 수도원의 후원자 중 한 명이었고, 수도원 성당 제단 주위의 천장화에도 묘사되어 오랫동안 수도원의 창시자로 여겨졌다.

새로 건축된 성당은 1191년에 축성되었는데, 아우구스티누스 수사들은 1123년부터 1328년까지 벨텐부르크에 거주했다. 1686년에 이 수도원은 바이에른 베네딕토 연합의 창립 멤버 중 하나가 되었다.

벨텐부르크 수도원은 1720년, 바로크 양식으로 건립된 수도원 성당에 설치된 성 미카엘 천사상의 중앙 제대로 유명하다. 요한 묵시록 12장의 내용, 미카엘 천사가 용을 무찌르고 죽음의 위험에 처한 여인을 구하는 모습을 형상화 했다. 성당 입구에는 죽음, 심판, 천당, 지옥 등을 지상에서의 우리 삶과 연관시켜주는 사계절로 표현하고 있으며, 아삼 형제가 그린 〈최후의 심판〉 유화가 있다. 천장화도 눈길을 끄는데 수도자들이 세속적 가치와 우상숭배, 교만을 거부하고 삼위일체이신 하느님과 성모 마리아, 성인들이 있는 천상교회를 갈구하는 형상으로 표현되어 있다.

바이에른의 세속화 과정에서 이 수도원도 1803년 3월 21일에 해체되었지만, 1842년 6월 1일 루트비히 1세 왕에 의해 메텐 수도원 소속 수도원으로 재건되었다. 오늘날 수도원의 소임은 사목적 돌봄과 성인 교육이다. 특히 1050년에 벨텐부르크 수도원에서 수사들이 맥주를 생산했다는 사실이 기록되어 있으므로, 벨텐부르크가 “세계에서 가장 오래된 수도원 양조장”이라고 광고하는 이유이기도 하다. 수도원 흑맥주는 2004년, 2008년, 2012년에 세계 최고의 흑맥주로 선정되어 ‘월드 맥주 컵’을 수상했을 정도로 유명하다.

수도원 맥주 공장

툿찡 포교 베네딕토 수녀원

Missionary Benedictine Sisters of Tutzing

서울과 대구의 툿찡 포교 베네딕도 수녀회의 모원母院이 자리잡고 있는 독일 툿찡은 뮌헨에서 한 시간여 떨어진, 슈타른베르그 호수를 접하고 있는 소도시다. 제2차 세계대전 때에는 악명 높은 유대인 수용소인 다카우 수용소로 끌려가던 수감자들이 멈춰가는 곳이기도 했다. 슈타른베르거 호수의 이름이 익숙하다 싶었는데 T.S 엘리엇이 그의 시 〈황무지〉에서 인용했던 곳으로, 1866년 노이슈반슈타인 성을 건축했던 루트비히 2세가 사망한 채로 발견돼 구구한 이야기를 남긴 장소였던 곳이다.

툿찡 포교 베네딕토 수녀원은 호숫가에서 멀리 떨어지지 않은 곳에 위치하고 있다. 수녀원 건물은 1904년에 지어진 그대로라고 하는데, 유리 창문들을 구성 요소로 삼아 십자가 형상으로 꾸며진 한쪽 벽면 모습이 이채로웠다. 2004년 개보수 공사를 거쳤다는 성당은 제대를 중앙에 배치하고 둥근 원형으로 구성된 현대적 모습이었다. 고색창연한 수도원의 옛스런 이미지보다는 이 시대의 신자들과 함께하고 있는 듯한 '모던함'이 풍겼다. 뮌스터슈바르작 수도원을 방문했을 때도 그랬듯, 단순하고 절제되어 있으나 많은 것을 함축한 느낌이었다.

특히 제대 기둥과 제대상 사이 아크릴 소재로 된 투명한 정사각 십자가가 눈길을 끌었다. 십자가 내부에 올리브 나뭇가지가 흙 속에 담겨 있었다. 회원으로 활동 중인 세계 여러 나라의 흙이 섞여 있어, 회원들과 세계 여러 나라 사람들과 결속되어 있음을 상징하는 것이라고 한다. "온 세상에 가서 복음을 선포하라"는 사명을 상기시키는 의미에 더하여 흙 속의 올리브 나뭇가지는 로마 총원에서 가지고 온 것으로 승리, 부활, 희망, 평화를 상징한다.

우리 순례단을 마중나온 루스 쇼넨베르거 비서 수녀님은 볼거리 넘치는 대도시를 뒤로하고, 지구 반대편 소도시 툿찡을 방문한 한국 신자들을 신기해하며 놀라워했다. 쇼넨베르거 수녀님은 "세상 기준으로 생각하면 그다지 볼 것도 없는 작은 도시지만, 하느님 시각에서 들여다 볼 때는 수많은 선교사가 배출되어 세계 교회로 뻗어나간 선교의 중심지"라는 설명과 함께 "백이십오 년 전 수녀회 초창기 당시, 선교사로 파견 나갔던 수녀들이 백여 년이 지난 미래에 여러분들과 같은 선교지의 신자들이 툿찡 모원을 방문할 것이라고 상상이나 했겠느냐?"며 활짝 웃으셨다. 1925년 11월 18일, 이곳 툿찡을 떠나 지중해와 아라비아 반도, 인도양을 거쳐 머나먼 극동의 작은 나라 한국에 도착한 네 명의 수녀님들이 우리 앞에 서 계신 듯 마음이 벅찼다.

툿찡 포교 베네딕토 수녀회의 뿌리를 찾아 멀리 한국에서 온 순례객들을 위해 티타임이 준비되어 있었다. 수녀회 현황과 활동 등에 대한 쇼넨베르거 수녀님의 설명과 한국 분원들의 활동에 관해서도 이야기를 나누었다. 한국의 대구 수녀원은 총 이십칠 개국에 진출된 분원 중 회원 수가 가장 많다고 했다. 또 전체 회원 중 한국 회원의

아크릴 소재의 투명 십자가

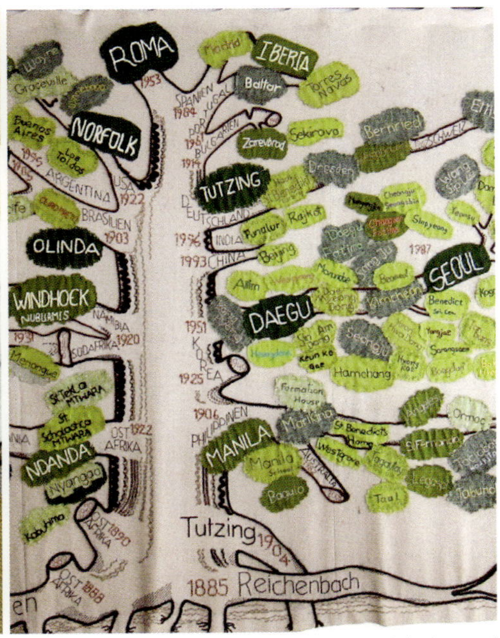

세계 선교지를 표시한 수녀원 나무 그림

수가 30퍼센트를 차지하여 수녀회에서 비중이 높은 편이라는 설명이었다. 한국 여성 수도자들의 저력이 느껴졌다.

최근 몇 년 동안 툿찡 모원의 경우에도 회원 수가 줄면서 규모도 줄여야 하는 현실을 맞고 있다. 운영하던 학교는 관할 교구인 아우구스부르크교구로 이양했고, 병원도 일반인이 인수했다. 현재는 게스트하우스, 교육관, 피정의 집 등을 운영하고 있다. 성소자 감소 문제와 함께 기존 운영 기관이 교구나 개인에게 이양되면서 경제적인 문제도 간과할 수 없는 사안으로 떠오르고 있다. 유럽 교회의 가릴 수 없는 한 단면으로 받아들여졌다.

대화를 마치고 수녀원 저녁기도에 참석했다. 수녀님들 자리 뒤쪽으로 다수의 지역 신자들이 자리를 잡았다. 성가를 담당하시는 수녀님들의 청아한 목소리로 성무일도가 시작되고, 젊은 회원부터 머리카락이 희끗희끗한 회원들, 그리고 함께한 평신도들의 기도 소리가 하나되어 스며들었다. 입을 모으고 마음을 모아 하느님을 찬미하는 기도의 풍경 속에 유럽 교회의 저력과 연륜이 느껴졌다. 그리고 새로운 선교의 희망이 엿보였다.

툿찡 포교 베네딕토 수녀회를 설명하기 위해서는 먼저 창립자 '안드레아스 암라인 신부'에 대한 이해가 필요하다. 성 베네딕토의 수도 규칙을 따르면서도 포교 수도회를 희망했던 보이론 수도원의 안드레아스 암라인Andreas Amrhein, OSB. 1844-1927. 신부는 '수도승적 규율 준수와 선교사'라는, 당시로서는 특별한 수도 생활양식에 대한 인가를 얻기 위해 노력하여 1884년 마침내 교황 레오 13세의 인준을 받아 수도회를 창설하였고, 그 이듬해 1885년에 툿찡 포교 베네딕토 수녀회가 창설되었다. 이로써 베네딕토회적 수도 생활에 충실하면서 수도 공동체를 중심으로 선교 활동을 하려는 창설자의 목적과 이상이 실현된 것이다.

암라인 신부는 회원들이 베네딕토 규칙을 따라 살며, 선교 소명에 따르는 노고와 희생 안에서 '하느님과 모든 영혼들의 구원을 위해' 모든 일을 함으로써 참으로 하느님을 찾아 만날 수 있도록 하자는 것이었다. '기도' '공동생활' '일'(선교 활동)의 회원 생활 양식은 그러한 내용의 구체적 표현이라 할 수 있다. 창설자 안드레아스 암라인 신부의 정신에 따라 인류 복음화에 생애를 바치며, 특히 그리스도가 전파되지 않은 곳에 구원의 기쁜 소식을 전하는 것을 소명으로 삼고 특별한 관심을 기울인다. 따라서 교회가 필요로 하는 모든 분야에서 베네딕토회의 공동생활과 기도생활의 조화를 이룰 수 있는 다양한 종류의 사도직에 종사한다.

성 십자가 수도회 수녀원

Kloster Heiligkreuz

올리베따노 성 베네딕도 수녀회의 모원인 성 십자가 수녀원은 스위스 중북부 죽Zug 주 캄Cham에 위치한다. 수녀원은 십여 분 거리의 캄 호수를 이웃하고 있는, 짙은 회색 지붕의 상아색 건물로 수녀회의 흰색 수도복을 연상시켰다.

수녀원 성당 입구에 피 흘리시는 예수님의 십자가가 있는 제대는 '성 십자가 수녀회' 라는 명칭의 배경이 된 수난 당하시는 그리스도의 목각 십자가를 모시고 있는데, 이 십자가는 수녀원이 캄에 자리를 잡으면서부터 떼려야 뗄 수 없는 수녀회의 상징이 되었다. 인근에는 십자가를 모셔 놓은 작은 경당이 있어, 많은 순례자들이 경당을 찾으므로 증축을 거듭하게 되어 '성 십자가 성당'으로 봉헌식을 가지고 십자가를 현양했다. 수녀회는 이 성당 곁에 정착하기를 원했고 1859년 수녀원 건물이 완성됨으로써 '성 십자가 수녀원'으로 불리게 되었다. 수녀원이 건립되면서 더 많은 순례자들이 모여들었고, 치유의 은사를 얻게 된 신자들이 생겨나면서 십자가는 더욱 유명해졌다. 이를 증명하듯 십자가 앞에는 기도 지향을 적은 쪽지들이 많이 놓여 있다.

‘기도와 일, 영적 묵상’이 하루의 중요한 일과이며 ‘기도’와 ‘전례’가 모든 것에 우선한다. 성체조배와 거룩한 독서Lectio Divina가 중요한 요소이며, 이 시대의 요구를 묵상하고 봉사할 일을 찾는 것이 그들의 관심이다.

한국의 올리베따노 성 베네딕도 수녀회는 1981년 6월 교황청 수도회성으로부터 교황청 설립 자리 수녀원 인가를 받았고, 동시에 캄 수녀원과는 연합 결성을 승인받았다. 두 수녀원 사이의 ‘성 십자가 연합’이 그것이다. 삼 년마다 교대로 캄과 한국 공동체에서 연합 회의를 개최하고 있는 두 수녀원은 이 회의를 통해 두 공동체 간의 정보를 교환하고 조언을 나누며 서로 봉사하고 있다. 원장 수녀님은 “한국 수녀원과는 유기적으로 연결돼 좋은 관계를 유지하고 있다”며 “시집간 딸이 잘 살고 있으면 기분이 좋듯, 한국 수녀원이 성장하고 있는 것이 매우 기쁜 일”이라고 전했다. 또 “유럽에서는 성소자가 줄고 있는데 한국은 꽃이 피듯 번창하고 있어 다행”이라고 했다.

성 십자가 수녀원 성당

2012년 8월 24일 설립 백오십 주년을 맞이한 캄의 성 십자가 수녀회는 2011년 팔십 주년을 맞이한 한국 올리베따노 성 베네딕도 수녀회에 “온전히 하느님을 믿고 따르는 그 삶이 얼마나 가치 있는 것인지 보여주는 본보기가 되기를” 당부했다. 팔십 년 전 모원 수녀들이 순교를 각오하고 중국 연길을 향해 떠났듯, 한국에서도 팔십 주년을 기해 남미 선교에 나섰다는 소식을 들었다. 성 십자가 수녀회의 사랑의 물길이 복음이 필요한, 또 다른 세상 속으로 흘러가고 있는 것이다.

성 십자가 수녀회의 시작은 스위스 루체른 발덱에 세워진 '가난한 자매들의 학교'가 그 출발점이라 할 수 있다. 인근 혹도르프 지역 성 베드로 바오로 대성당에서 사목하던 요셉 레온즈 블룸 신부가 정치적 박해를 피해 또 산업혁명 등의 영향으로 도시로 몰려든 소녀들을 위해 설립한 것이다. 1830년 블룸 신부는 스위스 루체른 주 발덱에 '가난한 자매들의 학교'라는 이름으로 공동체를 창설했다. 이는 스위스 교회가 설립한 수녀회의 효시가 된 성 십자가 수녀회 발덱 공동체의 시작이다. 블룸 신부는 가난한 자매들의 학교 공동체가 수도 생활 공동체로 점차 발전해 나감에 따라, 1844년 10월 5일 바젤교구장 살차만 주교로부터 수녀회 회헌을 인준 받았으나, 1848년 스위스 연방 의회에서 수도원 신설과 폐쇄된 수도원 부활을 불허했다. 따라서 1859년 발덱의 학교 공동체는 유지된 채 수녀회는 캄 지역으로 이주해야 하는 어려움을 겪었다. 수도자들은 스위스 연방 의회 결정에 따라 발덱에서 추방돼, 추크Zug 주 캄으로 공동체를 옮겨 수도 공동체 생활을 새롭게 시작했다. 이곳에서 1859년 수녀원을 완공했다. 인근에 성 십자가Heiligenkreuz 순례 성당이 자리 잡고 있었기에 '하일릭크로이츠 수녀원', 즉 '성 십자가 수녀원'이라 불렸다. 이 수녀원은 바로 올리베따노 성 베네딕도 수녀회의 모원이 된다. 1887년부터 성 베네딕토 수도원과의 연합을 추진, 1892년 9월 11일 '몬떼 올리베또 성모 마리아 대수도원'과 정식 연합회 가입 수락서가 교환되었다.

성 십자가 수녀원은 외방 선교를 본래의 목적으로 하지 않았으나, 시대와 환경 요구에 따라 1931년 9월 14일 스위스 캄 성 십자가 수녀회 소속 여섯 명의 수녀가 연길 지목구장 백 테오도로 신부의 요청으로 연길 땅을 향해 출발했다. 이들은 수녀원을 세우고 한국인 지원자들을 받아들이며, 일곱 개의 본당 지원支院을 설립하는 등 연길 수도원의 간도 지방 선교 활동에 동반했다. 그러나 1946년 공산당에 의한 청산, 이듬해 한국인 수녀들의 남한 이주, 한국전쟁 발발로 부산으로의 피난 등 어려움을 겪었고, 1952년 9월 수련원이 다시 문을 열면서 삼 년 뒤 종신서원식이 거행되었다. 한국 '올리베따노 성 베네딕도 수녀회'의 성장과 기틀을 마련하게 된 것이다. 이후 1981년 9월 14일 성 십자가 수녀원은 한국 진출 오십 주년을 맞아 한국 수녀원을 완전히 자립시켰다. 이로써 두 수녀원은 동등한 자립수녀회Priorat로 '성 십자가' 연합을 맺어 현재까지 동행하고 있다.

카르투시오 수도회 수도원

Grande Chartreuse

위대한 침묵! 해발 1300m 알프스의 깊은 계곡, 그곳에 누구도 쉽게 들여다 보지 못하던 고요함의 세계가 있었다. 해가 뜨고 달이 지고 별들이 나타났다 사라지길 반복하는 계절 속에서 영원을 간직한 공간에서 그들만의 시간을 만들어 나가는 이들이 있었다.

2019년 성탄절을 앞두고 방영된 〈세상 끝의 집, 카르투시오 봉쇄수도원〉은 외부 세계와 철저히 단절된 채 모든 시간을 기도와 노동, 그리고 신의 신비를 헤아리는 데 집중하는 수사님들의 이야기를 담아내어 세간의 많은 사람들에게 신선한 충격과 내면 깊숙이 삶을 생각해 보게 한 프로그램이었다. 그곳은 아시아 유일의 카르투시오 수도원인 경북 상주에 있는 모동 수도원이었다.

수도원 앞의 표지판

그에 앞서 2009년 말부터 2010년 초 필립 그로닝 감독의 영화 〈위대한 침묵〉이 개봉되었을 때도 많은 사람들에게 특별한 감명을 가져다 주었다. 그 인상깊은 첫 장면은 이러하다. '봄은 겨울로부터 오는 것이 아니다. 봄은 침묵으로부터 온다.'

눈 덮인 알프스산의 정적, 별빛 아래 고요한 수도원, 어둠 속에서 들려오는 수사들의 나지막한 기도소리, 우리는 그저 조용히 그 일상의 깊이를 바라보았고, 처음이자 마지막이 될 카르투시오 수도원의 일상을 담은 침묵으로의 여행, 그 위대한 침묵 속으로 걸어 들어갔다.

카르투시오 수도원을 찾아 가는 길은 쉽지 않았다. 프랑스 동남부 알프스 지방 그르노블에서 48km 정도 떨어진 깊은 산중, 해발 1300m 고지 수도원을 찾아 가는 길은 구불구불 좁은 계곡길을 따라 곡예하듯, 마음 졸이며 달려가야 했다. 그나마 눈이 많이 오지 않아 다행이었다. 폭설이 자주 내리기 때문에 이곳 겨울 도로 사정은 날씨에 맡겨야 한다고 했다. 1084년, 성 브루노는 여섯 명의 동료들과 함께 오직 하느님 안에서의 기도 생활과 엄격한 삶을 꾸려가기 위해 은수 생활 자리를 찾았다. 그리고 그르노블의 위고 주교를 찾았을 때 '샤르트뢰즈'라는 장소를 제공받았다. 험준한 산맥에 둘러싸인 인적 없는 광야였다.

세속을 떠나, 오직 하느님 안에서 가난과 참회의 관상 생활을 하고픈 열망에 가득 찼던 브루노 성인이 그 상황 안에서 기도, 묵상, 노동, 청빈의 규율을 지키며 수도회 기초를 세워가던 심경을 가늠해 본다. 수도원으로 가는 도중에 계곡에서 발견한 다리, 그 이름이 '브루노'였다. 시토 지역처럼 이곳 역시 천년에 가까운 수도원 역사가 지역 곳곳에 자취를 남기고 있었다.

수도원에 도착했으나, 입구에서 발길을 돌릴 수밖에 없었다. 방문객 출입은 철저하게 통제되고 특히 여성들은 수녀님들조차 방문을 불허하고 있었다. 담장 밖으로 드러난 건

침묵의 경계인 수도원 출입문

물 모습을 살피며 영화 장면 속 수도원 내부를 상상할 뿐이었다. 수도원 건물은 1688년에 지어졌다. 초기 건물은 현 수도원보다 1km 정도 더 높은 곳에 있었으나, 눈사태로 붕괴돼 현재 위치에 자리를 잡았다고 한다. 아쉬운 마음에 이십여 분 거리에 있는 수도원 박물관을 찾았다. 그곳은 수도회와 수도원 생활을 소개하기 위한 용도로 1951년 개관했다. 과거 평수사들이 생활하던 수도원을 외부 공개용으로 재단장해 놓은 것이다. 보통 동절기에는 휴관하지만, 멀리 한국에서 찾아 온 순례객들을 위해 특별히 공개해 주었다.

전시관 등으로 쓰이는 박물관은 매년 이십오만 명 정도의 관람객이 찾아오는데, 영화 〈위대한 침묵〉 후에는 더 많은 이들이 찾고 있다고 박물관 책임자가 들려주었다.

샤르트뢰즈 리큐르가 한 모금씩 제공되었다. '리큐르의 여왕'이란 별명을 지닌 이 증류주는 여러 가지 약초를 첨가한 것으로 1605년부터 수도원에서 제조하고 있다. 판매금은 수도원의 주 수입원이 되고 있으며 지금도 전통 방식으로 백삼십여 개의 약초 추출물을 첨가해 5년간 참나무통에서 숙성하는 과정을 거친다. 콜레라가 창궐했을 때는 약으로 각광받았다는데, 맛을 본 노란색 리큐르는 알코올 도수가 55도나 되는 상당히 강한 리큐르였다.

창문 앞에 자리한 수사들의 식탁 ©김상희

간단한 소개와 함께 수도자 방에서부터 박물관 탐방이 시작되었다. 카르투시오회의 출발은 고독한 삶을 통해, 하느님 안에서 자신을 온전히 자유롭게 하는 영성의 추구였다. 그런 면에서 이들은 그 영성을 원래 목표대로 추진, 보존하기 위해 그들만의 독특한 관습과 구조를 발전시켰다고 한다. 수도회 규칙을 제정할 때에도 영성 내용에 대한 규정보다는 수도자들이 독방에서, 그야말로 용맹정진하며 하느님 앞에서 개인적으로 자유로울 수 있는 조건을 어떻게 잘 조성할 수 있는가에 초점을 두었다는 것이다. 카르투시오회 수도원 구조의 특징인 '독방'은 이러한 노력의 부산물이며, 보다 철저히 고독과 침묵에 몰입하기 위한 장치들이라 볼 수 있다.

수도자들은 새벽기도, 아침기도, 저녁기도 등 세 번의 공동 기도를 제외한 나머지 시간들을 이곳에서 지낸다. 하루 한 번 식사도 혼자 하면서 고적함 속에 영적 묵상, 기도, 공부, 육체노동 등으로 일과를 보낸다. 철저한 침묵은 물론이며, 입을 여는 시간은 공동 기도 시간과 일주일에 한 번 산책할 때 정도다. 음식은 각 방에 딸린 작은 구멍으로 전해지며 어떤 경우에도 육식은 허용되지 않는다. 또 방에서 식사할 때는 반드시 창밖의 자연 경관을 보면서 하도록 권고하는데, 문득 영화에서 본 창틀에 앉은 채 밖을 내다보며 식사하는 수도자의 모습이 스쳐갔다. 이는 자연을 내다볼 때 하늘을 먼저 올려 봄으로써 식사하는 시간에도, 즉 항상 하느님을 생각한다는 의미로 식탁이 창문 앞에 자리하고 있다는 것이다.

수도자의 방을 둘러보고 있는데 일과표가 눈에 들어왔다. 전례 시기에 따른 수도원 일상을 담은 시간표가 있었는데 수도원의 하루는 모두가 잠든, 12시 5분의 (성무일도의 아침기도에 해당하는) 새벽 기도로부터 시작되었다. 이 기도는 세상이 모두 잠들었을 때도 그들을 보호한다는 뜻과 함께, 세상을 위해 밤에도 계속해서 기도한다는 지향을 담고 있다. 성 브루노의 수도회 규칙인 "영성적 전념에 지칠 때 섬세한 본성은 자연에 의해 활기를 찾고 새롭게 된다"는 말은 세상을 살아가는 우리들에게도 적용되는 말이라는 생각이 들었다.

박물관 방문이 마무리될 즈음에 흥미로운 비디오 한 편이 소개되었는데, 한국 남자 수도원의 수도 생활과 여자 수도원의 건축 과정 등을 담은 내용이었다. 한국에는 지난 2000년, 2010년 상주와 보은에 각각 남자 수도원과 여자 수도원을 개원하였는데 카르투시오 수도회의 아시아 진출은 한국이 처음이라고 한다. 교황 요한 바오로 2세가 두 차례 방한한 것이 계기가 되었고, "역사가 짧은 아시아 교회에 유럽 수도원 영성을 나누는 것이 필요하다"고 조언한 것이 한국 진출의 출발점이 되었다고 한다. "한국의 남녀 두 수도원은 아시아의 모든 가톨릭 신자들을 위한 기도처로서의 의미도 있는 듯하다"고 박물관 책임자는 덧붙였다. 한국이 특별히 선택된 데는 '한국 가톨릭교회의 역동성'을 우선적 이유로 들 수 있다. 또한 한국의 문화들이 카르투시오 수도회가 지향하는 고독·침묵 영성에로의 접근이 용이하다는 수도회 내 판단도 배경으로 작용했다. 여자 수도원은 전 세계 카르투시오회 수녀원 중 일곱 번째로 설립되었다. 박물관에서의 시간을 마치고 걸어나오는데 왠지 자꾸만 수도원 건물 쪽으로 시선이 갔다. 오늘도 고독과 침묵 속에 세상을 위해 기도하고 있을 수도자들을 향한 인사를 전하고 싶었다. 교회 역사상 한 번도 개혁이 없었다는 유일한 수도회인 카르투시오 수도회의 '세상이 바뀌는 동안 십자가는 굳건하게 서 있다'는 수도회 표어가 말해 주듯, 오랜 세월 속, 온갖 세상의 흐름 속에서 참된 신앙과 내적 힘의 전형으로 우뚝 서 있는 모습이 언제까지나 지속되기를 기도드렸다.

●

카르투시오 수도회는 수도자 각 개인이 생활 공간과 노동 공간으로 구성된 독립된 은수처를 가지고 생활하는 것이 특징이다. '세상에 대한 쏠림보다 하느님께 집중하기 위한 고독' '내가 하느님께 나아가고 들어가기 위해 스스로 세상으로부터 멀어지는 내적 · 영적 침묵', 그리고 '그 안에서 하느님과 하나 되는 기쁨 안에서의 삶'. 그렇게 카르투시오회 수도자들의 하루는 기도와 고독 · 침묵 속에서 하느님을 만나는 자리들로 이어진다. 이런 의미에서 육체노동도 그 자체가 목적이라기보다는 하나의 보조 수단이다. 즉 기도와 관상 속에서 자신을 하느님께 바쳐 드리는 것과 함께 이를 통해 세상을 좀 더 잘 알고, 더 사랑하려는 일을 달성하기 위해 필요한 통로라는 것이다. 이들은 하루 세 번 공동 기도 시간 외에는 각자의 방에서 개인적 고적함 속에 기도, 공부, 노동, 영적 묵상 등의 시간을 갖는다.

카르투시오회의 고독·침묵 영성은 전례에서도 매우 특징적으로 드러난다. 전례 때 시작을 위한 행렬을 하지 않으며 모든 성가를 무반주로 하는데, 이때 부르는 그레고리오 성가 형식의 노래들은 슬픔과 비통함의 느낌이 든다. 이것은 하느님 앞에서의 나약함, 왜소함 등을 나타낸다고 볼 수 있다. 시간 전례도 수도회 자체적으로 만들어졌다. 상당 부분 리옹대교구 전례에서 영향을 받았고, 전례의 단순성을 유지하기 위해 많은 노력을 기울였다. 또 전례에서는 화려함을 전혀 찾아볼 수 없다. 하느님께 나아가는 데 있어 인간적 치장이나 기준은 무가치하다는 의미이며, 또 하느님께서는 꾸며진 외면은 보지 않으시기에 인간 그 자체의 순수함만이 필요하다는 뜻이기도 하다. '내면의 영성'이 중요함을 드러내는 또 하나의 표징으로 여겨졌다. 고독·침묵 속에 대부분의 시간을 혼자 보내

카르투시오 수도원

지만, 주일 및 대축일과 월요일에는 전 수도자들이 함께 모여 대화를 나눈다. 주일 낮기도 후 가지는 친교 시간과 저녁식사, 그리고 월요일의 산책 시간이 이에 해당된다. "친교 시간을 통해 한마음 되어 평화 가운데 머물며 기뻐하라. 이를 통해 하느님의 평화 사랑이 함께 머물 것이다."

수도자들은 새벽기도 후 잠시 눈을 붙인 뒤 오전 6시 30분부터 일상을 시작한다. 대개 오전 10시부터 오후 4시까지 노동에 시간을 할애하는데, 취침에 드는 시간은 오후 7시 30분부터다. 성주간을 제외한 매주 월요일 진행되는 산책은 수도자들의 중요 일정이다. 두 명씩 대화를 하며 인근 산과 들에서 시간을 보내는데, 15-20분 간격으로 짝을 바꾼다. 그래서 산책 시간이 끝나기 전까지 모든 회원들은 한 사람도 빠짐없이 서로 이야기를 나누게 된다.

노트르담 드 시토 수도원

Abbey Notre-Dame de Cîteaux

흔히 부르고뉴 지방이라 하는 프랑스 코트도르주, 디종 남쪽 마을 시토에 위치한 노트르담 드 시토 수도원을 찾아가는 길은 시토 수도회에 대한 기본 이미지들로 가득했다. 노트르담 드 시토 수도원은 시토 수도회의 창립 수도원이다. 현재의 '시토'는 수도원 마을이라고 할 만큼 시토 수도원을 일컫는 대명사 노릇을 하고 있다. 로베르토 성인이 수도원 자리를 잡으면서 지명을 따라 '시토 수도회'라 불렸고, 이후 '시토'라는 지역명은 수도원과 동일한 의미가 되었다.

수도원 주변에는 '황금의 골짜기'라고 불리는 세계적인 와인 명산지 '부르고뉴' 지역의 포도밭이 펼쳐져 있었다. 드넓은 포도밭 사이, 회색빛의 수도원 건물은 '엄격, 침묵, 기도'의 이미지처럼 담담하고도 차분한 인상이었다. 입구 쪽의 건물 벽면에는 카나의 혼인잔치 구절을 상징화한, "무엇이든지 그가 시키는 대로 하여라"(요한 2,5)는 글귀의 부조가 있었다. '순명'이라는 수도회 모토를 드러내는 듯했다.

손님 담당인 필립 무비에 수사의 안내로 극히 제한된 부분의 수도원 입장이 허용되었다. 하루 일곱 번의 공동 기도, 공동체를 위한 육체노동, 독서와 기도 명상, 철저한 금육과 침묵 등 '베네딕토 규칙서를 더 충실히 지키기 위한' 천여 년 전의 수도회 설립 당시 원칙들은 지금도 수도원 일상에 그대로 적용된다고 한다. 하루의 흐름에 따른 일곱 번의 기도 시간은 '중요한 순간마다 기도를 함으로써 일상 생활을 하느님께 봉헌하고, 우리의 삶과 시간을 하느님 것으로 만든다'는 의미다. 초기 시토회의 개념을 정착시키고 중흥기를 가져왔던 베르나르도 성인이 회원들 및 수도자들에게 강조한 것이 '관상 기도에의 전념' 아니었던가.

수도자들은 기도 시간 사이 오전, 오후 두 번의 노동 시간을 가진다. '노동은 수도자들이 정신과 육체의 조화를 이루는 데 매우 중요하며, 각자의 인격을 형성하고 발전시키는 데 필수적인 요소'라고 안내를 맡은 수도자가 설명해 주었다.

시토회 창립자 몰렘의 성 로베르토(좌)와 성 스테파노 하딩

시토 수도회 회원들에게 있어 노동이란 수도회의 설립 초기부터, 당시 다른 수도원들에서 볼 수 없었던 매우 개혁적인 것이었다. 모든 봉건적 수입을 거부하면서 수도자들이 스스로 육체노동을 통해 수도원을 운영하는 원칙을 마련했기 때문이다.

수도원의 주된 노동은 '치즈 만들기'인데, 1925년경부터 본격적으로 생산하기 시작했는데, '아베이 드 시토'라는 이름으로 제조, 판매되며 부르고뉴 지역 대표 치즈 중 하나로 꼽힌다. 수도자들이 직접 공정에 참여할 뿐만 아니라, 치즈 생산을 위해 120여 마리의 젖소를 키우고 있다. 치즈를 제조하는 무비에 수사는 "수도원의 의미를 잘 모르는 많은 이들은 수도자들을 치즈 만드는 사람 정도로 여기는 듯하다"며, "아마도 치즈를 만들지 않게 되면 수도원 자체가 잊힐 것 같다" 하고는 웃어보였다.

무비에 수사는 수도자들이 이곳에 존재하는 이유는 '세상 속에 하느님의 현존을 증거하는 것'이라고 하면서, 프랑스의 경우 신을 거부하는 이들이 점점 많아지고 있는 현실이어서, 더더욱 자신들과 같은 수도자들이 있어야 한다고 했다. 덧붙여 "많은 이들이 수도원이 무엇을 하는 곳인지 질문하곤 하는데, 그것은 기도의 위대함을 모르고 있기 때문"이라고 했다. '현 시대에 수도원이란 존재가 지니는 가치와 의미가 무엇인지'에 대한 답이라고 이해되었다. 베르나르도 성인은 시토 수도회 입회 후 성 베네딕토의 규칙서를 온전히 따르려는 열망을 가지고 침묵, 가난, 노동을 통해 그 이상

수도원의 하루 일과표

수도원에서 생산하는 치즈

을 실현하고자 했다. 세상을 위한 기도 속에서 하느님의 현존을 증거하기 위해 사는 삶, 그 속에서 자신들의 존재 이유를 찾는 그분들을 향한 감사함과 존경이 깊어지는 시간이었다.

수도원 건물은 11세기 고딕 양식의 고전 건축 양식으로 되어 있었다. '시토 수도회의 시조'라는 명성에 걸맞게 전 세계 시토회 수도원 중에서 트라피스트 수도원의 본산이라 할 만큼 비중을 지니고 있는 곳이다. 1098년 부르고뉴 공국의 몰렘 대수도원장 성 로베르토Robert de Molesme는 수도자들의 해이해진 상황에 실망감을 느끼고 원장직을 사임하고, 홀로 은둔 생활을 하다 자신을 따르기 원하는 스무여 명의 수도자들과 함께 시토에 정착하고 수도원을 설립하였고, 그리스도의 어머니이신 마리아에게 수도원을 봉헌했다. 그 이후 수도원은 부르고뉴 공작의 보호를 받았다.

직접적으로 교황령에 종속되어 있던 시토 수도회는 1119년 12월 23일 교황 칼리스토 2세의 카르타 카리타티스(애덕과 만장일치 헌장)에 의해 공식적으로 인준되었다. 교황에 의해 인준된 '자선 헌장'Charta Caritatis은 형제들과의 애덕을 통해 수도자 서로의 도움뿐만이 아니라 수도원 모원母院의 연결고리로 한 분원分院 수도원을 만들어 서로 협력할 수 있도록 시도하였고, 하나의 수도회 혹은 연합회라고 현재 불리는 이름으로 발전하게 되는 출발점이 되었다.

12세기 르네상스 시대에 서유럽 그리스도교 전역에 그레고리오 개혁을 전파하고 시행하기 위해 시토 수도회는 프랑스 왕국에 있는 이천 개가 넘는 수도원의 창립 수도원이 되었고, 7세기 이상 중세 서방 그리스도교의 영적, 경제적, 사회적 생활에 깊은 영향을 준 중요한 영적 중심지였다.

시토에 자리를 잡은 후 클뤼니 수도원보다 더 엄격히 베네딕토 규칙 실천을 따르기 원했다. 세속과는 단절하면서 철저한 청빈, 침묵, 육체노동을 중시했고, 일상 생활 및 전례 예술 면에서는 단순함을 추구하면서 평소 이상적이라 여겼던 수도 생활을 실천에 옮겼다. 클뤼니 개혁에서 이뤄지지 못했던 '온전한 수도 생활'의 열망, 초대 교회 때 사막 교부들의 모습을 닮고자 하는 원의가 불을 지피게 된 것이다. 이 새로운 수도원 조직은 상징적인 부르고뉴 수사 클레르보의 베르나르도[1090-1153] 덕분에 유럽 전역에서 번성하였다. 1898년 이래로 COSO[Cistercian Order of the Strict Observance]의 약 스무 명의 시토회 트라피스트들이 이곳에 다시 거주하여 영적인 삶을 되찾았고, 오늘날 이곳은 시토회-트라피스트 수도원의 주요 수도원으로서의 지위를 회복하고 오랜 역사와 전통을 이어가고 있다.

파리외방전교회

Les Missions Etrangères de Paris, MEP

파리외방전교회는 1658년 설립된 교황청 직속으로, 가톨릭 전교회이자 선교단체이며 수도원 특성상의 분류로 사도생활단이라고 칭한다. 17세기에 포르투갈과 스페인은 전 세계를 통하여 많은 영향력을 행사하였고, 복음 전파 활동에 있어서도 상당한 우위권을 갖고 있었다. 당시 교황청의 포교성성은 이러한 종교상 우위권을 분쇄하기 위한 일환으로, 프랑스 선교사들의 선교 열의를 이용하여 1658년 선교 단체의 설립은 물론, 1659년 팔뤼와 모트 두 신부를 주교로 임명한 뒤 그들을 샴(오늘의 태국)으로 파견하였다. 1664년에는 파리외방전교회의 신학교를 설립하였는데, 이 신학교는 교구 사제뿐만 아니라 모든 교구로부터 선교 사제 희망자를 모집하여 성직자로 양성한 후 아시아로 파견하였다.

선교의 우선 순위를 현지인 성직자 양성에 두었으며, 기존의 포르투갈식 선교와는 달리 정치 세력의 비호에서 벗어났기에 제국주의 논란에서 상대적으로 더 자유로울 수 있었다. 파리외방전교회는 파견된 포교 지역에서 교회를 조직하고, 방인[현지인] 성직자를 양성하여 그들이 교회를 운영하도록 함을 목표로 삼았다.

창립 후 오늘에 이르기까지 아시아에 파견된 선교사는 사천여 명인데, 그중 백칠십여 명이 한국에 파견되었다. 또한 파리외방전교회는 현지인 성직자 이천여 명을 양성하였는데 그중 한국인은 백여 명에 이른다. 오랜 역사 동안 파리외방전교회는 아시아의 많은 나라에서 그 민족들과 함께 그 나라 역사에 참여해오는 동안 선교사 백칠십 명이 순교했다. 그중 스물네 명의 선교사가 한국에서 순교, 그들 중 열 명은 1984년 교황 요한 바오로 2세 방한 때 시성되었다.

현재 한국에서는 서울대교구·수원교구·대전교구·안동교구·인천교구·대구대교구·광주대교구(광주가톨릭대학교) 등 교구에서 활동하고 있지만, 자체적인 주요 사업은 계획하지 않고 한국 천주교의 중요 사업계획에 협조하면서 활동한다.

프랑스 파리 '뤼드박' 128 거리에 있는 파리외방전교회 건물은 한 지붕 아래서 가장 많은 성인이 나왔다고 하여 '순교 전문대학'이라 불린다. 1658년 아시아 지역 선교를 목적으로 교구 소속 신부로 결성된 프랑스 최초의 외방선교회 본부이며, 뤼드박은 '나룻배의 길'이란 뜻이다. 십여 분만 걸어가면 배를 탈 수 있는 센강으로 연결되는데, 프랑스 선교사들도 이 길을 통해 항구로 가는 나룻배에 몸을 실었다.

한국 교회와의 인연은 1831년 파리외방전교회 소속 브뤼기에르 주교가 초대 조선대목구장에 임명되면서부터다. 이러한 이유로 파리외방전교회의 한국 선교 역사는 곧 한국천주교회의 형성 역사라고도 할 수 있다. 그래서일까, 본부 입구에 들어설 때 이백여 년의 시간을 뛰어넘어 초기 한국 교회 설립의 시간으로 돌아가는 듯했다.

박물관 안의 한국 순교성인 명패. 필자의 조상인 김성우(안토니오) 성인의 이름도 보인다.

박물관 위층에는 성당이 있다. 그간의 전교회 역사 속에서 수많은 선교사들이 회원들과 가족들의 기도 속에서 파견미사를 거행하던 곳으로, 성당 입구 좌측 벽면에는 국제올림픽위원회의 창설자인 피에르 쿠베르탱의 아버지인 샤를르 쿠베르탱이 1868년에 파견식 모습을 그린 〈선교사들의 출발〉이 걸려 있다. 이 그림 속의 주인공은 성 브르트니에르, 도리, 볼리외, 위앵 등으로 가족들과 작별 인사를 나누는 선교사들의 모습을 담고 있다. 이들은 모두 1864년 조선으로 '출발'했고, 조선에 도착한 후 2년 만인 1866년에 순교한 103위 성인들에 속한다.

선교사들은 이 성당에서 파견 미사와 파견식을 거행한 후, 본부 정원의 성모상 앞에서 회원들과 마지막 기도를 올리고 보르도 항구로 가서 선교지로 떠났다. 파리외방전교회는 '선교 지역으로의 출발은 돌아온다는 생각을 하지 않는 것'(194항)이라고 회칙에 정해놓고 있다. 이 성당은 선교지에서 순교 소식이 들려오면 회원들이 감

샤를르 쿠베르탱의 〈선교사들의 출발〉

사가 〈떼 데움〉Te Deum을 불렀던 곳이기도 하다. 팔각정 가운데에는 성모자 상이 있고, 양옆으로 한국, 베트남, 중국 등 아시아 지역에서 복음을 전하다 순교한 성인들의 이름이 새겨져 있었다. 그중엔 1984년 교황 요한 바오로 2세가 시성한 앵베르, 모방, 샤스탕 등 순교 선교사 열 명의 이름과 성 김대건 신부의 이름도 보였는데, 현재의 박물관은 2003년 개관되었다.

이곳에는 동양 각지에서 활동했던 선교사들의 유품과 한국을 비롯한 각 선교지와 관련된 물품들이 전시돼 있다. 파리외방전교회가 프랑스 내에서 돌보고 있는 유학생 수는 백 명 정도인데, 아시아인 사제 양성에 힘썼던 그간의 전교회 고유의 몫을 또 다른 모습으로 아시아 교회와 나누고 있다.

2003년 명동본당 신자들이 뮈텔 대주교와 파리외방전교회 선교사들에 대한 감사의 뜻으로 세운 비석(좌)과 본부 정원 한쪽에 자리하고 있는 한국순교성인 현양비

프라도 사제회

Associations of Priests of Prado

프라도회 국제 본부는 리옹 변두리 뒷골목에 위치한다. 뒷골목의 카바레 '프라도'Prado를 슈브리에 신부가 매입함으로써 그곳은 가난함을 살고자 하는 사제들의 거점으로 변신했다. 프라도회' 명칭도 이러한 배경에서 기인한다.

'가난한 사람들에게 예수 그리스도를 알고 사랑하고 따르게 하는 일은 얼마나 아름다운가!' 이 아름다운 강생의 신비에 비추어 슈브리에 신부는 가난의 은총을 간청했으며 또한 우리를 예수 그리스도와 그분의 생활, 그리고 그분의 사명에 일치시키며 우리의 생활에 그분의 생활을 재생시키는, '진정한 사랑'의 길을 가기로 결심했다. 이는 가난한 사람들에게 하느님 나라의 기쁜 소식을 선포하고 또 그들 가운데서 뚜렷한 그리스도 신자 공동체를 이루기 위하여, 성령 안에서 예수 그리스도의 사명과 자기 봉헌에 참여한다는 소명인 것이다.(요한 10,26; 루카 4,18; 제2차 바티칸 공의회 『사제의 직무와 생활에 관한 교령』 2항 참조)

슈브리에 신부의 정신에 따라 설립된 프라도 사제회는 영적인 가족으로 프라도 수녀회와 프라도 형제회, 프라도 여성 재속회와 함께한다. 2024년 현재 약 천백 명의 프라도 사제들과 삼십여 명의 봉헌된 평신도가 있으며 이들은 사십여 개국에 산재해

슈브리에 신부의 침실 ©김상희

프라도회 경당 ©김상희

있다. 제일 많은 수의 회원들이 프랑스와 스페인, 이탈리아에 있다. 그외 유럽의 여섯 나라에 아주 적은 수의 회원들이 있고, 약 백여 명의 회원들이 아메리카 대륙에 있다. 주로 라틴 아메리카와 카리브에 있으며 라틴 아메리카의 열두 개 나라에 프라도 회원들이 있다. 약 사십여 명의 회원이 아프리카 대륙(북아프리카, 동아프리카)과 마다가스카르에 있다. 약 이백여 명이 아시아 대륙(한국, 인도, 일본, 베트남)에 있는데, 그중 삼십여 명은 중동 아시아에 있다. 현재 스스로 자치권을 가지고 있는 자립 프라도는 여섯 나라로, 프랑스와 이탈리아, 스페인, 브라질, 중동, 그리고 한국이다.

현재 프라도 국제 본부 건물에는 총장 신부를 비롯 부총장과 전담 평의원, 그리고 프랑스 프라도 책임자 등이 거주하고 있다. 순례단이 프라도 신학교가 있는 리모네를 방문했을 때2011년 세 명의 한국 프라도 회원이 국제 양성의 해를 위해 머물고 있었다.

한국에서는 1975년 고 이용유 신부의 서약으로 한국 프라도가 정식 활동을 시작했는데, 회원들은 본당을 비롯해 노동 사목, 이주민 사목, 신학교 사제 양성, 사회복지, 병자 사목, 학생 사목 등 특수 분야에서 고유한 몫을 실천하고 있다. 양성 중인 회원을 비롯하여 백육십오 명의 회원들이 활동 중이다. 프라도 사제회의 특징은 재속 사제회Vita Consacratio라는 점으로, 회원들은 소속 교구장에게 순명하며 특히 '가난한 사람들의 복음화'를 통해 가난한 이들에게 우선적 배려를 하는 주교들을 돕는다.

지금도 전 세계의 프라도회 회원들이 그곳을 찾아가서 복음의 정신으로 살아가는 구체적인 방법을 되새긴다.

프라도회 창설자인 복자 앙트완느 슈브리에 신부Antoine Chevrier는 1826년 4월 16일에 프랑스 리옹에서 태어났다. 그 당시 프랑스에서는 영국에서 일어난 산업혁명의 결과로 공업화가 한창이었고 그 중심은 리옹이었다. 농촌을 떠난 많은 농민들이 리옹의 변두리에 와서 공장에서 비참한 조건으로 일하며 생활하고 있었다. 1846년 10월, 대신학교에 입학한 슈브리에 신부는 교회가 가난한 대중으로부터 멀어져 가고 있음에 대해 마음 아프게 생각하였다. 1850년 5월 25일, 리옹교구 사제가 된 슈브리에 신부는 라기요티에르 성 안드레아 본당 보좌 신부로 발령을 받았다. 앙트완느 슈브리에 신부는 비참한 지역민들의 현실에 눈 뜨면서 '가난함'의 의미를 몸과 마음으로 받아들이기 시작한다. 같은 해 1856년 성탄 밤에 구유 앞에서 묵상하면서 자신의 회심을 위한 큰 빛을 받았다. "나를 회심시킨 것은 강생의 신비입니다"라는 슈브리에 신부는 '말씀이 사람이 되어 오신' 육화의 신비를 묵상하는 가운데 '인간을 지극히 사랑하시는' 하느님의 사랑을 깨닫는 특별한 회심을 경험했다. 점차적으로 그는 가난한 사람들에게 예수 그리스도의 복음을 직접 전하는 사명을 분명하게 인식하게 된다. 1860년 12월 10일, 그는 리옹 변두리에 있는 프라도 카바레를 인수하여 성당에서 제대로 교리를 배우지 못한 동네의 비참한 아이들을 데려와서 6개월 동안 기숙사 생활로 의식주 문제를 해결하면서 글을 가르치고 첫영성체를 준비시켰다.

슈브리에 신부는 가난한 사람들과 함께 살며 복음을 전하는 '가난한 사제 양성'의 독특한 교육법을 고안, 자체적으로 고유한 사제 양성에도 힘쓴 것으로 알려진다. 1865년 프라도 소신학교를 열었는데, 1877년 마침내 네 명의 신부가 사제품을 받음으로 특별한 사제 양성의 결실을 보았던 슈브리에 신부는 이와 함께 가난한 사람들을 위한 가난한 사제들을 찾아 뜻을 모으는 작업도 병행했다. 슈브리에 신부는 1879년 10월 2일, 스물일곱 살의 젊은 후계자를 남겨두고 하느님 나라에 갔다. 가난하게 살고, 많은 어려움을 겪으면서도 철저하게 자신을 특별히 가난한 사람들에게 내어준 그는 세상 사람들의 주목을 받으면서 이 세상을 떠났다. 그리고 1986년 10월 4일, 교황 요한 바오로 2세는 리옹에서 그를 시복했다.

프라도회 활동을 소개하는 안내 사진판

이번 순례 역시 눈과 바람 속의 된추위와 나란히 걸었다. 한국 성 베네딕토회 왜관 수도원의 형제 수도원인 뮌스터 슈바르작 베네딕토 수도원, 벨텐부르크 수도원, 툿찡의 포교 베네딕토 수녀원, 스위스 캄 성 십자가 수녀원, 카르투시오 수도원, 시토회 수도원, 파리외방전교회, 리옹의 프라도 사제회 등을 순례한 것도 크나큰 영적 수확이었지만, 10세기 클뤼니 수도원 개혁이후 '격리'Monasterium의 정신을 완전하게 구현하기 위해 알프스의 눈 덮인 산속에서 용맹정진하는 샤르퇴즈카르투시오 수도원을 방문한 것은 너무나 큰 의미였다. 하느님께로 향하는 영적 투쟁을 인내와 기도, 그리고 희생을 통해 세상의 희망을 전해 주려는 수사들의 고군분투하는 현장을 체험하면서 가슴 깊은 감명을 받았다.

무엇이 그들을 여기, 이곳 광야로 초대했을까? 그들에게 샤르퇴즈는 광야가 아니라 하느님과 함께 사는 낙원이었다. 영화 〈위대한 침묵〉에서도 느꼈듯이, 샤르퇴즈 수도원의 삶은 해맑은 아이들의 공간처럼, "어린이처럼 되지 않으면, 결코 하늘 나라에 들어가지 못한다"(마태 18,3)는 말씀의 현장으로 느껴졌다.

이번 순례는 한국에 진출한 수도원들의 모원을 방문하는 데 중점을 주고 진행되었으나, 여정 중에 독일의 가톨릭 도시들과 성당, 프랑스 라살레트 성모 순례지와 아비뇽 옛 교황청, 아르스의 성자 요한 비안네 신부의 유적 등 교회 역사의 현장과 신앙의 유산도 함께 볼 수 있었다. 다양한 신앙의 유산이 산재해 있는 유럽의 수도원은 분명 오늘날 교회에 신선한 산소를 공급하는 허파와 같은 역할을 하는 곳임을 새삼 확인할 수 있는 좋은 기회였다.

하지만 파레이르모니알의 성녀 말가리다 마리아 알라콕의 예수 성심 성당 옆 24

시간 성체조배소에서 만난 프랑스 노인 한 분의 말씀은 아직도 뇌리를 떠나지 않는다. "프랑스는 더 이상 교회의 맏딸이 아니다."

교회의 신앙을 수호해 온 가톨릭 국가였고, 수많은 성인·성녀를 배출했으며, 수많은 신앙의 유산과 역사를 지녔고, 가톨릭 영성의 기둥과도 같은 역할을 한 프랑스 교회가 아니었던가. 어쩌면 이제는 역사 속의 한 기록으로만 남아, 쇠퇴해가는 모습을 보여 주는 현실을 표현한 말일지도 모른다. 과연 21세기의 가톨릭교회는 어디로, 어떻게 가야 할까?

인생은 떠남이고 순례이다. 하느님의 품에 안길 때까지 순례해야만 하는 인간, '순례하는 인간'Homo Viator이다. 하느님은 우리에게 당신께서 창조하신 세상을 통해 말씀하시고 계시기에, 그 말씀을 듣기 위해 우리는 끊임없이 순례하는 것이다.

150여 년 전 하느님의 말씀을 전하기 위해, 익숙함을 버리고 낯섦을 향해 순례했던 선교 수도자들 또한 하느님의 충만함을 느꼈기에 목숨 바쳐 우리의 땅에서 순례의 길을 걸었으리라. 이제 다시 우리가 그 낯섦의 세상으로 들어가고 있는 것이다. 익숙함을 떨쳐내고, 낯섦 속에서 말씀하시는 주님을 뵙고자!

go sperábo.
pétii a Dómino, hanc requi-
ut inhábitem in domo Dómini
ous diébus vitæ meæ.
videam voluptátem Dómini : et
tem templum ejus.
uóniam abscóndit me in taberná-
ulo suo in die malórum : protéxit
me in abscóndito tabernáculi sui.
In petra exaltávit me : et nunc exal-
távit caput meũ super inimícos meos.

©김상희

6차 수도원 순례

2011년 7월 14일(목)-22일(금)

아일랜드
- 크라이스트처치 대성당
- 레지오 마리애의 중앙평의회 '콘칠리움 레지오니스'
- 레지오 마리애 창설자 프랭크 더프의 생가
- 성 골롬반 외방선교회 본부
- 노크 성모 발현 성지
- 킬레모어 수도원

스코틀랜드
- 성모 마리아 대성당
- 홀리루드 수도원
- 성 자일스 대성당

잉글랜드
- 더럼 대성당
- 앰플포스 수도원
- 파운틴스 수도원
- 스트랫퍼드 어폰 에이번
- 홀리 트리니티 성당
- 옥스퍼드

6

정통 가톨릭 영성을 찾아서

보라, 하느님은 나의 구원.
신뢰하기에 나는 두려워하지 않는다.
주님은 나의 힘, 나의 굳셈.
나에게 구원이 되어 주셨다.
(이사 12,2)

©김상희

그리스도교 선교의 역사와 수도원 전파의 역사에서 아일랜드를 빼고 이야기할 수 있을까. 5차 순례에서 돌아온 지 6개월 지나, 그 여운이 채 가시기도 전에 6차 순례를 계획하게 되었다. 처음으로 떠난 여름 순례였고, 여러 면에서 파격적인 순례였다.

아일랜드 더블린에서 출발하여 노크, 크로프패트릭, 킬레모어, 더블린, 에든버러, 더럼, 요크, 스트랫퍼드 어폰, 에어번, 옥스퍼드, 런던으로 이어지는 일정으로, 그리스도교가 갈등과 분쟁의 역사를 겪으며 종교 전쟁으로 비화된 역사 현장을 보고, 또 박해에 맞서 불굴의 정신으로 가톨릭 신앙을 지켜나간 신앙 선조들의 삶을 생각해 보는 자리로도 뜻깊었다.

아일랜드는 유럽 선교의 교두보이며 레지오 마리애의 발상지로, 특히 한국 교회 선교에 열정을 다 바친 성 골롬반 외방선교회의 본원이 있으며, 여러 면에서 한국 교회와 친밀하다. 영국은 1534년 헨리 8세의 수장령 반포 이후 성공회가 주류를 이룬 국가로서 가톨릭 수도원들이 폐쇄되거나 사라진 아픈 역사를 안고 있다.

영국 교회의 중심은 대륙과 인접한 남쪽 끝인 켄터베리대교구다. 이는 그레고리오 1세 교황에 의해 선교사로 파견된 로마 성 안드레아 수도원장 아우구스티노가 자신의 대주교좌를 런던이 아닌 이곳에 세움으로써 비롯되었다. 지금도 켄터베리 대성당에는 아우구스티노의 자리가 있다. 아일랜드, 스코틀랜드, 잉글랜드브리타니아 지방으로 구분되는 영국 제도의 선교가 교회사에서 중요한 의미를 지니는 것은 이 지역의 복음화가 유럽의 그리스도교화에 큰 영향을 미치기 때문이다.

유럽 대륙에 그리스도교 전파의 교두보 역할을 한 아일랜드를 시작으로 스코틀랜드, 잉글랜드로 이어지는 여정 속에 성공회의 역사도 함께 느껴보는 순례였다.

아일랜드, 스코틀랜드 교회

아일랜드 지방의 복음화는 오늘날 아일랜드의 주보성인으로 추앙받는 파트리시오 성인에 의해 이뤄졌다. 385년경 브리타니아에서 태어난 성인은 16세 때 해적들에 의해 납치돼 아일랜드에 노예로 팔려가 6년간의 노예 생활을 했다. 이후 아일랜드를 탈출하여 수도 생활을 시작한 성인은 팔라디오스의 후임으로 아일랜드 주교에 임명돼 포교 주교로 활동했다.

수도 생활에 애착을 가진 파트리시오에 의해 복음화된 아일랜드 교회는 자연 수도원 중심의 교회로 신앙생활 전반에 걸쳐 수도 생활적 분위기를 띠고 있었다. 6세기부터 수많은 수도원이 설립되면서 번영하였고, 수도원이 교회 행정의 중심이 되어 수도원 총장이 관할하는 수도원 중심의 교구가 창설되기 시작했다. 아일랜드의 수도원은 행정 중심일 뿐만 아니라 고등교육기관의 역할까지 담당하여 많은 성인과 학자들을 배출함으로써 후에 아일랜드를 성인들의 섬, 박사들의 섬으로 불리게 했다. 아일랜드에서의 수도 생활적 신앙 관습은 유럽 대륙까지 널리 퍼지게 된다. 아일랜드의 열성적인 영성 생활은 대륙의 교회, 특히 집단 개종한 프랑크 왕국 등에 비해 엄청난 차이를 보였으며, 영국 수도자들의 대륙 선교와 함께 유럽 교회에 큰 영향을 미쳤다.

브리타니아, 앵글로 색슨 교회

요오크, 런던의 주교들이 314년에 있었던 아를스 교회 회의에 참석했던 것으로 보아, 브리타니아에는 이미 로마제국 시대에 교회 조직이 있었다. 그러나 407년 로마가 철수하자 이곳의 선교는 그레고리오 1세 교황에 의해 이뤄졌는데, 교황은 596년 아우구스티노와 함께 사십 명의 수사들을 이곳에 파견했다. 첫 선교의 결과는 대단한 것이어서, 597년 성탄 축일에 아우구스티노는 켄트의 에델베르트 왕과 1만 명에게 세례를 줄 수 있었다.

그레고리오 교황의 수도자 파견은 수도회 역사와 선교사에 있어 일대 전환점을 이룬 계기가 되었다. 교황은 수도자들에게 선교의 사명을 부여함으로써 수도 생활과 사목 생활의 융합이라는 예전의 수도 생활과 다른 새로운 방향을 제시했다. 또한 선교 방법에 있어서도 그레고리오 대교황은 일방통행식 복음의 강요보다 뛰어난 적응성을 가지고 기존 관습들을 복음적으로 완성하도록 이끌었다.

유럽 대륙 포교

아일랜드와 앵글로 색슨 교회의 수도자들은 고행 실천의 하나로 하느님을 위한 순례 여행을 했다. 속죄행위이자 특별한 희생으로 실시된 순례 여행은 영국 교회의 높은 영성 생활을 유럽대륙으로 확대시켰고, 결국 수도자들이 순례를 하면서 복음을 전하는 선교 활동에 나서게 했다.

골롬바노 등 아일랜드 수도사들의 선교 활동은 유럽, 특히 독일과 골지방(지금의 프랑스 지역)에 많은 영향을 미쳤다. 그러나 이들의 선교 사업은 조직적이거나 계획적으로 이뤄진 것이 아니고 수행의 차원에서 평민들을 대상으로 이뤄졌고, 무엇보다 로마 교회와 항구적인 관계를 맺지 못해 만족할 만한 성과를 거두지는 못했다. 반면 앵글로 색슨 수도자들의 선교 방법은 완전히 달랐다. 조직적이고 계획적이었으며, 교황과 결속된 상태에서 프랑크 왕국의 지도층을 상대로 적응력 있게 선교 활동을 펼쳤다.

독일의 사도 보니파시오를 위시한 앵글로 색슨계 수도자들의 선교 활동은 변방 교회로 전락한 프랑크 교회를 보편사상으로 귀의시키고 개혁시킴으로써, 교황직과 프랑크 왕국과의 동맹을 이뤄내는 초석이 되었다.

아일랜드
Ireland

순례의 첫 시작은 아일랜드로, 아일랜드 교회는 가톨릭의 수도원 역사 안에서도 상당히 중요한 의미를 지닌다. 5세기경 파트리치오 성인에 의해 그리스도교가 처음 도입된 후 12세기에 이르기까지 수도원을 중심으로 발전되었는데, 이 수도원들은 교회의 중심으로서 역할을 다했을 뿐 아니라 학문 분야에서도 중요한 역할을 한 것으로 알려져 있다.

특히 수도자들은 스코틀랜드, 잉글랜드를 거쳐 프랑스, 독일, 스위스, 오스트리아, 이탈리아까지 선교를 펼쳤다. 그야말로 유럽대륙에 하느님의 말씀을 전달하는 보루 역할이었다. 또 아일랜드 수도원들은 6-8세기 필사본의 중심지로도 유명하다. 당시의 이 필사본들은 현재 더블린 트리니티 대학에 보관돼 있다. 이러한 수도원들의 전

유럽 대륙에 그리스도교 전파의 교두보 역할을 한 아일랜드. 사진은 아일랜드 출신의 극작가, 시인 오스카 와일드 상 ©김상희

통은 아일랜드 가톨릭교회가 지니고 있는 자부심이다.

한국 교회와의 인연도 깊어 1933년 한국에 진출한 성 골롬반 외방선교회가 창립된 곳도 바로 이곳 아일랜드다. 칠십팔 년의 세월 동안 총 이백육십 명의 아일랜드 사제들이 한국 교회와 신자들을 위해 일했던 낯설지 않은 땅이며, 한국 교회의 대표적인 평신도 사도직 단체인 레지오 마리애의 세계 본부가 있는 곳이기도 하다. 아일랜드의 순례는 이러한 교회의 역사적 의미, 그리고 한국 교회와의 연고를 찾아보는 순으로 진행되었다.

본격 순례에 앞서 더블린 시내를 둘러보는데 "천여 년 역사를 가진 더블린은 낭만과 변화가 혼재하는 도시"라고 가이드가 설명해 주었다. 그런 만큼 고풍스런 성당과 대학 등 연륜이 깊어보이는 건축물들이 눈에 띄었다. 깊은 영욕의 역사와 그 속에 녹아든 아이리쉬의 삶과 골목골목의 선술집PUB에서는 음악과 예술을 사랑하는 도시의 모습이 정감있게 다가왔다.

1592년 영국 엘리자베스 1세 여왕 때 세워진 역사 깊은 곳, 트리니티 대학도 자리하고 있다. 17-18세기 세워진 아름다운 건물과 정원이 조화를 이루고 있는 트리니티 대학은 이십만 권이 넘는 장서를 소장한 도서관으로도 유명하다.

더블린에서 먼저 찾은 곳은 크라이스트처치 대성당이었다. 아일랜드에서 가장 오래된 역사를 지니고 있는 성당으로, 1030년 노르만이 아일랜드를 지배하고 있던 시기에 더블린의 초대 주교 듀난이 세웠다. 처음 세워질 당시에는 바이킹 건축의 특징을 가진 목조 건물이었으나, 여러 차례의 리노베이션을 거쳐 1870년대에 초기에 고딕 양식과 로마네스크 양식을 혼합한 오늘의 모습으로 완성되었다고 했다. 현재는 성공회 성당으로 쓰이고 있다. 원래 성당 터는 반지하 형태였으나, 그 위에 집을 짓고 길을 닦으면서 지대가 점점 높아져 천 년 전보다 약 1m 정도 높아졌다.

이어서 찾은 곳은 레지오 마리애 세계 본부, 즉 레지오 마리애의 중앙평의회 '콘칠리움 레지오니스'Concilium Legionis였다. 시내 중심가에서 조금 떨어진, 모닝 스타 애비뉴에 위치한 붉은 벽돌의 소박한 건물로 좁은 마당에 성모상이 있고 빨간 현관문 옆에 레지오 마리애의 영어식 표기인 'Region of Mary'마리아의 군대라는 익숙한 현판이 붙어 있었다.

안내인 앤 머리가 반갑게 순례객을 맞았다. "한국 교회의 레지오 마리애의 열심한 활동상을 너무 잘 알고 있다"고 했다. 회의실 같은 방으로 안내되었는데, 유리 상자 속 벡실리움과 함께 있는 성모상에 눈길이 갔다. 1921년 '자비의 모후'라는 이름으로 레지오 마리애의 기원이 된, 첫 회합 때 모신 성모상이었다.

성모상 주변에는 각 나라에서 보내온 기념품과 관련 책자들이 전시돼 있었다. 알려진 대로 콘칠리움 레지오니스는 전 세계 레지오 마리애의 최고 통솔 관리 기관이다. 세계 여러 나라 세나뚜스와 연락을 취하면서 이천여 개 교구 내 칠십여 개의 평의회를 이끌고 있다.

레지오 마리애 본부 앞뜰의 성모상 ©김상희

레지오 마리애는 '빈첸시오 아 바오로회'에서 나왔다고 할 만큼 첫 시작은 사회적으로 소외된 이들을 돕는 활동에 뿌리를 두고 있다. 당시 빈첸시오 아 바오로회 몇몇 회원들이 어려운 이들을 더 잘 돕기 위해 주일마다 모여 기도와 영적 독서를 하고 활동 중 일어나는 여러 어려움과 가난한 이들을 위로하기 위한 방안을 모색하기 위해 모임을 가지면서 그 탄생이 이루어졌다. 지금도 콘칠리움 주변에는 사회에서 소외된 사람들을 위한 쉼터가 운영되고 있다. 창설자 프랭크 더프가 살았던 집은 콘칠리움에서 불과 몇 발자국 떨어져 있지 않은 곳에 있었다.

레지오 마리애 창설자 프랭크 더프의 생가에는 그의 사진과 함께 예수 성심상과 레지오 단기인 '벡실리움'이 있다. 레지오 마리애가 발원한 곳임에도 아일랜드 신자 대부분이 레지오 마리애의 존재를 알지 못하는 듯하다는 설명과 함께 가끔씩 노인 신자들의 쁘레시디움 주회를 목격했을 뿐이라는 안내인의 설명을 들으면서, 뿌리 깊은 가톨릭의 나라임에도 급속한 사회 변화로 종교적 신심이 우선 순위에서 밀려나 있는 아일랜드 교회가 안고 있는 현실의 한 단면이 느껴졌다. 안내인 앤 머리는 "매우 활동적이고 능동적으로 알려진 한국 교회의 레지오 마리애 단원들이 그 정신으로 더욱 열심한 성모님의 군대가 되기를 바란다"고 했다.

성 골롬반 외방선교회

Missionary Society of St. Columban

1845년부터 1852년까지 발생한 아일랜드 대기근Great Famine으로 백만 명 이상이 굶어 죽어갔고 많은 사람들이 미국 등 해외로 집단 이주했다. 이를 '아일랜드 감자 기근'이라고도 한다. 1840년대 아일랜드 인구는 약 팔백오십만 명이었으나 이 기간 중에 발생한 사망 또는 이주로 전체 인구 20-25퍼센트 정도가 감소하여 약 육백만 명이 되었다. 대기근의 주된 원인은 감자 역병 때문이었으나, 당시 아일랜드를 식민통치하고 있던 영국의 정치적, 민족적, 종교적, 사회적, 경제적 차별 정책이 또 다른 원인이었다. 이는 오늘날까지도 역사적 논쟁의 주제가 되고 있으며, 이 사건으로 영국에 대한 아일랜드인들의 적개심은 더욱 증폭되었고 독립의 열망도 뜨거워졌다.

아일랜드는 산이 거의 없고 농사가 어려워 목초업이 주업을 이룬다. 성 골롬반 외방선교회로 가는 길에는 감자 기근 때 버려진 집들이 백년도 더 지난 지금까지도 그대로 남아 있었다. 아일랜드는 '비'를 빼고는 설명이 되지 않을 정도로 강수량이 풍부하다. 가장 건조한 곳도 일 년에 백오십 일 정도 비가 내린다고 한다. 일주일 내내 비가 내리는 곳도 있어 '햇볕이 액체로 내려온다'It's liequid sunshines는 표현까지 있을 만큼 아일랜드 사람들은 햇볕에 대한 그리움이 짙다.

더블린에서 성 골롬반 외방선교회 아일랜드 본부가 있는 나반으로 향할 때에도 흐렸다가 비가 내리고 그치기를 반복하는 종잡을 수 없는 날씨였다. 더블린 북서쪽, 버스로 1시간 이상을 달려 도착한 나반의 '달간 파크'Dalgan park에는 성 골롬반 외방선교회가 자리하고 있다. 오십여 만 평 규모의 푸른 초원 위에 모습을 드러낸 성 골롬반 외방선교회 아일랜드 지부는 최근까지도 총본부 역할을 했으나, 지금은 홍콩으로 그 역할을 넘기고 지역 센터로서의 임무를 맡고 있다. 건물 규모가 생각보다 컸는데 사십여 명이 거주하면서 은퇴 선교사들의 요양원으로, 또 신자들을 위한 교육 피

성 골롬반 외방선교회 본부 ©김상희

정을 위한 장소로 활용되고 있다.

성 골롬반 외방선교회 아일랜드 본부에서 한국에서 활동했던 은퇴 선교사를 만나는 감동의 시간이 있었다. 우리는 수도원 성당에서 한국어 미사를 함께 봉헌하였다. 짙은 회색빛이 감도는 날씨 속에 선교회 성당에서 미사를 봉헌했다. '그리스도를 위한 나그네'가 되어 한국이라는 먼 이국땅에서 하느님의 말씀을 전하다 이제는 고국으로 돌아오는 초로의 선교사들이 자리를 함께했다. 한국 순례객들을 배려하여 제대 앞에는 한글 성경 액자가 놓여 있었다.

성당 뒤쪽 벽면에는 스물네 명의 선교사 사진이 걸려 있었다. 한국전쟁 때 희생된 일곱 분의 선교사를 비롯해 전 세계 선교지에서 순교한 회원들이었다. 이들의 죽음에 맞선 신앙이 있었기에 한국 교회를 비롯한 아시아 남미의 여러 교회들이 함께 성장할 수 있지 않았을까. 새삼 하느님 안에 일치를 이루게 하는 그 신앙의 도우심과 하나됨의 신비에 대해 생각했다.

선교회 건물에서 도보로 10분 정도 떨어진 곳에 골롬반 회원들의 묘지가 자리하고 있다. 몇몇 비석 위에 흩날리는 하얀 리본들, 한국에서 선교한 이들의 묘지를 알려 주는 표시였다. 한국 순례단의 방문 소식에 선교회 측에서 준비해 두었다고 한다. 국내 최초로 '행복한 가정운동'을 도입하여 한국 천주교회 가정사목의 기틀을 마련하는 데 공헌하신 춘천교구장 박 토마 주교님의 묘지 앞에서 기도를 드리는 시간, 하느님의 자비와 사랑을 믿고 익숙함을 떠나 낯섦의 역사 안으로 뛰어든 선교사들의 생애가 영화 필름처럼 흘러가는 느낌이 들었다. 한국 교회 안까지 스며든 그들의 희생과 봉사를 마음에 새기며 아쉬운 작별을 나눴다. 원주, 광주, 부산, 인천교구 등에서 선교했던 브렌단 호반 신부가 버스에까지 올라 배웅 인사를 했다.

성 골롬반 외방선교회는 1918년에 공식적으로 설립되었고, 6세기 유럽 선교사였던 성 골롬반Saint Columban의 이름을 따서 명명되었다. 라틴어로 '골롬반'은 '흰 비둘기'라는 뜻이다. 공동 창립자인 젊은 신부 에드워드 갤빈Edward Galvin과 존 블로윅John Blowick은 그들의 열정을 받아들일 동조자들을 찾아내어, 1920년 최초의 골롬반 수녀를 중국으로 파견하였고, 몇 년 안에 영국, 미국, 호주 및 새로운 지역으로 선교 영역이 확장되었다. 뉴질랜드는 아일랜드 이민자들을 따라 새로운 세계로 가서 새로운 선교 운동을 펼친 곳이다.

선교회에서 발행되는 선교지 「극동」The Far East은 아일랜드와 영국에서 창간되었다. 이 잡지는 지속적으로 해당 국가의 후원자, 지지자들과의 주요 소통 수단이 되고 있었으며, 미국과 호주에서도 창간되었다. 이를 통해 골롬반 선교사들의 활동과 선교 소식을 실어서 선교 자금을 모금하였다.

한편 매리 패트릭 수녀와 공동 창립자 존 블로윅 신부는 1924년 골롬반 선교 사업의 또 다른 지부인 성 골롬반 외방선교 수녀회를 설립했다.

춘천교구 5대 교구장 박 토마 주교님의 묘지

제2차 바티칸 공의회의 쇄신으로 인해 교회는 세상 안에서, 그리고 세상을 향한 자신의 사명을 더욱 잘 인식하게 되었다. 또한 선교회는 그리스도교 신앙의 본질과 신앙과 얽혀 있는 문화적 요인을 구별하는 법을 배우고, 이를 통해 선교회는 각 문화 공동체에 신앙의 토착화를 위해 노력하고 있다.

현 하롤드 주교와 박 토마 주교, 맥 폴린 사제 등이 1933년 10월 전라도와 제주도에 첫 입국하여 갖은 고초를 겪으면서 선교하였고, 제주도에서 이시돌 목장과 한림 수직 등을 운영하면서 가난한 제주도민들을 도왔으며, 1955년 당시 광주지목구장 현 하롤드 대주교의 초대로 한국에 진출해 목포에서 성 골롬반 병원 등을 운영하기도 했다. 처음에는 중국 너머로의 확장은 생각하지 않았으나, “가서 모든 사람들을 제자를 삼으라”고 하신 그리스도의 명령에 따라 필리핀1929, 한국1933, 버마1936, 일본1948으로 점차 확대되었다.

노크
Knock

성 골롬반 외방선교회에서 감동적인 순례를 마치고 아일랜드의 성모 발현지 노크로 향했다. 3시간 넘게 서쪽으로 달려가 만난 마요 지방의 노크 마을.

1879년 8월 21일 비오는 저녁 이곳에서 성모 마리아는 마을 주민 십오 명에게 발현하셨다고 알려져 있는데 교회가 공식적으로 인정하고 있는 일곱 곳의 성모 발현지 중 하나다. 5세 어린이부터 75세까지 다양한 연령층의 신자들에게 모습을 보인 성모 마리아는 성 요셉, 사도 성 요한과 함께였고, 제대와 어린양 주위로 천사들이 돌고 있는 형상을 보였다고 했다. 넓고 푸른 잔디 위에 조성된 노크 성지는 1963년 제임스 호란 신부에 의해 건립된 성모 발현 기념 대성당을 중심으로 십자가의 길과 소성당, 산책로, 고해소 등으로 꾸며져 있었다. 아일랜드라는 지리적 위치 때문인지 유럽 본토의 성모 발현지보다는 찾는 이들이 많아 보이지 않았다. 한적하고 아늑했다. 수시로 내리는 잔잔한 빗속에서 성모 마리아가 발현을 통해 우리에게 주신 의미를 생각해 보았다.

다른 성모 발현지와는 달리 노크는 성모 마리아가 특별한 메시지를 남기지 않았다. 교회 관계자들은 말이나 음성으로 들려준 메시지는 없었다 하더라도, 제대와 어린양 등의 모습을 통해 미사의 중요성이 강조된 것으로 풀이하고 있다. 노크에는 교황 바오로 6세와 교황 요한 바오로 2세가 방문한 바 있다. 소성당 옆 한쪽 벽면에는

노크 성모 발현 성지 ©김상희

발현 장면을 재현한 조각이 있는 기념 경당 ©김상희

유리로 된 장식장 안에 황금 장미가 놓여 있는데, 1979년 노크 성모 발현 백 주년을 기념하여 노크 성지를 방문한 교황 요한 바오로 2세가 봉헌한 것이다.

킬레모어 수도원

Klyemore Abbey

다음 여정으로 향한 곳은 중동부 먼스커 주 코크에 위치하고 있는 킬레모어 수도원이었다. 킬레모어 수도원은 콘네마라 국립공원 인근에 위치하고 있으며 호숫가를 접하고 있는 수려한 경관으로, 아일랜드에서 가장 아름다운 수도원으로 꼽힌다.

이 수도원 건물은 원래 1868년 영국의 사업가 미첼 헨리가 아내를 위해 건축한 고딕 양식의 성이었다. 미첼 헨리는 아내가 세상을 떠나자 더이상 성에 대한 관심을 가지지 않고 방치하였는데, 제1차 세계대전을 피해 벨기에로부터 아일랜드로 옮겨온 베네딕토 수녀회에 매입되었다. 이후 수녀들은 정원과 주변 환경을 잘 가꾸어 수도원 정원을 아일랜드 서부 지역에서 손꼽히는 정원으로 거듭나게 했다. 특히 로도덴드론 꽃이 피는 7월이면 이곳은 방문객들로 초만원을 이룬다고 한다.

킬레모어 수도원의 자연 풍경은 정말 아름다웠다. 외국의 사진 작품 도록이나 달력 등에서 보았음직한 멋진 경치였다. 수도원으로 들어가는 내내 아름다운 경치에 감탄사가 터졌다. 아일랜드 유일한 피요르드, 빙하 호수는 손이 시릴 만큼 차가워보였고, 빗속 풍경은 청명했다.

이곳 수도원에서 실제 수도자들이 거주하기 시작한 것은 1920년경부터이지만, 그 뿌리는 1598년으로 거슬러 올라간다. 벨기에 브뤼셀에서 설립된 베네딕토 수녀원에 그 뿌리를 두고 있는데 그 역사만큼 아일랜드 교회 안에서 베네딕토 수도회 영성의 맥을 이어가고 있다고 볼 수 있다. 헨리 가족이 사용했던 거실 등과 함께 역대 수녀원장들의 사진과 제의, 성구 등을 전시해 놓은 수도원 역사 부분은 일반인들의 관람이 가능하지만 실제 수도자들이 생활하는 공간은 봉쇄구역으로 운영되고 있어, 내부 방문이 허용되지 않았다.

수도원에서 10여 분 떨어져 있는 산책로를 따라 걷다 보면, 고딕 양식의 작은 교회가 나온다. 풀러J.F. Fuller가 1877-1881년 영국의 노리치 성당을 모방해 건축한 것으로 중세 양식의 교회와 성당의 특징들을 혼합해서 지은, 호숫가의 풍경과 잘 어울리는 낭만적인 모습이었다. 아내를 위해 성을 지은 부부의 애틋한 사랑 이야기와 수도원의 역사, 그리고 빼어난 경치 등으로 이름을 알리고 있는 킬레모어 수도원 입구에 'PAX'평화라고 적힌 글이 눈에 들어왔다. 담장 안의 수도자들이 이곳을 찾는 수많은 이들에게 보내는 기도의 인사처럼 따뜻했다.

아름다운 자연 속의 킬레모어 수도원 ©김상희

성모 마리아 대성당

Cathedral Church of Saint Mary the Virgin

스코틀랜드 출신 사람에게 영국 사람이냐고 물으면, 거의 대다수가 스코틀랜드 사람이라고 한다. 역사적 배경에 그 나름대로의 이유가 있다. 아일랜드 일정을 마치고 스코틀랜드 에든버러로 가는 여객기를 타기 위해 새벽 5시 30분에 도시락을 하나씩 챙겨 더블린 공항에 도착했다. 약 50분을 비행해서 스코틀랜드의 수도 에든버러에 도착하였는데, 한여름이었음에도 몸이 으스스 떨렸다. 몸을 덥혀주는 스코틀랜드 위스키 한 잔이 생각나는 날씨였다.

스코틀랜드의 에든버러는 골롬반 성인이 아이오나 섬에서 아이오나 수도원을 세우고 선교를 시작한, 그리스도교 신앙의 시작점이다. 옛 스코틀랜드 왕국의 수도이며 '근대의 아테네'라고도 불리는 아름다운 도시인 에든버러 중심가에 있는 주교좌 성모 마리아 대성당을 찾았다. 주일 교중미사를 준비 중이었다. 성직자들의 수단과 비슷한 복장을 한 주보 봉사자 등 전례 봉사자들이 성당 입구와 제의방에서 미사를 안내하고 준비하는 모습이 눈에 띄었다.

이 성당은 1813년에 세워졌다고 하는데, 그 기원은 1785년으로 거슬러 올라간다. 1560년의 종교개혁과 7년 후 닥친 교계 제도의 폐지로 인해, 몇몇 성직자들이 지하에서 한 해 한두 명 정도의 세례자를 배출하며 가톨릭의 맥을 이어가던 때, 신자들의 기도 공간이 군중들에 의해 파괴되자, 헤이Hay 주교는 새로운 성당 터를 찾아 건물을 지었다고 한다. 그것이 지금의 성당이다. 성당 안내문에 적힌 내용처럼, 다수의 개신교 장로교파들이 점유하고 있던 지역에서 '소수'라 볼 수 있는 에든버러 가톨릭 신자들의 구심점이 된 장소이다. 성모 마리아 대성당의 역사는 영국 교회, 스코틀랜드 교회 역사의 한 단면이라고 볼 수 있다.

교회사 안에서 아일랜드, 스코틀랜드, 잉글랜드브리타니아 지방으로 구분되는 영국 제도의 선교는 매우 중요한 의미를 지닌 것으로 보고 있다. 이 지역 복음화가 유럽 그리스도교화에 미친 영향이 매우 크기 때문이다. 영국, 스코틀랜드 역시 복음화가 이뤄진 것은 성 니니아노가 397년 이 지역에 도착한 이후부터라고 하지만, 본격적으로 선교가 활성화된 것은 아일랜드 출신 골롬반 성인이 563년 수도사 여러 명과 함께 이끌고 아이오나에 정착하면서 비롯되었다.

스코틀랜드는 수도원을 통해 영성적, 문화적, 경제적 삶의 중심을 잡을 수 있었다. 특히 탁발 수도회托鉢修道會는 스코틀랜드 고유의 지적인 영성을 형성하는 데 많은 공헌을 한 것으로 알려져 있다. '영국 안의 또 다른 나라'로 불리는 스코틀랜드는 비록 전

주교좌 성모 마리아 대성당

체 영국 안에서 10분의 1밖에 안 되는 인구를 보유하고 있지만 자신들만의 전통을 고유한 정체성으로 확립시킨 고집스런 면을 인정받고 있는데, 종교적인 원류도 그 한 부분을 차지하고 있다는 생각이 들었다. 그 후의 교회 역사도 특별하다. 종교개혁 열풍 속에 교계 제도가 폐지되자, 가톨릭은 작은 종교 단체로 전락했음은 물론 이백 년 동안 법적 보호조차 받지 못했다.

성모 마리아 대성당의 역사에서처럼, 남아 있던 가톨릭 성직자들이 지하에서 신자들을 위해 봉사할 뿐이었다. 이후 감자 대기근으로 아일랜드 신자들이 대거 스코틀랜드로 유입되는 등 정치·경제적 변화 속에 가톨릭 신자 수가 급증하여, 1878년에는 교계 제도가 새롭게 재건되는 전환기를 맞았다. 20세기에 들어서는 제2차 세계대전 등을 통한 동유럽 및 이탈리아 지역들에서의 가톨릭 난민 유입, 해외여행, 높아진 교육 수준 등을 배경으로 가톨릭에 대한 종교적 편협성도 누그러지는 현상이 드러났다. 특히 교황 요한 23세 이후 가톨릭교회와 지역 교회 및 각종 종교 단체들 사이는 매우 우호적인 관계로 변화되었다고 한다.

홀리루드 수도원
Holyrood Abbey

홀리루드 수도원은 스코틀랜드 에든버러에 있는 수도원의 유적지로 남아 있다. 루드는 예수 그리스도께서 십자가에 못박히신 십자가를 가리키는 단어로, Holyrood 라는 이름은 'Holy Cross'를 말한다. 수도원은 1128년 스코틀랜드의 데이비드 1세 David I에 의해 설립되었고, 15세기 동안 수도원 손님방은 왕실 거주지로 바뀌었고, 스코틀랜드 종교개혁 이후 홀리루드 하우스는 더욱 확장되었다. 수도원 성당은 17세기까지 지역 본당으로 사용되었고, 18세기 이후에는 폐허가 되었다.

전설에 따르면 1127년 십자가 축제 기간 동안 데이비드 1세 왕은 에든버러 동쪽 숲에서 사냥을 하던 중 수사슴에 놀라 말에서 떨어지자, 왕이 사슴뿔에 찔리지 않기 위해 뿔을 잡으려고 하는데 갑자기 수사슴의 뿔 사이에 나타난 십자가에서 반사된 빛에 의해 위기를 무사히 벗어나자 감사의 표시로 1128년 그 자리에 홀리루드 수도원을 세웠다고 한다. 데이비드의 어머니 성 마가렛이 월섬 수도원에서 가져온 성 십자가 조각으로 알려진 성물이 성당의 황금 성물함에 보존되어 있었는데, 이 십자가는 스코틀랜드의 블랙루드로 알려져 있다. 1346년 네빌 십자가 전투에서 이 귀중한 성물은 영국인의 손에 넘어갔고, 더럼 대성당에 안치되었지만 종교개혁 때 사라졌다고 한다.

수도원은 머톤Merton Priory의 아우구스띠노회 규칙을 따랐다. 현재 발굴을 통해서 알려진 원래 홀리루드 성당 위치는 수도원의 1125년 성당의 위치로 추측된다. 1177년

지나간 영화를 보여주는 홀리루드 수도원 ©김상희

교황 특사 비비안이 이곳에서 회의를 개최했고, 1189년 스코틀랜드의 귀족과 고위 성직자들이 이곳에 모여 사자 윌리엄의 몸값 모금을 논의했었다. 홀리루드의 원래 수도원 성당은 1195년과 1230년 사이에 대부분 재건축되었다. 이제 한쪽 벽면의 골격만을 내놓은 채 남겨진 수도원의 모습은 역사의 뒤안길 속으로 흐릿해져 가는 옛 교회의 영화를 보는 듯 안타까웠다.

1997년 교황 요한 바오로 2세가 스코틀랜드의 그리스도교 전래 천육백 년을 맞아 지역 가톨릭 신자들의 복음화와 교회 일치를 위한 노력을 촉구하는 메시지를 발표한 것도 스코틀랜드 교회에 대한 특별함을 표시한 것이라 할 수 있다. 그러한 배경 속의 홀리루드 수도원은 스코틀랜드 교회의 지나간 역사를 보여 주는 느낌이었다. 건물 뼈대만 남아 있는 수도원은 이제 수도원이라기보다 유적지로 소개되었다. 수도원 옛터와 그 곁에 지어진, 15세기부터 스코틀랜드 왕들의 거처로 사용되었던 홀리루드하우스 궁전Palace of Holyroodhouse이 관광객들의 발길을 모으고 있었다. 이 궁전은 엘리자베스 영국 국왕이 스코틀랜드에 체재할 때 왕실 거처로 이용되었다고 한다.

성 자일스 대성당
St. Giles' Cathedral

에든버러 로열 마일에 위치한 성 자일스 대성당은 스코틀랜드의 종교개혁 역사를 대변하는 장소로 상징되며, 중세 이후 스코틀랜드의 프로테스탄트화를 추진하던 교회 중 가장 중요한 위치를 차지하고 있다. 홀리루드 수도원과 에든버러 성을 연결하는 약 1마일의 거리, '로열 마일'에 위치해 있다. 로열 마일은 평민이 밟을 수 없는 귀족들만이 지날 수 있었던 지역이라는 데서 유래한다.

854년 현 위치에 교회가 지어졌으나, 1120년 새롭게 성 자일스에게 봉헌돼 건립되었다고 한다. 현재의 모습은 1829년 건축가 윌리엄 번에 의해 완성된 것이다. 지금도 스코틀랜드 프로테스탄트의 중심지 역할을 하고 있는 장소로, 나무조각 장식이 화려한 내부와 왕관 모양의 뾰족 지붕이 특이했다. 스테인드글라스와 파이프오르간도 이름을 알리고 있는 곳이다. 중세와 근대의 아름답고 전통적인 건축물들이 가득한 고풍스런 에든버러의 모습에는 그 오랜 역사 속에 치러내야 했던 종교적 갈등의 역사가 서려 있다. 그 안에서 면면히 이어온 신앙의 자취들은 다시 한번 교회의 흐름과 신앙에 대한 상념을 안겨 주었다.

스코틀랜드의 종교개혁 역사를 대변하는 장소로 상징되는 성 자일스 대성당

더럼 대성당

Durham Cathedral

수도자들의 합창이 어우러진 장엄한 전례에 고난의 시간을 견딘 신앙의 역사가 묻어나는 스코틀랜드를 떠나, 순례단은 잉글랜드 지역의 뉴캐슬과 요크 지역으로 순례를 떠났다. 한반도 지도와 비슷한 영국 지도를 볼 때 백두대간을 따라 런던 쪽을 향하는 여정이었다. 먼저 '뉴캐슬'이라 불리는 뉴캐슬어폰타인Newcastle upon Tyne의 주도, 더럼에 도착했다. 유네스코 세계문화유산에 등재된 더럼 대성당을 찾았다. 로마네스크 양식의 대표적인 건물, 전체적으로는 라틴형 십자가의 위용을 보여주고 있었다. 성당 앞 광장에서 공사가 진행 중이라 건물 전면이 한눈에 들어오지 않는 아쉬움이 있었다.

1093년 8월 12일에 짓기 시작, 13세기와 15세기에 보완 과정을 거쳐 오늘의 모습을 갖추고 있다. 베네딕토 수도회 소속의 성당으로 출발했으나, 1540년 이후부터 성공회 대성당으로 이용되고 있다. 역사적으로 빛을 발했던 14세기에는 당시 주교가 머물던 더럼 궁전이 지어졌다는 이야기가 덧붙여졌다. 687년 선종한 북잉글랜드의 가장 중요한 성인이자 주교, 수도자였던 성 커스버트 린디스파른의 성지로도 알려져 있어 지역 순례객들의 발길도 많아 보였다. 중앙 제대 뒤쪽에는 이 성인에게 봉헌된 경당이 별도로 마련돼 있었다. 성가대원과 비슷한 특별한 옷차림으로 순례객들을 안내해 주는 봉사자들에게서 차분함과 진지함이 묻어났다.

더럼 대성당

영국 교회를 순례하면서 느낀 점은 성공회 성당이든 가톨릭 성당이든 그 차이를 구별시켜 주는 특별한 건물 표시가 없다는 것이다. 더럼 대성당은 유명한 순례지라는 점에서 '성공회 성당'이라는 사전 기본 정보가 있었으나, 그 외 소도시에서 마주하는 성당들은 직접 성당 안에 들어가 안내받지 않으면 구별점을 가늠하기 어려웠다. 이렇게 성공회로 대변되는 영국 교회는 1534년 헨리 8세가 영국 교회를 가톨릭 교회로부터 분리한 역사적 배경 속에 독일, 이탈리아 등 유럽 대륙의 교회들과는 다른 특별함을 지니고 있었다.

바이킹들을 통한 방해 등 어려움이 없지는 않았으나, 수도원 문화를 통해 라틴 문명의 유산과 교부 시대의 영성이 널리 퍼져나갔던 것으로 학자들은 평한다. 특히 에그버트 주교가 세운 요크 학교는 8-9세기 알퀸을 비롯해 그리스도교 사상에 투철한 학자들을 배출, 깊이 있는 영성적 문화유산을 이뤄나갔다. 이 시기에 주목해야 할 성인이 수도자, 사제, 신학자이며 교회 박사 칭호를 가진 성 베다Sanctus Beda Venerabilis, 672/3-735이다. 그는 뛰어난 교육적 열성으로 제자들을 양성했고 더불어 성덕의 삶을 실천, 많은 이들의 귀감이 되었다. 또 교회 제도와 수도원 제도에 도입된 악습들에 대해 올바른 견해를 밝히는 등 교회 영성에도 크게 기여했다. 베다 성인의 활약상에서도 보듯 영국 북부 지역의 요크는 7세기에는 주교좌의 소재지로, 8세기에는 유럽 학문의 중심지로 큰 역할을 맡았다. 그만큼 교회적으로도, 학술적으로도 중심이 된 도시라 하겠다. 중세시대를 통틀어 영국에서 가장 오래된 중요한 도시 중 하나로 꼽힌다. 요크로 여정을 옮겨가면서 그러한 역사적 배경의 도시에 대한 기대감은 더욱 커졌다. 이곳에서는 무엇보다 영국 가톨릭교회 안에 특별하게 현존하고 있는 앰플포스 수도원 방문 시간이 마련돼 있었다.

앰플포스 수도원

Ampleforth Abbey

영국 북부 지역의 요크는 7세기에는 주교좌의 소재지였고, 8세기에는 유럽 학문의 중심지로 큰 역할을 했던 도시다. 요크 앰플포스 수도원은 베네딕토회 영국 연합회 중 가장 규모가 큰 수도원으로, 팔십여 명의 수도회원이 있는데 그중 약 오십 명의 수도자들이 본원에 살고 있고 나머지 수도자들은 본당이나 분원에서 생활하고 있다.

손님 담당 수사의 설명으로 듣는 수도원 역사는 영국 가톨릭교회가 걸어온 흐름이었다. 원래 런던 웨스트민스터 수도원에 그 기원을 두고 있으나 헨리 8세의 수도원 해산으로 수도자들은 프랑스로 건너가게 되었고, 프랑스 혁명이 일어나자 1802년 다시 영국으로 돌아와 현재의 수도원을 설립했다는 것이다.

앰플포스 수도원은 웨스트민스터 수도원의 종교개혁 이전 공동체에서 시작하여 웨스트민스터에서 생존한 마지막 수사인 시게버트 버클리까지 이어졌다. 수도원은 안나 페워팩스 부인이 안셀름 볼턴 신부에게 준 집을 인수 받아 시작되었다. 당시 수사들은 스페인과 카시나 베네딕토회에 합류해서 세인트 로렌스 수도원the monastery of St Laurence을 설립하고 공동체는 액턴 버넬에 거주했다. 그 후 수도원이 앰플포스로 이주하면서 학교도 이주하였다. 수도원은 1890년에 '디우키뎀'Diuquidem이라는 교황령에 의해 수도원으로 승인되었고, 대학도 설립, 1897년에 완공되었다.

앰플포스 수도원은 특히 기숙학교 운영으로도 이름이 높아 가톨릭의 '이튼 스쿨'로 불릴 만큼 영국 내에서 명성을 얻고 있다. 수도원에서 멀지 않은 질링 성 인근에는 3-13세 어린이들이 다니는 학교가 있고, 옥스퍼드 대학교 안에도 수도원이 공식적으로 운영하는 교육기관인 성 베넷 홀이 있다는 설명이었다. 〈해리 포터〉의 작가 조앤 롤링의 작은 아버지가 이곳 수도원 출신이어서 어릴 적부터 자주 수도원을 방문했다고 한다.

수도원과 연관된 또 한 명의 인물은 흄 추기경이다. 수도원 학교 출신으로 졸업 후 수도원에 입회, 교사로 재직하다가 수도원 아빠스1963-1976로 선출되었고, 이어 웨스트민스터 대교구장1976-1999으로 임명되었다. 이십 년 넘게 영국 가톨릭교회를 이끌며 성공회와도 좋은 관계를 유지했던 것으로 전해진다. 수도원 내부를 돌아보고 저녁기도에 참석했다. 학교 직원들로 보이는 이들과 피정차 수도원을 방문한 것으로 보이는 삼사십 명의 평신도들이 자리를 함께했다. 웅장한 파이프오르간 소리와 함께 수도자들의 합창이 어우러진 장엄한 전례가 연출되었다. 그들의 기도 소리에 숱한 고난의 시간을 견디며 지켜온 신앙의 역사, 수도원의 발자취가 묻어나는 듯했다.

영국 가톨릭교회의 흐름을 알 수 있는 앰플포스 수도원

파운틴스 수도원

Fountains Abbey

뼈대만 남은 파운틴스 수도원은 종교 분열의 파란만장했던 역사를 증거하듯 폐허가 되어 외롭게 서 있었다. 도대체 종교가 무엇이기에, 종교가 있는 곳에 진정한 평화는 없는 것일까?

앰플포스 수도원이 현존하고 있는 영국 가톨릭교회의 수도원 현장이었다면, 요크시 북쪽에 위치한 스터들리 왕립 공원 내 파운틴스 수도원은 한때 번성했던 수도원의 흔적과 자취를 보여 주는 낡은 역사책 같은 모습이었다. 폐허가 된 파운틴스 수도원은 영국에서 가장 크고 가장 잘 보존된 시토회 수도원 중 하나다. 노스 요크셔의 리폰에서 남서쪽으로 약 5km 떨어진 곳에 위치하고 있으며, 요크 시내에서 버스로 30-40분 정도 거리에 위치한 알드필드 마을 근처에 있다.

1132년에 설립된 이 수도원은 사백칠 년 동안 운영되었다. 열세 명의 수도자로 시

오래된 역사책 같은 회색빛의 파운틴스 수도원

작해 한때 이백 명에서 삼백 명의 수도자들이 거주하고 있을 만큼, 전 유럽 안에서도 명성을 지녔던 곳이다. 1539년 헨리 8세의 명령에 따라 해체될 때까지 영국에서 가장 부유한 수도원 중 하나였다. 현재 수도원은 유네스코 세계문화유산으로 지정돼 있고, 국가 차원에서 운영하는 공원들 중 방문객 수가 가장 많은 유적지로 알려져 있다.

입구에 들어서니 수도원은 보이지 않고 온통 푸른 들판이었다. 안내원의 소개를 받아 농장길과 숲길을 십 분쯤 걷다보니 영화에서 본 중세시대처럼, 웅장한 회색빛 수도원 건물이 형태를 드러냈다. 대부분 파괴되고 뼈대만 남아 있는 상태였지만 성당 및 수도원, 그리고 다양한 부속 건물들의 규모가 당시의 수도원의 세勢를 짐작게 했다. 이 수도원이 문을 닫게 된 것 역시 헨리 8세가 영국 국교를 만들고 모든 수도회를 해체한 데서 비롯되었다. 그러한 수도원 해체의 주된 이유는 재산 문제였다.

당시 헨리 8세는 전쟁으로 인해 국가 부도 위기를 맞고 있었는데, 수도원 해산 과정을 거쳐 그 모든 소유 재산을 압류하여 부를 축적했다. 파운틴스 수도원도 국가에 귀속된 후 제일 먼저 지붕부터 뜯겨졌다고 한다. 무기 제조를 위한 원료로 사용하기 위해서였다. 남아 있는 파운틴스 수도원은 교회의 역사를 되새겨보는 기회일 뿐만 아니라 신앙의 의미를 일깨워 주는 잔영으로 다가왔다. 인간의 뜻과 욕심에 의해 빚어진 갈등과 반목이 어떤 결과를 초래했는지 보여 주는 듯했다.

1132년 요크의 성모 마리아 수도원에서는 논쟁과 갈등으로 열세 명의 수사가 추방되는 일이 있었다. 그들은 요크의 대주교 서스턴의 관할 아래 있던 이들로, 대주교는 그들에게 스켈강 계곡의 땅을 제공했다. 계곡의 땅은 수도원을 만드는 데 필요한 모든 자연 기능을 갖추고 있었고, 건축을 위한 석재 및 목재, 흐르는 물을 공급받을 수 있었다. 특히 이 지역에 물을 공급하는 여섯 개의 샘을 수사들이 분수Fauntains라고 명명하면서 파운틴스 수도원이 되었다. 수사들은 1133년 클뤼니 개혁운동에 동참하

한때 번성했던 흔적이 남아 있는 수도원 ©김상희 ▶

기 위해 시토 수도회에 가입했다. 1135년 수도원은 잉글랜드 북부에서 두 번째 시토 수도회 수도원이 되었고, 성 베르나르도의 클레르보 수도원에 귀속되었다.

수도원의 면적은 약 28만 3천m^2로, 13세기에 지어진 약 3.4m 길이의 벽으로 둘러 싸여 있었음을 수도원의 남쪽과 서쪽의 잔해에서 알 수 있다. 초기 수도원 건물은 시간이 지남에 따라 추가되고 변경되어 엄격한 시토 수도회 건축 양식을 벗어나 있다. 원래의 수도원 성당은 2층 높이의 나무로 지어졌지만 돌로 대체되었다. 그런데 1146년 폭도들이 수도원을 공격해 성당과 주변 건물을 제외한 모든 건물을 불태워버렸고, 수도원은 같은 장소에 더 큰 규모로 재건축을 시작하여 1170년경에 완공되었다.

스트랫퍼드 어폰 에이번

Stratford-upon-Avon

파운틴스 수도원 순례를 마친 순례단은 에이번강 서쪽에 자리 잡은 스트랫퍼드 어폰 에이번을 방문했다. 스트랫퍼드 어폰 에이번은 잉글랜드 워릭셔 남부에 위치한 도시로 줄여서 보통 스트랫퍼드라고 부른다. 이곳은 영국의 문호 윌리엄 셰익스피어 William Shakespeare 1564-1616가 유아세례를 받았고 묻힌 곳으로 유명한데, 그의 무덤이 홀리

홀리 트리니티 성당의 제대 앞 셰익스피어 무덤과 관련 게시물

트리니티 성당Holy Trinity Church에 있다.

홀리 트리니티 성당은 에이번 강변에 자리 잡고 있어 아름다운 경관을 자랑한다. 1210년경 색슨족 수도원 부지에 세워졌으며, 현재의 건물은 1150년경에 건축이 시작되어 13세기에 완성되었다. 천 년 넘게 기독교 예배가 이 자리에서 이어져 왔다. 15세기 조각된 스물여섯 개의 성가대 좌석, 1200년대의 성소 문고리 등 역사적 유물이 보존되어 있으며, 영국에서 가장 아름다운 교구 교회 중 하나로 손꼽히며, 매년 이십만 명이 넘는 관광객이 방문하고 있다.

입구에 마련된 한글 안내서가 유난히 반가웠다. 제대 앞에 마련된 셰익스피어 무덤은 그의 아내와 다른 가족들과 함께였다. "여기 묻힌 유해가 도굴되지 않도록 신의 가호가 있기를, 이 묘석을 보존하는 자에게는 축복이 있을 것이며, 나의 유골을 건드리는 자에게는 저주가 있으리라." 다소 무거운 문장의 묘비명이었다.

성당 한쪽 벽면에는 흉상이 놓여 있고, 그 옆에는 세례 기록과 교구에 신고된 출생 사망 기록들이 게시돼 있었다. 셰익스피어와 관련된 후일담 중에 인상 깊은 것은 그의 아버지가 영국사 안에서 레커전트recusants 국교 기피자로 불리는, 가톨릭이 금지되던 시대에 영국 성공회 전례에 참여하지 않고 신앙을 지킨 가톨릭 신자였다는 것이다. 레커전트로 등록되면 벌금을 물고 교육의 기회도 제한되었다. 옥스퍼드 대학의 경우

영화 〈해리 포터〉 시리즈 촬영 장소인 크라이스트처치 대학의 학생 식당 ©김상희

에도 가톨릭 신자들에게는 수학이 허락되지 않았는데, 그러한 차별은 1892년 가톨릭이 합법화되면서 완화되었으나, 20세기 초반까지만 해도 가톨릭 신자는 '2등 시민'이라는 인식이 높았다고 한다. 헨리 8세의 영국 국교 설립에 맞서다 참수형을 당했던 『유토피아』Utopia의 저자 성 토마스 모어Saint Thomas More의 딸과 사위 역시 캔터베리의 유명한 레커전트였다. 가톨릭이 금지된 시대에 온갖 불이익을 감수하며 레커전트로 살았던 신자들의 소신과 용기로 신앙을 지켜낸 이야기가 마음을 울렸다.

다음 방문지인 옥스퍼드는 고딕 양식의 탑들과 첨탑들이 높이 솟아 있는 도시로 건물 대부분이 옥스퍼드 대학교에 속해 있는 대학 도시다. 순례단은 대학교 내 크라이스트처치 컬리지로 발걸음을 옮겼다. 울시 추기경이 세운 곳이지만, 헨리 8세가 수도원 해체 후 거둬들인 돈으로 다시 이 대학을 설립했다고 한다. 크라이스트처치 컬리지는 영국에서 정치적으로도 매우 중요한 위치를 차지하고 있어 역대 영국 총리들 중 스물여섯 명이 옥스퍼드대학교 출신이며, 그중 열세 명이 크라이스트처치 컬리지에서 공부한 것으로 알려져 있다. 이 대학의 경당은 성공회 옥스퍼드교구 주교좌 성당 역할을 하고 있는데, 이 성당 안에는 일명 〈베켓 위도우〉라고 불리는 유명한 스테인드글라스가 있다. 12세기에 순교한 성 토마스 베켓 캔터베리 주교의 스테인드글라스인데 얼굴이 없다. 그 배경에도 헨리 8세가 등장하는데, 그는 수도원을 해체하면서 성인들의 스테인드글라스도 모두 파괴하는 행동을 보였다. 그래서 한 신자가 베켓 성인의 스테인드글라스를 보호하기 위해 얼굴 부분을 미리 지워버렸고, 그 결과 현재의 모습으로 남아 있다. 매년 약 오십만 명의 방문객을 맞이하는 크라이스트처치 컬리지의 식당은 영화 〈해리 포터〉 시리즈의 촬영지로도 유명하다.

한편 옥스퍼드는 '옥스퍼드 운동'Oxford Movement의 발원지로도 유명한데, 이 운동은 19세기에 행해졌던 성공회의 신앙 개혁운동으로 현재의 성공회에까지 영향력을 끼치고 있다. 가톨릭 전통 회복을 통한 영국 국교회 쇄신을 목표로 전개된 이 운동에는 성공회 성직자였다가 후에 가톨릭으로 개종, 추기경이 된 존 헨리 뉴먼 추기경이 중심에 있었다. 영국 교회는 종교 분열의 역사 속에 파란만장한 시간을 지녀왔지만 또 그만큼 이미 1960년대부터 꾸준히 교회 일치 운동이 전개되고 있는 곳이기도 하다. 특히 최근에는 신자들 안에서도 성공회, 가톨릭 부부들이 각자의 신앙을 지키며 살아가는 경우가 많다고 한다. 결혼식이나 유아세례식 등에서 가톨릭, 성공회 사제가 동시에 예식을 주례하는 경우도 종종 볼 수 있다고 하니 다문화 시대가 아닌 다종교 시대인 셈이다.

이러한 영국 교회의 모습은 앞으로의 사회 안에서 그리스도교가 나아갈 큰 흐름이 무엇인지를 진지하게 생각해 보게 했다. 또한 다종교 시대 속에서 가톨릭교회의 역할은 어떠해야 할 것인지, 신자들은 어떤 자세로 살아가야 할 것인지 화두를 던져주는 듯했다. 순례 길에서 목도되었던 여러 장면들이 상념으로 남아 있다. 갈등의 역사 속에서도 움터나왔던 신앙의 희망들, 이젠 유적지로만 남아 영화로웠던 수도원 문화의 그림자만을 남겨주고 있던 수도원들의 모습은 우리에게 많은 것을 시사해 주고 있었다.

순례 내내 계속되던 비와 바람, 그 속에서 온몸으로 전해지던 한기는, '따뜻한 차를 많이 마시는' 차의 나라 영국과 아일랜드의 문화를 엿보게 했다.

아일랜드 더블린에서 출발한 순례 여정은 더블린, 노크, 크로프패트릭, 킬레모어, 더블린, 에든버러, 더럼, 요크, 스트랫퍼드 어폰, 에어번, 옥스퍼드, 런던으로 이어졌다. 특히 이번 아일랜드, 영국 지역 순례는 그리스도교가 갈등과 분쟁의 역사를 겪으며 종교 전쟁으로 비화된 역사적 현장들을 둘러보고, 또 박해에 맞서 불굴의 정신으로 가톨릭 신앙을 지켜나갔던 신앙 선조들의 삶을 생각해 보는 자리로도 뜻깊었다.

종교 분열은 인간의 목적성과 자기 합리화의 결과이며 이를 통해 기존 종교의 쇄신과 반성을 요구한 시대적 현상이라 할 수 있다. 그리스도교 역사의 분열과 갈등의 현장을 목격하고 순례하면서 수도원의 역할을 재확인하고, 영국과 아일랜드의 그리스도교 일치와 화합을 염원해 보는 순간이 많았다. 'Great Britannia' 또는 'United Kingdom'으로 불리기를 원하는 영국 땅에서 그들의 문화적 자존심을 느낄 수 있었지만, 영국이 세계사에서 스페인 무적함대를 무찌르고 대항해 시대의 패권을 잡고 '해가 지지 않는 나라'로 명성을 떨쳤음에도 그 뒤안길에는 아시아, 아프리카, 북미 식민지에서 그들이 저지른 만행은 세계사에서 지울 수 없는 오점으로 남아 있다.

하지만 역사는 항상 승자의 역사이듯이 그러한 오점은 감추어진 채, 세계를 지배하고 호령하던 그들의 오만에서 나오는 우월의식이 짧은 여정 곳곳에서 느껴져 씁쓸함을 감출 수 없었다. 신사紳士, Gentleman를 외치는 그들의 이중성은 아직도 유럽의 우월의식 속에서 헤어나지 못하는 윤리적 이중성이었고, 강자의 논리였다.

©김상희

7차 수도원 순례

2012년 1월 5일(목)-17일(화)

포르투갈
- 파도바의 성 안토니오 생가 성당
- 제로니모스 수도원
- 아름다운 왕의 회랑, 바탈랴 수도원
- 포르투의 성 프란치스코 성당
- 알코바사 수도원

스페인
- 산티아고 데 콤포스텔라
- 사라고사
- 바르셀로나
- 그라나다
- 코르도바
- 세비아
-부르고스
- 살라망카
- 톨레도

이탈리아
- 오로파 수도원과 사크로 몬테 디 오로파
- 까말돌리 수도회
- 라 베르나
- 몬떼 올리베또의 성모 마리아 연합회
- 체르토사 디 파비아 수도원
- 살레시오회
- 포콜라레 도시, 로피아노

7

포르투갈과 이탈리아의 신앙과 영성이 담긴 수도원을 찾아서

얼마나 아름다운가,
산 위에 서서 기쁜 소식을
전하는 이의 저 발!
(이사 52,7)

©김상희

첫 수도원 순례가 시작되고 7차에 이르는 동안 우리의 수도원 순례는 '가톨릭교회의 정통 영성을 찾아서' 떠나는 명실상부한 순례 프로그램이 되었다. 가톨릭신문을 통한 지면 홍보 덕분이어서인지 여러 교구에서 순례단에 참여하였다.

7차 순례는 이베리아 반도의 포르투갈과 이탈리아의 신앙과 영성이 담긴 수도원으로 시선을 돌려보았다. 자주, 쉽게 가볼 수 없는 여정을 통해 이탈리아 북부에 펼쳐진 신앙의 터전들을 순례하고, 가톨릭교회 수도원을 통해 드러난 영성의 발자취와 흐름을 깊이 있게 체험해보는 은혜로운 시간을 준비하였다.

3차 순례 때 스페인 북부 지역을 중심으로 다녀왔기에 이번 순례는 포르투갈에서 시작하여 스페인을 거쳐 이탈리아 북부로 이어져 리스본, 파티마, 산티아고 데 콤포스텔라, 레온, 밀라노, 비엘라, 파르마, 피렌체, 끼안티, 로마로 이어지는 여정으로 계획하였다.

12세기 포르투갈 시토회의 최대 수도원인 알코바사Mosteiro de Alcobaça, Mosteiro de Santa Maria de Alcobaça를 비롯하여 르네상스 시대 이탈리아 최대 수도원 체르토사 수도원, 엔조 비앙키 신부의 초교파 수도 공동체 '보제 공동체', 포콜라레 운동의 본부 '로피아노'와 파티마, 그리고 산티아고 데 콤포스텔라 여정의 일부를 순례하였다.

성 안토니오 생가 성당

Igreja de Santo António de Lisboa

7차 수도원 순례의 첫 번째 행선지는 설교자의 주보성인 '파도바의 성 안토니오 생가 성당'이었다. 파도바가 이탈리아에 위치하므로 파도바의 성 안토니오를 이탈리아 성인으로 이해하지만, 그가 태어난 곳은 포르투갈 리스본이다. 파도바의 안토니오 성인은 포르투갈과 유럽 연합 국가의 주보성인이며, 잃어버린 물건을 찾아주는 성인으로, 전설에 의하면 안토니오 성인이 선종 후 한 사제가 신자의 집에서 값비싼 성경을 몰래 가져오자, 성인이 매일 꿈에 나타나 돌려주라고 했다는 일화가 있다.

성당 마당에는 성 안토니오 동상이 순례객들을 맞이하고 있었다. 많은 기적을 행한 성인답게 동상 밑에는 그가 이룬 기적들이 기록돼 있었다. 소박한 외형과는 달리 성당 내부는 무게감이 느껴졌다. 안토니오 성인 생가 터는 성당 지하에 위치해 있는데, 1755년 대지진으로 무너진 것을 복원한 것으로, 이곳에는 안토니오 성인이 탄생한 자리를 기념하는 제대가 있다.

파도바의 성 안토니오 생가 기념 성당

성 안토니오 생가 성당 바로 뒤편에는 리스본 주교좌 성당인 라세 대성당이 있는데, 1147년 로마네스크 양식으로 지어진 이 성당은 리스본을 폐허로 만들었던 대지진도 견딘 견고한 건물이다. 성당은 지속적인 보수와 증축으로 고딕, 바로크 등 다양한 양식을 지닌 건축 박물관이라는 별칭을 가지고 있다.

짧은 순례를 마치고 리스본에서 가장 중요한 건축물 중 하나인 '제로니모스 수도원 성당'을 향해 포르투porto로 출발하였다.

제로니모스 수도원

Mosteiro dos Jerónimos

제로니모스 수도원 또는 히에로니미테스 수도원은 포르투갈 리스본 지방자치단체 벨렝 본당 소속으로 타구스강 근처에 있는 성 예로니모 연합회의 옛 수도원이다. 이곳은 16세기에 포르투갈 왕조 아비즈Avis의 묘지가 되었지만, 1833년 12월 28일 주 법령에 따라 소유권이 자선 기관인 레알 카사 피아 데 리스보아Real Casa Pia de Lisboa로 이전되었다.

제로니모스 수도원은 바스코 다 가마Vasco da Gama의 첫 번째 여행 출발 지점 벨렘 근처에 1500년대 초반에 세워졌으며, 매년 포르투갈 인도 함대의 이익에서 세금을 거두어 건설 자금을 조달했다.

1880년에 다 가마의 유해와 시인 루이스 드 카몽이스(1572년 서사시 The Lusiad에서 다 가마의 첫 항해를 기념한 사람)의 유해가 불과 몇 미터 떨어진 수도원 성당의 신자석 근처의 새 무덤으로 옮겨졌는데, 다 가마 시대의 왕 마누엘 1세와 요한 3세 왕의 무덤 바로 옆에 자리하고 있다. 1983년 예로니모 수도원은 근처의 벨렘 탑과 함께 유네스코 세계문화유산으로 지정되었다.

제로니모스 수도원은 이전에 같은 장소에 존재했던 성당을 대체했으며, 이 성당은 벨렘의 성모 마리아에게 봉헌되었고, 수도회 수사들은 항해 중인 선원들에게 도움을 제공하는 소임을 하였다. 프라이아의 항구는 도루강 어귀에 들어오는 선박들에게 안전한 정박지를 제공하고, 바람으로부터도 보호해줄 수 있어서 선원들에게 필요한 지역이었다. 기존 구조는 이베리아 왕조의 왕국이 통치할 것이라는 믿음으로 아비즈 가문 구성원들의 마지막 안식처로 1495년 마누엘 1세의 명령에 따라 건설되었고, 1496년 마누엘 국왕은 이 자리에 수도원을 건설할 수 있도록 교황청에 허가를 청원했다.

수도원과 교회의 건축은 1501년 1월 6일에 시작되어 백 년 후에 완성되었다. 마누엘 왕은 원래 빈테나 다 피멘타Vintena da Pimenta에서 얻은 돈, 즉 아프리카와 동양에서 상거래를 통해 얻은 수익에 대한 5퍼센트의 세금으로 건축 프로젝트의 자금을 지원했다.

마누엘 1세는 예로니모 수도회를 선택하면서, 왕의 영원한 안식을 위해 기도하고 전 세계의 땅을 발견하기 위해 레스텔로 항구에서 출발하는 항해사와 선원들에게 영적인 도움을 제공하도록 부탁하였다. 수사들은 1833년 수도 단체가 해체되고 수도원이 폐쇄될 때까지 4세기 이상 그 소임을 수행하였다.

세계문화유산으로 지정된 제로니모스 수도원 성당은 성 안토니오 생가 성당과 달리 웅장한 규모를 자랑한다. 성당 앞에는 임페리오 공원도 마련돼 있어, 많은 리스본 시민과 순례객들이 이곳을 찾아온다. 1502년 세워지기 시작해 26년 만에 완공된 제로니

수도원 성당(좌)과 섬세한 장식의 성당 천장 ©김상희

모스 수도원 성당은 포르투갈 건축 양식인 '마누엘 양식'의 걸작이라고 일컬어진다. 당시 포르투갈 왕이던 마누엘에 의해 창건된 이 건축 양식은 고딕 양식에 비해 단조롭다.

바스코 다 가마 석관 ©김상희

성당 내부는 웅장한 규모 외에도 섬세한 장식으로 감탄을 자아낸다. 항해를 통해 강대국으로 성장한 국가답게 건축물 중간에 장식은 배에서 쓰는 닻줄 모양을 표현하였고, 어패류나 해초 등에서 영감을 얻은 풍부한 장식도 전체적인 건물과 조화를 이루고 있다. 해상으로 유명한 포르투갈이어서인지, 곳곳에 닻 모형이 장식되어 있다. 제로니모스 수도원은 국가행사를 도맡아 하고 있다.

유럽 교회 위용이 여전히 살아있어 르네상스 시기에 건축되었음에도 불구하고 제대는 동쪽에, 입구는 서쪽에 위치해야 한다는 유럽 성당 건축 원칙을 그대로 따르고 있다. 서쪽으로 난 입구에 들어서자 양쪽에 놓인 관을 볼 수 있었다. 왼쪽에는 포르투갈의 운명을 바꾼 항해사 바스코 다 가마의 유해를 모신 관이 위치하고 있었다.

바스코 다 가마는 1488년 남아프리카공화국 희망봉을 발견하고, 10년 뒤에는 인도의 고아를 찾아냈다. 그는 인도가 포르투갈의 식민지가 된 이후, 초대 총독으로 임명되었으나 풍토병으로 사망했다. 오른쪽에 있는 관의 주인공인 언어학자의 카몽이스는 포르투갈에 있어서 세종대왕과 같은 인물이다. 카몽이스가 없었다면 현재의 포르투갈어가 존재할 수 없었다고 전한다. 고딕 양식에 비해 단조롭지만, 역시나 화려하고 아름다운 성당을 바라보면서 당시 종교의 영향력을 느낄 수 있었으며, 수많은 순례객들이 이곳을 찾아와 선조들의 발자취를 따라가는 모습을 보며 포르투갈 교회가 민족 종교로서의 위상을 지니며 여전히 살아있음을 확인할 수 있었다.

바탈랴 수도원

Mosteiro da Batalha

바탈랴 수도원으로 가는 S코스의 국도는 시골길 같았다. 바탈랴 수도원은 기사 수도회의 도미니칸 수사들이 살다가 지금의 군부대로 변경된 곳으로, 정문은 천국의 문을 상징하며, 복음사가들과 12사도가 조각되어 있다. 그 외 모든 조각은 세속에서 살다가 성당 안으로 들어가는 것은 곧 천국으로 들어가는 것임을 상징하고 있고, 입구의 수많은 성인들의 조각은 하늘나라의 모든 의인들을 상징한다.

순례단은 10시에 도착하였는데 마침 무명용사비를 지키는 경비병들의 교대식 시간이라 그 모습을 볼 수 있었다.

바탈랴 수도원은 산타 마리아 다 비토리아 수도원으로 더 잘 알려져 있으며 포르투갈 중심부, 레이리아 지구의 역사적인 지방 바탈랴 마을에 위치한 도미니코회 수도원이다. 1386년 포르투갈의 왕 주앙 1세가 알주바로타 전투에서 카스티야 상대로 승리를 거둔 후 성모 마리아에게 감사의 의미로 건축하여 봉헌했다.

1388년 이후 최초의 도미니코회 수사들이 이미 그곳에 살고 있었고, 포르투갈의 일곱 명의 왕이 통치했던 기간인 1563년경까지 약 2세기에 걸쳐 지어진 수도원이다.

바탈랴 수도원의 건축이 시작될 때 먼저 작은 경당이 지어졌는데, 19세기 초에도 그 흔적을 볼 수 있었다. 이 건물, 즉 산타 마리아 아 벨랴Santa Maria-a-Velha는 옛날 성당으로 알려져 있고 조선소 노동자들을 위한 미사가 봉헌되었다. 15세기의 중요한 건축물로 손꼽히는 성당은 권력의 상징이자 왕실의 묘지로 사용되었다. 입구에서 성당 안쪽으로 들어서자마자 오른쪽에 왕을 기리는 공간이 마련돼 있는 것도 그런 이유에서다. 그곳에는 주앙 1세와 왕비의 돌무덤이 있는데, 주변은 화려한 조각들로 장식돼 있었다. 특히 바다의 나라답게 조각들이 해초나 바다의 상징물 등으로 형상화된 것이 눈길을 끌었다.

구약 시대의 왕, 천사, 성인 등의 조각상이 있는 수도원 입구 ©김상희 ▶

성당은 후기 고딕 양식과 마누엘 양식을 띠고 있다. 성당 규모는 높이 32.5m, 길이 79m이며, 성당 문 모퉁이에 있는 여섯 개의 기둥에는 천사, 교황, 성인, 왕 등 백여 개의 조각상이 새겨져 있다. 성당 규모와 내부 장식을 보면 카스티야와의 전쟁에서의 승리가 어떤 의미를 지니는지 알 수 있다.

바탈랴 수도원은 유럽에서 아름답기로 이름난 걸작 '왕의 회랑'으로도 유명하다. 많은 봉쇄수도회는 수도자들의 기도, 묵상, 독서를 돕기 위해 수도원에 회랑을 설치했는데, 이 왕의 회랑은 너비 50m, 길이 55m 규모로 1983년 유네스코 세계문화유산으로 지정되었다. 1층 뾰족한 아케이드와 2층 고딕 양식의 창이 조화를 이루고 있으며, 좁은 원기둥에 설치한 아치 사이에 섬세하고 화려한 마누엘 양식의 장식들이 당시의 아름다움을 엿보게 한다.

현재 군인들의 숙소로 사용되고 있는 바탈랴 수도원은 완공 직후 15세기 기사 수

바탈랴 수도원

〈참호의 예수〉라 불리는 사진

도회 분원으로서의 역할을 했다. 이베리아 반도에서 이슬람교도와 전쟁을 치르고, 그들을 막아낸 기사 수도회는 포르투갈에서 가장 왕성한 활동을 펼쳤다고 한다. 카스티야의 침입으로부터 포르투갈의 독립을 지켜낸 페레이라Pereira 장군 기마상이 서 있는 수도원 앞 광장부터 바탈랴 수도원이 '군인' 일색인데도 다 배경이 있었다.

이러한 역사적 배경으로 인해 수도원에는 무명 용사들의 기념관도 마련돼 있는데, 이곳에는 제1차 세계대전에 참전한 용병이 구조를 요청하고 있는 모습의 사진이 걸려 있었다. 사람들은 사진 속 주인공을 〈참호의 예수〉라고 부르는데 참호가 폭격을 맞아 하반신을 잃은 채 두 팔을 벌리고 있는 모습이 마치 예수를 닮았기 때문이라는 설명이었다.

포르투의 성 프란치스코 성당

Igreja de São Francisco

포르투갈의 제2의 도시라 불리는 포르투Porto는 해안 도시인 만큼 아름다운 전경으로 유명한데, 수백 년의 전통적 문양과 양식을 간직한 건축물과 거리의 모습이 여전히 남아 있어 많은 관광객들이 찾아온다. 포르투를 대표하는 한 가지는 '포도주'로, 도루강 유역의 포도를 원료로 제조되는데, 영국과 프랑스 등지로 수출되고 있으며 아직도 도루강 주변에는 많은 와이너리가 위치해 있어 명성을 이어가고 있다.

순례단은 도루강 주변의 와이너리를 지나 성 프란치스코 성당으로 향했다. 이 수도원은 포르투갈에 세워진 최초의 프란치스코 수도원으로, 이 수도원 성당은 포르투갈 포르투에서 가장 중요한 고딕 양식의 건축물이자, 뛰어난 바로크 양식의 인테리어로도 유명해 유네스코 세계문화유산으로 지정되었다.

프란치스코 수도회는 1223년경 포르투에서 설립되었지만, 처음에는 세상 세력과 다른 종교 단체의 지도자, 특히 포르투 주교의 적대감으로 어려움을 겪었다. 그 이유는 이전에 프란치스코회에 주어진 땅을 돌려받기 위해서는 교황 인노첸시오 5세의 교서가 필요했기 때문이었고, 그럼에도 불구하고 1244년경 수도회는 아시시의 성 프란치스코에게 봉헌하는 수도원과 최초의 작은 성당을 짓기 시작했다. 성당은 고딕 양식으로 세워졌지만 세월이 흐르면서 로마네스크와 바로크 양식의 영향을 받아 변형되었다.

1383년, 페르난도 1세 왕의 후원으로 프란치스코 수도회는 더 큰 규모의 성당을 짓기 시작했고, 1425년경에 완성되었다. 건축 양식은 포르투갈의 탁발수도회에서 흔히 볼 수 있는 비교적 단순한 고딕 양식의 디자인을 따랐다. 교회의 일반적인 구조는 크게 변경되지 않아서 포르투의 고딕 건축물의 가장 좋은 모델이다. 1832년 포르투 포위 공격으로 화재가 발생하여 오래된 수도원 회랑이 파괴되었고, 그 자리에 도시의

포르투 성 프란치스코 수도원 성당 입구(좌)와 '황금성당'이라고도 불리는 성 프란치스코 수도원

무역협회가 19세기 신고전주의 건축물의 대표작으로 증권거래소 궁전을 건축했다.

건물의 외부는 여느 유럽 성당들과 크게 다르지 않았고, 오히려 규모가 작아 성당의 중요성을 제대로 인식하지 못하는 이들도 많을 수 있지만 황금으로 장식된 내부는 매우 놀라웠다. 화려함 그 자체의 성당은 청빈과 가난한 삶을 살아가는 프란치스코 수도회와는 어울리지 않았는데, 성당의 역사를 듣고서야 그 이유를 알 수 있었다. 포르투의 성 프란치스코 성당은 수도회가 아닌 재속회가 관할하고 있다. 13세기 포르투 지역 유지들이 모여 가장 화려한 성당을 짓고 수도회에 기증했는데, 유지들은 종교적 신앙도 있었지만 성당에 자신과 가족들의 시신을 이곳에 매장할 수 있게 해달라는 조건을 붙였다. 이런 이유로 15세기와 16세기 포르투의 저명한 가문들은 프란치스코회 성당을 자신들이 묻힐 묘지로 선택했다. 세례자 요한 경당은 포르투갈 후기 고딕 양식인 마누엘 양식으로, 1530년대에 카르네이로 가문을 위해 건축된 경우이다.

실제로 성당 건물 맞은편에는 지하 묘소인 카타콤바가 있다. 지하의 카타콤바를 벗어나 외부로 나가니 언덕에 위치한 성당에서는 포르투 전경을 한눈에 볼 수 있었다. 겨울임에도 작열하는 태양이 내려앉은 도루강 물결에는 15세기 찬란한 문화를 꽃피운 포르투갈 교회의 역사가 유유히 흐르고 있었다.

알코바사 수도원

Monastery of Alcobaça

리스본 북쪽에 있는 알코아강과 바사강이 합류하는 곳에 있는 알코바사 수도원은 산타 마리아 드 알코바사Santa Maria d'Alcobaça 수도원이라고도 한다. 이 수도원은 시토회 건축물로, 그 크기와 단아한 건축 양식, 아름다운 건축 재료, 섬세한 건축 등이 어우러진 고딕 양식의 걸작이다.

이 수도원의 설립은 포르투갈 군주제의 시작과 깊은 관련이 있다. 알폰소 엔리케스가 1139년 알폰소 1세로 등극했을 당시 자신의 정치적 기반을 십자군Crusaders과 종교에 두었다. 십자군은 1147년 리스본에서 시작되었고, 알폰소 1세는 산타렝에서 거둔 승리1152년를 인정받기 위해 알코바사를 시토회에 바쳤다.

알코바사 수도원은 그 장대한 규모와 함께 간결한 건축 양식, 멋들어진 건축 재료, 섬세한 건축으로 만들어진 전형적인 고딕 건축의 걸작이다. 이곳은 성 베르나르도St. Bernardo 시대에 부르고뉴에서 발전한 미학적 기법이 전파된 것을 보여 준다. 또 퐁트네Fontenay의 시토회 초기 건축물에서 드러난 금욕주의의 흔적이 고스란히 살아 있다. 이 수도원은 수력발전과 같은 독특한 기반시설을 겸비한 시토회 건축물의 대표적인 전형으로, 기능적으로 편리한 건물이다. 중세의 수도원 건물(회랑과 세면실, 성당, 객실, 기숙사, 수사들의 방과 식당)에 18세기형 부엌을 덧붙인 것이 유명하다.

클레보의 성 베르나르도가 세상을 떠난 1153년 당시 시토 수도회는 잘 운영되고 있었다. 알코바사는 성 베르나르도의 생애에서 마지막 '개척지'였다. 12세기 말, 알만수르가 이끄는 이슬람 군대의 공격을 받았지만 포르투갈 왕실의 기반은 번성하기 시작하였다. 13세기에는 퐁트네 수도원과 비슷한 수도원 성당과 아름다운 수도원 건물들이 들어서면서 수도원의 정치적, 지적 영향력은 이베리아 반도의 서쪽 전역으로 널리 퍼졌다. 또한 알코바사는 종교적 신앙(가장 중요한 왕립수도원 학교가 이곳에 있었다)과 학문 연구의 중심지였고, 수많은 신자를 거느리고 있었다. 당시의 아빠스는 강력한 종교적 권력을 손에 넣었다. 비옥한 토지, 마을 열세 곳, 항구도시 네 곳, 성 두 채를 관리하기도 하였다.

수도원 내부는 참으로 단순하고도 소박했다. 아무런 장식도 없이 정면에 놓인 작은 초 세 개가 전부였다. 수도원 회랑에 딸린 정원도 정갈했다. 기도 외에 이곳에서 할 수 있는 것이 무엇일까! 어떠한 색도 없는 이 공간에서 주님 외에 무엇을 바라보

수도원 회랑과 내부

운하를 통해 알코아강으로부터 흘러들어오는 물을 받는 수조

고 찾을 것인가! 수도원 성당의 정문에는 인간과 인간 사이에 필요한 사추덕, 용기·지혜·절제·정의가 조각되어 있다. 또한 시토회의 창설자인 성 베르나르도와 다른 쪽에는 그의 정신적 모토인 베네딕토 성인이 조각되어 있다.

오로파 수도원과 사크로 몬테 디 오로파

Sanctuario di Oropa, Sacro Monte di Oropa

이탈리아는 가톨릭교회 역사의 중심이다. 예루살렘에서 그리스도교가 시작되었지만, 이탈리아는 그 못지 않게 중요한 지역으로 꼽힌다. 이곳에서 가톨릭이 꽃을 피웠고 많은 열매를 맺었으며, 지금까지도 그 영향력은 건재하다. 이탈리아 전역에서 발견된 교회 유적들의 형태와 아름다움은 놀라움 그 자체다. 7차 수도원 순례에서는 이탈리아, 특히 북부 지역의 신앙 흔적을 찾았다.

굽이굽이 이어진 길은 한참을 올라도 쉽게 목적지를 보여주지 않았다. 안개 몽실한 구릉을 지나, 본격적으로 산길을 따라 올라 해발 1200m 지점에 이르렀다. 대관령 길에 버금갈 정도의 아슬아슬한 굽은 길을 몇 차례나 지나서야 다다른 곳, 이탈리아 도착 후 첫 방문지인 비엘라시의 '오로파 수도원'이다. 해발 1200m, 두 손에 땀이 날 정도로 긴장하게 되는 높이지만 도착과 동시에 긴장은 이내 사라졌다. 탁 트인 하늘과 수도원 뒤에 펼쳐진 알프스산맥은 마치 눈 병풍을 펼쳐놓은 듯했다. '자연'은 하느님께서 인간에게 주신 선물이라고 부르기에 조금의 주저함이 없게 만드는, 그야말로 장관이었다. 산 아래는 너무 아득해서 보이지도 않아 이곳의 높이를 실감할 수 있는 것은 이따금씩 귓속이 먹먹해지는 현상과 눈앞의 위풍당당한 알프스산맥의 위용 때문이었다.

산꼭대기에 있는 작고 소박한 수도원을 상상했던 순례단의 눈앞에는 커다란 도시를 연상케 하는 마을이 펼쳐져 있고, 어마어마하게 큰 수도원이 등장했다. 손님이 머물 수 있는 숙소와 식당, 성물 판매소도 여러 곳 있었다. 예전에는 이곳이 알프스를 넘는 사람들이 쉬어가는 숙소와 휴게소 역할을 했다고 한다.

오로파 수도원은 알프스산맥을 가운데에 두고 스위스, 프랑스 국경에 맞닿아 있다. 우리가 그토록 어렵게 이곳을 찾아 온 것은 바로 '성모신심' 때문이었다. 오로파는 이탈리아에서도 뿌리 깊은 성모신심으로 유명한데, 전승에 의하면 성모신심이 인정된 에페소 공의회(5세기) 이전에 이미 오로파에는 성모신심이 뿌리내렸다고 한다.

베르첼리의 주교 성 에우세비오가 369년경에 박해를 피해 이곳으로 〈블랙 마돈나〉를 숨겨서 모셔왔다고 전해진다. 공식적으로 문서에 오로파 수도원이 등장하는 것은 13세기 때부터이고, 이때 이곳에 은수자들이 거처하는 용도로 성모 마리아 성당과 바르톨로메오 성당이 있었다고 전한다. 또한 중세 페스트가 창궐하던 시기, 지역

알프스산맥 자락에 위치한 해발 1200m의 오로파 수도원

주민들이 블랙 마돈나에게 기도를 바쳐 전염병으로부터 이곳만은 안전할 수 있었다는 전승도 있다. 옛날 페스트를 물리쳐주신 성모님의 기적에 감사하는 행렬이 그곳의 '성스러운 산의 12경당'(오로파 사크로 몬테라고 하여 세계문화유산으로 지정)을 돌면서 알프스산을 넘었다고 한다.

오로파 수도원과 관련된 여러 전승들이 있지만, 이것이 사실이라면 이탈리아에서는 최초로 성모신심이 확산된 곳이라고 볼 수 있다. 오로파의 성모님은 소나무로 만들어졌고, 검은 색이다. 사크로 몬테 디 오로파는 신성한 산지 마을, 신성한 언덕을 뜻하며, 이곳은 중세인들의 종교적 열정이 활발하게 분출된 곳이다. 순례객들이 서쪽에서 발레 아오스타를 넘어가기 전 기도하는 장소가 되기도 했고, 15세기 말부터 유행해 유럽으로 퍼져나갔던 가톨릭 문화의 산지가 되었다.

피에몬테와 롬바르디아의 아홉 개 거룩한 순례지 마을 중의 하나로, 유네스코 세

오로파 대성당 성모 마리아 제대(좌)와 오로파 성모님께 기도한 후, 은혜를 받은 이들의 감사패들 ©김상희

계문화유산에 등재되어 있다. 피에몬테에서 가장 오래된 오로파의 〈블랙 마돈나〉 근처에 순례객들이 모여들면서 1599년 비엘라시가 이 성모상 앞에서 신앙 서원을 하고 현재의 대성당을 세웠다.

특히 중세 그리스도교 믿음의 다양한 측면을 잘 보여 준다는 평을 받고 있을 뿐만 아니라 건축 양식, 조각과 벽화 등에는 예수와 성인, 천사, 그리고 성경에 대한 이야기가 매우 다채로운 방식으로 표현되어 있다. 건물의 내부는 수많은 벽화와 조각상들로 꾸며져 있고, 신앙의 길로 연결된 열두 개의 경당에는 성모 마리아의 생애가 묘사되어 있다. 이곳에는 전 세계 수천 명의 순례객들이 찾아오는데 비해 한국인 순례단은 흔치 않다며, 우리가 한국 첫 순례단일 수도 있다고 현지 가이드가 알려 주었는데 사실 여부는 알 수 없다.

오로파 수도원에는 페스트와 관련된 기적, 사고와 병으로 죽음을 목전에 두고 마리아의 은사로 살아난 사람들 등 헤아릴 수 없는 기적 이야기가 있다. 오로파의 블랙 마돈나로부터 은사를 받은 사람들은 이곳에 흔적을 남기는데, 옛날에는 금과 은, 초 등 귀중한 물건을 감사의 의미로 기증했다. 르네상스에 이르러서는 은사를 받은 내용이 담긴 그림을 그렸고, 현대에는 사진을 찍어 기증하기도 해 수도원 2층 사보이 왕국 박물관 앞 복도 벽면에는 마리아의 은사를 받은 이들의 기증품으로 가득 차 있었다. 이를 모아 책으로 만들었다는데 네 권이나 된다고 한다.

현재까지도 오로파 수도원의 성모신심은 이어지고 있다. 이탈리아 유명 스포츠 선수들은 자신들의 사인이 담긴 유니폼을 기증해, 승리를 기원하기도 한다. 또한 블랙 마돈나를 기리는 다양한 행사도 계속 마련되고 있는데, 매년 알프스산맥 너머에 위치한 폰테모르라는 지역에서 이곳까지 행렬을 하고 있다. 가뭄이 극심하던 시기, 블랙 마돈나에게 비를 청하기 위해 시작된 행렬이었으나, 지금은 전 세계에서 삼천여 명이 참석할 정도로 규모가 커졌다.

성모신심이 깊은 우리나라와도 비슷한 모습을 지닌 오로파. 버스를 타고 다시 산길을 내려가면서, 성모 마리아를 위해 이 길을 오르는 이들의 모습을 그려보았다. 저마다의 방법은 다르겠지만 지금도 꾸준히 찾아오는 순례객에게서 성모신심의 깊은 뿌리를 다시 한번 확인할 수 있었다.

까말돌리 수도회

Camaldoli Sacro Eremo

성 베네딕토는 서방 교회 '수도회의 시조'라고 불리운다. 베네딕토 성인의 규칙서는 유럽의 많은 수도회에 영향을 주었으며, 10세기에 클뤼니 수도원 개혁을 통해 프랑스의 시토회, 카르투시오회, 클뤼니 연합회, 그리고 이탈리아의 까말돌리 수도회가 생겨났다. 순례단이 방문한 까말돌리 수도회는 클뤼니 개혁을 통해 베네딕토 수도회 규칙서를 따르며 철저하게 가난과 침묵, 노동을 하면서 오롯이 하느님의 영광을 위해 모든 것을 바치는 삶을 현재까지도 이어오고 있다. 수백 년 동안 하나의 거룩한 목표를 향해 살아가는 그들 삶의 현장을 순례하였다.

수많은 영성의 대가와 예술가를 배출한 까말돌리 수도회는 토스카나산맥 깊숙한 곳에 위치하고 있다. 험준하고 높은 산을 한참 올라가서야 겨우 수도원에 도착할 수 있었다. 침묵을 살아가는 수도자들의 공간답게 까말돌리 수도원은 조용히 순례단을 맞았다. 1023년 성 로무알도Romualdus, 952?-1027에 의해 창설된 수도회는 베네딕토 성인의 수도회 규칙서를 그대로 살아가는 독수 생활을 하며, 응용도 변형도 없이 그 내용을 실천하고, 하느님의 영성과 말씀을 따르기 위해 노력하는 관상 생활을 하고 있다.

이탈리아 라벤나의 성 아폴리나레 클뤼니 베네딕토 수도회에서 활동했던 창설자 성 로무알도는 당시 교회 내에 팽배했던 고갈된 영성과 형식적인 신앙이 수도 생활에 적합하지 않다고 생각했다. 그는 형식적 수도 생활에서 벗어나 영육간의 일치를 강조하며 가난과 고독, 침묵을 통해 수도회 초기 정신을 따라 살아가는 공동체를 만들고자 했다. 그는 생각을 행동으로 옮겼고, 세상과 분리된 그곳에 까말돌리 수도회를 세우게 되었다. 성 로무알도는 은둔자를 모아 수도원을 만들고 은수 생활을 시작했다. 그의 생각은 수도원과 은둔처는 한 단위를 구성하며 상호보완하고, 규칙은 한 장상이 집행하며, 회원들은 모두 한가족을 이루며 완덕과 관상을 최고의 목표로 하여 점진적으로 성장해 나가는 것이었다.

특히 까말돌리회 수도회는 두 개의 공동체로 구성이 되어 있는데, 하나는 거룩한 사막Sacro Eremo이라고 불리며 고신극기告身克己의 생활을 하는 은수자들의 공동체와 산 아래 떨어져 있는 폰테보나Fontebona 수도원에서 공동생활을 하는 공동체다. 불교식 용어를 인용하면, 거룩한 사막Sacro Eremo 공동체는 이판승理判僧이고 폰테보나 공동체는 사판승事判僧을 의미한다. 초심자들은 수도원 안에 거주하고 진보한 이들은 은둔처에 거주한다. 모든 회원들이 독거 생활을 지향하지만, 장상은 수도자의 준비와 적성을 고려하여 은둔처로 혹은 수도원의 행정과 손님 접대, 병자와 노인 간호, 수련자 교육을 위한 소임을 부여할 수 있다.

수도원 성당

사크로 에레모는 전승에 따르면 1012년에 아레쪼Arezzo의 백작이었던 말돌로Maldolo가 자기의 땅Campus Maldoli을 성 로무알도에게 기증하면서 처음 공동체가 만들어졌다는 이야기와 학자들은 1025년경 아레쪼의 테오달도Theodaldo 주교가 사랑스러운 땅Campus amabilis이라고 불리던 땅을 기증하여 이 공동체가 만들어졌다는 주장도 있다. 1027년에 성당이 축성되었는데, 처음에는 다섯 개의 은수처와 공동 기도를 할 수 있는 경당[오라토리오], 그리고 이 은수자들을 도와주고 순례자들이 와서 머물 수 있는 오스피찌오[Ospizio]로 구성되어 있었다. 나머지 열다섯 개의 독채들은 그 후에 만들어졌고 지금은 모두 스무 개의 독채를 가지고 있다.

사크로 에레모의 '아름다운 문'이라고 불리는 이 정문은 삶과 죽음, 이 세상과 저 세상, 지상과 천상 사이에 있는 이곳 수도자들의 삶의 모습을 나타내고 있다. 미닫이문의 왼쪽에는 죽음을 은유하는 마른 나무, 산양의 머리 뼈, 해골, 그리고 공동묘지의 비석이 있고, 오른쪽 문은 생명을 은유하는 살아있는 겨울나무와 부활의 달걀이 있다. 죽은 나무 사이에 있는 부엉이는 언제나 깨어 기도하는 은수자를 상징한다. 이 문의 뒤편에는 원장이었던 성 로돌포가 쓴 회칙에 있는 내용으로, 은수자가 갖추어야 할 성덕 일곱 가지를 나무에 비유하여 기록하였다. 문 위의 참새는 그 성덕으로 종을 표현한 절대자이신 하느님을 향하고 있다.

사크로 에레모의 '아름다운 문'

고행하면서 영성의 삶을 살아가는 은수자 공동체를 까말돌리, 은수자들의 삶을 도와주며 노동의 삶을 살아간 수도자 공동체를 폰테 아벨라니라고 부르는데, 이들은 하나의 공동체로 살았지만 생활 공간은 달랐다. 경작지를 중심으로 은수자와 수도자가 맞은편에 살며, 서로의 수도 생활을 도왔다. 은수자는 자신이 터득한 영성을 일반 수도자에게 전했고, 수도자들은 노동으로 은수자들의 영성적 삶을 지원했다. 은수자와 수도자를 결정하는 것은 수도회 아빠스의 몫이었다. 수도회는 은수자와 수도자의 화합을 강조하며, 장상에 대한 순명, 공동체 의식, 하느님과의 일치라는 공동의 목표를 중요하게 여겼다.

두 공동체 모두 기도하고 일하며 하느님을 찾는 삶을 살고 있지만, 세상을 등지고 있는 것이 아니라, 세상을 향해 문을 열어 외부 사람들을 맞이하고 수도 영성을 나누는 삶의 현장이다. 이러한 의미는 12세기에 수도원 정원에서 볼 수 있는 부조에서 두 마리의 비둘기가 하나의 잔으로 갈증을 해소하는 상징적인 모습으로 확실히 말하고 있다. 이것은 수도 생활에 있어서 은수 생활과 공동생활이 분리되어 있는 생활이 아니라 수도 생활의 완성을 위해 상호 협력적임을 보여 주는 것이다. 이것은 또한 이 수도회의 모토에도 잘 드러나 있다.

영육의 일치를 강조한 까말돌리 수도회는 교회 학문과 예술 분야에 많은 영향을 미쳤다. 음계를 체계화한 아레초의 귀도 다레초, 그라시아노 법명의 그라시아노, 천사들의 성모 마리아 수도회 창설자, 성경을 최초로 이탈리어로 번역한 학자 등 영성의 대가, 학자, 예술가들이 이곳 수도회 출신이다. 그리고 254대 그레고리오 16세 교황을 배출한 수도회이기도 하다.

약 천 년의 역사를 걸어온 수도회에는 은수자 스물한 명이 각자의 공간에서 생활하고 있었으며, 그들의 영성 생활을 돕는 수도자들도 함께 공동체로 살아가고 있다. 창설자의 이상에서 시작되었지만, 굴곡과 어려움을 겪으며 더욱 단단해진 독특한 형태의 까말돌리 수도회는 이 시대를 살아가는 수도회와 신앙인들에게 영육의 일치와 영성의 중요성을 알려 주는 공동체로서 교회 안에서 중요성을 갖는다.

거룩한 사막 공동체와
폰테보나 공동체의 화합과 조화를
상징하는 두 마리의 비둘기

라 베르나

La Verna

라 베르나는 아펜니노산맥의 고립된 둔덕으로, 성 프란치스코는 1215년부터 1217년까지, 1221년, 1224년 다섯 차례 이곳을 찾아왔다. 기도와 묵상을 강조했던 그는 라 베르나 곳곳을 돌아다니며 기도하고 묵상했으며, 지금도 그가 기도했던 흔적이 남아 있는데 그 기도 공간들이 접근하기에 몹시 어렵고 험준하여 아직도 발견되지 않은 기도 공간이 많으리라고 추측하고 있다.

까말돌리를 내려와 라 베르나산으로 가는 길은 평화로웠다. 좌우 양편에 산을 두고 겹겹이 깊은 산속으로 들어가는 길은 라 베르나산을 넘으며 다시 험한 도로가 시작되었으나 운전기사는 훌륭한 솜씨로 잘 극복하였다. 라 베르나는 아렛쪼의 아펜니노산맥의 한 고립된 둔덕으로 해발 1200m에 자리잡고 있었는데, 오래전의 강한 지진으로 마치 제주도의 절리암 같았다.

성 프란치스코가 라 베르나와 인연을 맺게 된 것은 13세기 초다. 이 지역은 원래 카우시의 오를란도 카타니Oriando Catuni 백작 소유였는데 이 지방의 지주였던 오를란도는 로마냐의 몬테펠트로 인근 성 레오 성에서 프란치스코의 설교를 듣고, 깊은 감명을 받아 라 베르나산을 프란치스코에게 선물하게 되었다. 성인은 백작의 호의를 기꺼이 받아들였는데, 이유는 그곳이 기도와 묵상 생활에 적합하다고 판단했기 때문이다. 성인이 파견한 두 회원이 산을 답사하고, 기도와 관상에 적합한 봉우리에 거처를 마련했다.

깊은 산의 끝쪽, 그곳에 프란치스코 성인이 기도하던 장소가 있고, 옛 라 베르나 성지 수도원을 개조한 피정의 집에는 영성을 갈망하는 많은 순례자들이 찾는다. 현재 수도원에서는 초기 프란치스코회 복장과 공동체의 모습을 볼 수 있다. 성인은 라 베르나에서 기도하는 것을 좋아했다고 전해진다. 다섯 차례밖에 방문하지 못했지만, 그에게 있어 중요한 사건이 일어난 곳으로도 유명하다. 성인은 이곳에서 프란치스코회의 회칙을 만들었다. 라 베르나를 프란치스코회의 정신이 태어난 곳이라고 불러도 손색이 없다.

그리스도를 가장 닮은 성인으로 불리는 프란치스코 성인은 1224년 9월 오상五傷을 받았다. 오상 성당은 전승에 따라 프란치스코가 십자가의 상흔을 받았던 장소 위에 세워졌다. 성당 안에는 불규칙적 육각형 대리석 표시가 있는데, 그 위에 "천상의 광채가 빛났고, 새로운 태양이 빛났으며, 바로 여기에 세라핌 천사가 나타나 프란치스코에게, 마음과 말과 행동으로 십자가를 지고 가기를 청하면서 이곳에서 그의 손과 발과 옆구리에 상흔을 박아주셨도다"라는 글이 새겨져 있다. 이 글을 통해 성인이 오상을 받은 당시 상황을 살펴볼 수 있다.

수도원에는 그가 오상을 받을 당시 입고 있었던 옷, 악마의 습격과 유혹을 피했던

성 프란치스코가 오상을 받은 라 베르나 프란치스코회 수도원 ©김상희

장소 등이 잘 보관돼 있다. 라 베르나의 꼭대기에서 안개 구름이 자욱한 가운데 차가운 바람과 함께 심금을 울리는 성당의 종소리를 듣노라니 전쟁에 참여하기도 했던 프란치스코 성인이 왜 평화의 기도를 썼는지 알 것만 같았다.

해가 떨어질 것을 걱정하면서 험난한 산길을 다시 내려오며, 수도원과 수도원 순례에 대해 생각했다. 순례란 곧 교회의 역사와 교회를 역사하는 하느님의 섭리를 체험하는 것이고, 이는 또 나의 역사 안에서 나의 신앙에 섭리하시는 하느님을 체험하는 것이다. 교회의 역사는 항상 평탄하지만은 않았다. 성령의 이끄심 안에서도 인간의 나약함을 벗어날 수 없음이다. 그럼에도 불구하고 인류의 교회가 이루진다는 것은 수도회 안에서 기도하는 수사들의 힘일 것이다. 이 힘이 교회를 이끌어가고 교회를 정화하고 쇄신하는 신앙의 보고이자 은총의 선물이다.

라 베르나산 정상의 십자가 ©김상희

프란치스코 성인이 오상을 받을 때 입고 있던 수도복

베네딕토회 몬떼 올리베또의 성모 마리아 연합회

Congregatio Benedictina S. Mariae Montis Oliveti

1992년 마산 진동에 진출한 이래 기도와 관상, 노동의 삶을 살아가는 올리베따노 성 베네딕도 수도회는 렉시오 디비나거룩한 독서와 노동으로 하느님의 영광을 드러낸다. 올리베따노 성 베네딕도 수도회의 본원이 바로 이탈리아 시에나에 위치한 베네딕토회 몬떼 올리베또의 성모 마리아 연합회다. 몇 개의 산을 넘어 언덕을 내려가자 테라코타 건물이 눈에 들어오기 시작했다. 마치 누런 먼지를 뒤집어 쓴 듯 웅장하게 서 있는 수도원이 순례단을 맞았다.

울창한 나무숲에 둘러싸인 수도원은 주변 환경과 어우러져, 건물 자체가 자연의 일부라고 해도 손색이 없을 정도였다. 세 개의 구릉 위 십자가와 올리브나무 등으로 표현된 수도회 상징물에서도 자연과 함께하는 수도회 정신을 찾아볼 수 있었다. 베네딕토회의 규칙서를 따르는 수도회는 역시 기도와 노동을 실천하며 생활하고 있으며 이들은 성모신심을 강조하고, 흰 수도복을 착용하는 것이 특징적이다.

수도회는 원래 봉쇄수도회로서 관상 생활을 지향했으나, 시대적 요구에 따라 활동적인 사도직에도 참여하며, 변화하고 응답하는 수도회로 알려져 있다. 14세기 페스트가 창궐하던 시기에는 수도원을 개방하고 수도자들이 지역으로 나가 주민들을 간호하기도 했다. 수도회 건물은 1319년부터 건설되기 시작, 백 년에 걸쳐 완공되었다. 많은 예술작품이 설치된 이곳에서는 르네상스 시대 최고의 화가 조반니 안토니오 바치Giovanni Antonio Bazzi, 1477-1549와 루카 시뇨렐리Luca Signorelli, 1450?-1523의 작품을 만날 수 있다. 두 작가는 회랑으로 통하는 복도의 네 벽면에 프레스코화 작업을 했는데, 루카 시뇨렐리의 작품은 1498년 작이며, 소도마는 1505년부터 3년간 작업했다. 덕분에 르네상스를 대표하는 작가들의 작품을 한 공간에서 감상할 수 있어 많은 순례자와 관광객들이 찾는다.

베네딕토회 몬떼 올리베또의 성모 마리아 연합회는 귀족 가문의 성 베르나르도 똘로메이Bernardo Tolimei, 1272-1348가 세운 수도회이다. 8월 20일은 성 베르나르도 톨로메이1272-1348의 축일로, 시에나에서 태어난 성인은 당시 여느 귀족 자제들처럼 법학을 공부한 행정관이자 황제의 기사였다.

성 베르나르도 똘로메이는 기도와 자선으로 헌신하는 평신도 공동체인 마리아 사도회Disciplined Marys에 가입했으나 갑자기 시력을 잃을 위험에 처하게 되었고, 복되신 동정 마리아께 치유를 의탁하며 자신의 삶을 바칠 것을 개인적으로 서약했다. 하느님의 은총으로 치유를 받자, 그는 그간 바랐던 철저한 보속과 기도의 삶을 하기로 결심하고, 자신의 동료 암브로시오 피콜로미니와 빠뜨리치오 빠뜨리치, 이 둘과 함께 1313년 은수 생활을 시작하였는데, 그때 나이 41세였다. 세 분은 초기 수도승들처럼 침묵과 단순한 생활로 관상 생활에 전심하였고, 이후 그들의 거룩한 생활이 알려지면서 제자들이 모이자, 그는 몬떼 올리베또에 수도원을 세워 1319년 아레쪼의 주교로부터 수도회로 인가

수도원으로 가는 길목 ©김상희

를 받기에 이른다. 베네딕토 성인의 〈수도 규칙〉을 삶의 양식으로 선택한 수도회는 마침내 1344년 교황 클레멘스 6세에 의해 교회의 공식 인준을 받았다. 위대한 시토회 아빠스인 클레르보Chiaravalle의 베르나르도Bernard를 기리기 위해 그의 이름을 베르나르도Bernard로 변경하였다.

성 베르나르도 똘로메이는 수도회 형제들의 전폭적인 신뢰를 받으며 27년간 아빠스로 봉사했으나, 시에나 전역에 페스트가 창궐하게 되면서 도움의 손길을 내밀고자 황폐해진 도심지로 이전하여, 페스트에 걸린 형제들을 돌보다가 자신도 페스트에 감염되어 1348년 선종했다. 1644년 교황 우르바노 8세는 그를 복자품에 올렸고, 1998년부터 시성을 위한 조사가 시작되어 2009년 4월 26일, 교황 베네딕토 16세에 의해 시성되었다.

체르토사 디 파비아 수도원

certosa di pavia monastery

체르토사 디 파비아 수도원은 이탈리아 북부 롬바르디에 위치한 수도원으로, 파비아에서 북쪽으로 8km 떨어진 파비아 지방에 있는 같은 이름의 작은 마을 근처에 있다. 1396년부터 1495년까지 건축된 이 건물은 한때 밀라노의 비스콘티 공작이 소유한 대규모 사냥터이자 공원이었던 비스콘티 공원 끝에 위치했으며, 현재는 흩어져 있는 부분만 남아 있지만 이탈리아에서 가장 큰 수도원 중 하나였다.

2011년 겨울, 그르노블의 위대한 침묵의 수도원에서 모형으로 본 수사들의 조촐한 삶이 기억나 개인 뜰도 걸어보며 괜스레 흙도 만져보았다. 안내 담당 수사님이 손가락을 펼쳐 하나씩 가리키며 기도하고, 일하고, 공부하고, 묵상하고, 침묵을 지키는 것이 그들의 생활이라고 설명해 주었다.

체르토사는 1044년 그랑드 샤르트뢰즈에 성 브루노가 설립한 카르투시오 수도원의 차터하우스Chartreuse의 이탈리아어 번역이다. 카르투시오회는 초기에는 은둔과 금욕주의, 건축의 단순함으로 유명했지만, 체르토사 디 파비아 수도원은 프랑스의 샤르트뢰즈와는 달리 고딕과 르네상스 양식의 풍부한 건축 양식과 예술 작품 컬렉션으로 유명한 지역의 대표적인 유산이 되었다. 이곳에는 1400년대 상아로 제작된 제대가 있는데 완성되는 데 20년이 걸렸다고 전한다. 수도원은 밖에서 보는 것과는 다르게, 안으로 들어서자 아주 큰 규모였다. 수도원 단지에 접근하려면 내부와 외부 모두 프레스코화가 그려진 르네상스 시대의 현관을 거치게 되는데, 퇴색된 입구의 반원형 천장에는 두 천사가 잔 갈레아초의 문장과 비스콘티의 뱀, 제국 독수리를 들고 있다. 생각밖의 큰 수도원은 수사님들의 생활을 보여주듯 깨끗하게 잘 정돈되어 있었고, 거대한 위용을 보여주는 반면에 르네상스 분위기의 장식은 수수하고 정갈해 보였다. 스테인드글라스도 없었고 핑크에 가까운 연한 붉은 빛의 외벽이 아름다웠으며 회랑과 정원도 건축물 못지 않게 돋보였다.

그 시대의 '혼'을 잘 간직하고 있는 중세 유럽 교회 건축물인 체르토사 디 파비아 수도원에는 하느님을 향한 찬미와 사랑, 하느님 나라로의 동경이 녹아 있는 듯했다. 몇 백 년에 걸쳐 아름답고 화려한 건축물을 만든 이유도 여기에 있기에, 섬세한 조각과 아름다운 장식물들은 당시 수도회와 신자들의 신심을 보여 주고 있었다.

중앙 회랑을 중심으로 동서남북으로 연결된 복도에는 테라코타 작품이 있고, 회랑을 지나 또 다른 공간으로 넘어가니 수도자들이 숙소로 생활했던 방이 나왔다. 식사를 전달하는 창문과 검소한 방의 분위기 등은 영화 〈위대한 침묵〉에서 본 것 그대로였다. 안내 담당 수사님은 순례단들을 수사들이 머물렀던 곳으로 안내했다. 수사들이 공동으로 모여서 식사하는 공간과 그 위쪽으로는 식사 중에 거룩한 독서를 하는 자리가 있었다. 십자가 형태의 수사들의 묘지는 하느님 앞에서는 누구든 한 사람의 개인일 뿐이라는 의미를 담고 있다.

체르토사 디 파비아 수도원 ©김상희 ▶

밀라노의 상속자이자 첫 번째 공작인 잔 갈레아초 비스콘티Gian Galeazzo Visconti는 건축가 마르코 솔라리Marco Solari에게 체르토사Certosa 건설을 의뢰하고 1396년 8월 27일 정면의 얕은 부조 같은 초석을 놓았다. 1453년 완공된 성당은 롬바르디풍 고딕 양식을 띠고 있다. 이곳에는 오랜 역사만큼이나 예술적 가치가 높은 작품들이 많다. 예수와 마리아 막달레나 성녀, 최초의 은수자 성 안토니오 등의 성화를 비롯, 체르토사 수도원 완공 이후 설치된 첫 상아 제단 등 볼거리가 많다. 세상에서 가장 아름다운 성당을 지어달라고 했던 비스콘티 공의 바람대로 성당은 아름다운 외관과 내부 장식으로 유명하다. 덕분에 이곳은 관광지로서도 잘 알려져 있다.

1782년 카르투시오회는 오스트리아의 요제프 2세 황제에 의해 체르토사에서 추방되었고, 1784년에는 시토회에 의해, 1789년에는 가르멜회에 의해 대체되었다. 1810년 1843년에 수도원은 카르투시오회가 다시 인수할 때까지 폐쇄되었다가, 1866년 국가 기념물로 지정되어 이탈리아 국가에 의해 수용되었지만, 현재 수도원에 살고 있는 수사들은 1960년대부터 정착한 시토회 수사들이다. 베르나르도가 창설한 시토회 수사 일곱 명이 생활하며 성당을 관리하고 있다. 카르투시오회 수도자들은 없지만 그 모습을 잘 유지하고 있었다.

회랑에서 바라본 체르토사 수도원의 내부 정원(좌)과 수사들의 개인방

살레시오회

Societas Sancti Francisci Salesii

청소년들의 스승이요 아버지라고 불리는 성 요한 보스코1815-1888 신부가 1859년 이탈리아 토리노에서 설립한 가톨릭 수도회이다. 보스코가 수도회의 이름을 '살레시오'로 한 것은 프란치스코 살레시오 성인1564-1622이 지녔던 온유함이야말로 청소년 사업에 가장 필요한 마음가짐이라고 보았기 때문이다. 살레시오회는 설립자의 가르침에 따라 청소년이 신앙과 사랑에 바탕을 둔 원만한 인격을 형성할 수 있도록 교육하는 것을 주요 사도직으로 한다.

성 요한 보스코는 종종 돈 보스코로 불리는데, '돈 보스코'는 이탈리아어로 '보스코 신부'를 의미한다. 대담한 용기를 가진 사람이었던 그는 하느님께서 젊은이들과 불우한 사람들을 돕고 교육하는 것뿐만 아니라 그들과 함께 천국을 향해 여행하는 데 헌신하는 수도 가족을 세우는 일에 사용하신 도구였다. 주님께서 우리에게 주신 제일 큰 계명 '사랑'은 성 요한 보스코 성인이 청소년을 위한 수도회 살레시오회를 만들 수 있었던 원동력이 되었다. 이태석1962-2010 세례자 요한 신부도 살레시오회 출신 아프리카 선교사였다. 그분도 자신의 모든 것을 버리고 가난한 이와 함께하는 삶을 선택했다. 이웃을 사랑하기에 자신을 내어놓을 수 있었고, 그들의 부족함을 채워줄 수 있었다. 이태석 신부가 한국에서 아프리카 남수단 톤즈까지 갈 수 있었던 원동력도 '사랑'이 있었기에 가능했다.

살레시오회가 설립된 토리노에는 창설자 성 요한 보스코의 숨결이 여전히 남아 있다. 성인이 선종하기 전 2년 동안 사용했던 제단을 비롯해, 사제복 등이 잘 보관돼 있어 마치 그를 만나는 듯했다. 요한 보스코가 생활했던 방과 선종했던 방도 온전히 보존돼 있는데 침대와 책상, 액자까지도 모두 성인이 사용했던 그대로다. 심지어 몸이 쇠약해진 성인이 물을 마실 수조차 없게 되자 입술에 축였던 물도 남아 있다. 그의 흔적을 따라가다 보면 청소년에 대한 성인의 사랑을 쉽게 찾아 볼 수 있다. 특히 '카테드라 디 보나노테'에서도 사랑의 흔적이 느껴진다. 성 요한 보스코는 매일 저녁 카테드라 디 보나노테에 올라가 꿈이나 그날 있었던 재미있는 에피소드를 나누며 청소년과 인사를 했다. 하루를 마치는 마지막 순간까지도 청소년들과 함께하고 싶어했던 그의 마음이 전해졌다. 성당 안에는 성 요한 보스코의 유해가 보존돼 있는데, 두개골은 베개 내부에 있고, 유해 중 얼굴 부분은 조각으로 만들어졌다. 성 요한 보스코의 제자 성 도미니코 사비오와 살레시오 수녀회 창설자 성 마리아 마자렐로의 유해도 함께 모셔져 있다. 살레시오회는 한국에는 1954년에 진출했고, 현재 열두 개 공동체에 백스물네 명의 회원이 있으며, 복지 차원에서 운영하는 성 요한 보스코센터와 살레시오 청소년센터, 나눔의 집(그룹홈) 등과 광주 살레시오고와 대안학교, 본당 주일학교 청소년을 대상으로 하는 살레시오 여름신앙학교가 유명하다.

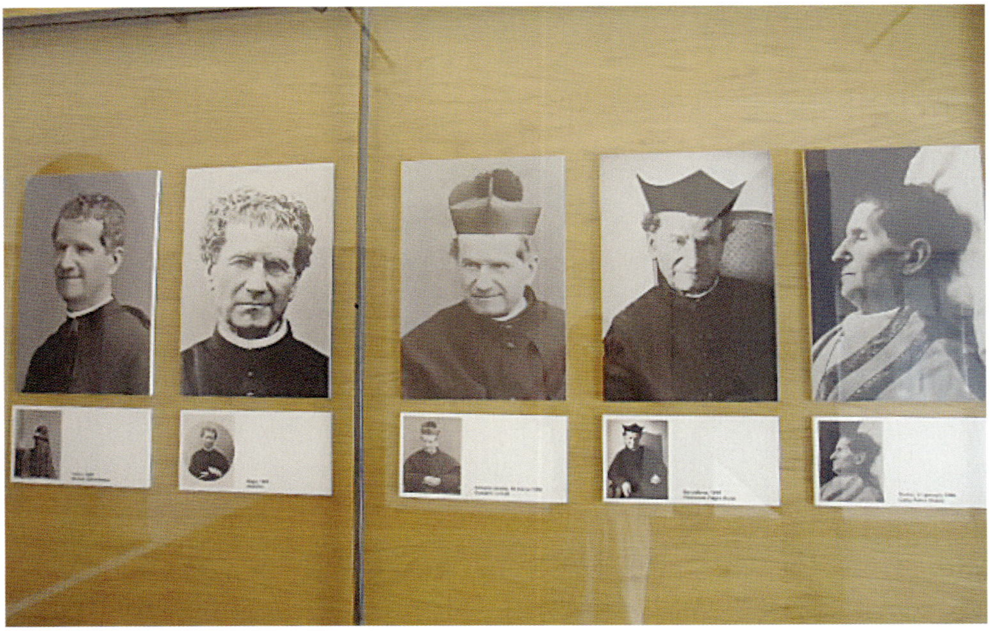

성 요한 보스코의 여러 모습들

1815년 8월 16일 이탈리아 북부의 카스텔누오보 다스티Castelnuovo d'Asti라는 이탈리아 작은 마을에서 태어났다. 요한에게는 앤서니와 조셉이라는 두 형이 있었다. 이들의 아버지 프란시스는 존이 겨우 걸음마를 뗀 아기였을 때 세상을 떠났다. 존은 어렸을 때 가족의 양들을 돌보았다.

1841년 토리노교구 사제로 서품을 받은 요한 보스코는 가장 먼저 소년원에 수감된 소년 죄수를 찾아갔다. 1841년 12월 8일에 그 지역의 노숙자 소년인 바르톨로뮤 가렐리를 만났다. 성 요한 보스코는 결국 가렐리와 그의 친구들에게 음식, 게임, 교리 문답 수업을 제공했다. 당시 이탈리아는 국가 통일운동과 산업화로 인해 수많은 가정들이 해체되었다. 그런 사회 환경 속에서 불우한 청소년들은 그대로 방치되고 말았다. 아무도 관심없던 청소년들에게 따뜻한 눈빛을 보냈고, 뜨거운 마음으로 감싸 안았던 사람이 요한 보스코 성인이다.

젊은이들을 위한 성 요한 보스코의 활동은 성장했고, 젊은이들이 모여들기 시작했으며, 결국 살레

성 요한 보스코 선종 후, 제자들이 그의 모습을 볼 수 있도록 앉혀 놓았다는 의자(좌)와 성 요한 보스코의 유해

시오회 사제와 형제들이라고 불리는 성 요한 보스코의 추종자들을 형성했다.

성인이 수도회를 설립할 뜻을 밝히자 기꺼이 참여했다. 1859년 열일곱 명의 청소년들과 함께 살레시오회를 설립했고, 10년 후인 1869년 교황 비오 9세에 의해 정식 승인을 받았다. 성 요한 보스코는 온유의 성인, 애덕의 박사로 불리는 프란치스코 살레시오1564-1622성인이 지녔던 온유한 마음이 청소년 영혼 구원 사업을 실현하는데 필요한 요소라고 생각하고, 수도회 이름을 '살레시오회'로 정했다. 1888년 1월, 성 요한 보스코는 열이 나서 침대에 누웠는데, 의사들은 그의 몸이 완전히 지쳤다고 말했다. 1888년 1월 31일 선종한 그는 1934년 4월 1일 교황 비오 11세에 의해 시성되었다.

포콜라레
Focolare

역사가 없다면 현재도 없듯 영성도 마찬가지다. 영성을 찾기 위한 신앙선조들의 노력이 없었다면, 이천여 년 가톨릭교회가 그 맥을 이어올 수 없었으며 시대의 요구에 따르는 새로운 영성을 내놓을 수도 없었다. 끼아라 루빅Chiara Lubich, 1920-2008에 의해 시작된 '포콜라레' 역시 과거의 가톨릭 역사가 이어져 왔기에 가능했다. 새로운 계명 '사랑'을 현대에게 실천하도록 독려하는 포콜라레는 하늘에서 뚝 떨어진 선물이 아니라, 시대의 변화에 항상 귀 기울이는 교회의 역사가 만들어낸 결과물인 것이다.

피렌체 근교의 작은 언덕에 위치한 로피아노는 포콜라레, 즉 마리아 사업회(교황청에서 'work's of Maria' 라는 이름으로 공식 인준을 받음)의 본부가 있는 소도시다. 오직 복음 안에서 일치되어 하나되는 것을 모토로 살아가는 공동체의 본부에는 공동 숙소, 공장, 대학, 성당, 농장, 공연장, 학교 등이 있으며, 이탈리아어로 '벽난로'를 뜻하는 포콜라레는 가톨릭 영성 운동 중 하나다. 끼아라 루빅이 창시한 영성 운동의 근본은 복음에 있다. 공동체 구성원 간의 '일치'는 포콜라레의 중요한 영성이며,

사회 신분과 성소에 관계없이 누구나 참여할 수 있다는 점이 이 운동의 특징이라고 할 수 있는데 현재 전 세계 82개국에 확산된 운동에는 평신도는 물론 수도자와 사제 등 이백만 명이 참여하고 있다.

'일치'는 운동 구성원 안에서만 이뤄지는 것이 아니며, 포콜라레 활동 중에서도 '다른 종교, 다른 그리스도 교회들과의 대화'와 '다른 신념을 지닌 사람들과의 대화'가 포함돼 있다는 점에서도 이를 확인할 수 있다. 포콜라레 회원들은 불교, 힌두교, 이슬람교, 유대교, 시크교, 유교, 도교 등과 활발히 대화를 나누는데, 아시아에서는 태국의 테라바다 소승 불교, 일본의 텐다이 정통 불교, 인도의 샨티 아쉬람 공동체 등과 삶을 통한 대화를 이뤄나가고 있다. 또한 삼백여 개가 넘는 개신교 교회와도 접촉하며 복음적 사랑을 통한 그리스도교간의 일치를 이루고자 애쓰고 있으며, 포콜라레 운동 목적인 "그들이 모두 하나가 되게 해 주십시오"(요한 17,21)를 실현시키기 위한 부단한 노력이 끊임없이 이어지고 있다.

성당 안은 넓고 별다른 장식이 없이 깨끗하고 확 트여 있었는데, 제대쪽 창은 스테인글라스로 장식되어 있고, 하나의 돌로 된 제대는 색채없이 포도나무 등이 새겨져 있다. 독서대도 제대와 같은 재질의 하얀 돌이었는데, 역시 무엇인가 새겨져 있었다. 해설대는 따로 없고 주례 사제가 아주 간단히 우리 순례단을 소개했다.

제대 뒷면의 감실과 성체등이 인상적이었는데 한국의 한혜경 작가가 동참했다고 한다. 사람들은 뒤로 돌아 들어가서 성체조배를 하고 있었는데 이는 주님과 분리됨으로써 고통스러운 인간들이 주님과 하나되고자 하는 열망이 곧 종교요 신앙이기에 포콜라레는 일치를, 즉 하느님과 사람들과의 일치를 추구함을 상징한다고 했다.

피렌체 근교 인치사의 작은 언덕 위에 세워진 포콜라레 소도시 로피아노, 지형이 아시시와 닮은 이 도시에는 매년 전 세계 삼만 명 이상의 사람들이 방문하는데, 가톨릭 성직자, 수도자, 평신도뿐 아니라 타종교 신자와 무신론자까지도 찾는다고 한

2004년 세워진 천주의 성모 마리아 성당 출처: https://www.focolare.org/

성당 내부

다. 이유는 단 하나, 바로 '복음 안에서 하나되는 일치의 삶', 즉 포콜라레 정신을 배우기 위함이다.

1964년 엘레토 폴로나리가 기증한 땅에 설립된 로피아노에는 가정집과 공동 숙소, 학교, 단과대학, 공장, 농장, 공연장 등 여러 시설들이 갖춰져 있어 말 그대로 포콜라레 운동을 배우기 위한 하나의 작은 도시다. 학교도 사제학교, 수도자학교, 젊은이들 학교, 가정학교 등 세분화되어 있는 이곳에서 2-3년 간 그리스도인으로서 봉헌의 삶을 수련하고 각자의 나라에서 로피아노의 삶을 재현하기 위해 노력한다.

현재 로피아노에는 팔구백여 명이 머무르고 있는데, 그중 대부분이 외부에서 온 사람들이며 칠팔 명의 한국 신자들도 있다. 이들은 모두 각자 정해진 작업장에서 일하며, 사랑을 바탕으로 살아가고 노동을 통해 얻은 소득마저도 공동으로 나눈다.

포콜라레 소도시에서만 볼 수 있는 '경제공동체'도 로피아노 근처에 위치하고 있는데 1991년 브라질 포콜라레 소도시 아라첼리를 방문한 끼아라 루빅은 고층 건물의 부촌과 빈민촌을 번갈아 보면서 빈부의 격차를 실감했다고 한다. 그렇게 시작된 것이 '공유의 경제'이고, 이후에 경제공동체가 구성되었다.

1920년 1월 22일 이탈리아 트렌토에서 태어난 끼아라 루빅은 어릴 때부터 '복음을 생활화한 인물'이었다. 가톨릭 가정에서 나고 자란 끼아라 루빅은 신앙에 기반을 둔 삶을 영위하려는 강한 소망을 지니고 있었다. 제2차 세계대전으로 인해 인간에 대한 실망, 심리적 공황 등이 팽배하던 1940년대 유럽에서 끼아라 루빅은 '사랑'이라는 가치에서 이 시대가 가지고 있는 문제의 해결책을 찾았다. 모든 공동체가 완전한 사랑이 되자는 것이었다.

가난한 이, 병든 이 등을 찾아다니며 온종일 "가장 작은 이들 가운데 한 사람에게 해 준 것이 바로 나에게 해 준 것"(마태 25,40)이라는 말씀을 살았다. 성모 마리아가 보여 준 사랑과 신앙의 모범을 삶 속에서 실천해 나가는 것이 포콜라레 운동의 핵심이다. 남을 탓하기보다는 자기 안에서부터 나오는 작은 사랑의 실천이 세상과 인간을 치유할 수 있을 것이라고 생각했다.

끼아라 루빅은 자신의 복음 실천으로 자신뿐 아니라 친구들, 타종교 이웃들, 전 세계 사람들까지 하느님 사랑 안에 하나 되게 했다. 1943년 12월 7일 하느님께 자신을 봉헌하겠다고 맹세한 끼아라 루빅은 복음적인 삶으로 친구들까지 서로 사랑하는 삶의 방식에 동참하게 되어, 몇 명의 여성 회원들과 함께 포콜라레 운동을 시작했다. 이후 1947년 트렌토 교구장에게 인가, 1953년 교황 비오 12세로부터 인준을 받았다. 1962년 교황 요한 23세가 최종 인준함으로써 교황청 소속 평신도 신심 단체로 활동하며, 전 세계로 확산될 수 있었다.

성공회와 개신교, 동방정교회 등의 인사들을 만나며 교회 일치에 기여하며, 사랑 안에 하나되고자 한 끼아라 루빅의 활동들은 포콜라레Focolare·벽난로 운동으로 자리잡아 현재에도 전 세계 180여 개국에서 일치의 영성을 전하고 있다.

순례 일정 중에 스페인의 산티아고 가는 길을 짧게나마 체험하는 시간을 가졌다. 스페인은 여러 이유로 우리에게 그립고 아름답고 정겨운 곳이고 또 신앙의 유산을 만날 수 있기 때문이었다. 사라고사의 미사와 소년 성가대의 높은 소리와 바르셀로나의 자유와 예술, 그라나다의 낭만과 코르도바의 오렌지나무와 이슬람 사원의 성당, 그리고 세비아의 오래된 골목길과 성당과 광장, 아빌라 성곽을 돌며 만난 석양의 넓은 들판과 산 세바스찬의 별빛과 아침노을로 물든 바다, 세고비아의 고색창연함과 성채, 부르고스의 회색빛과 로욜라의 개울물과 오르간 반주가 울리던 성당, 또 산타 클로스 차림 같은 주교들의 미사가 진행되던 오래된 도시 살라망카, 마라케시와 바다, 그리고 작은 소읍들과 중세의 짙은 냄새가 밴 톨레도, 그 모든 곳들이 신앙으로 점철된 문화의 도시였다.

포르투갈 순례 중에 성모신심 순례지인 파티마에도 방문하게 되었다. 수도원 순례의 컨셉과는 별개로 순례단의 요청에 따라 파티마 성모님의 세 목격자인 루시아, 히야친타, 프란치스코의 생가를 방문했다.

파르마는 지휘자 아르투로 토스카니니의 고향이며, 파마산 치즈가 생산되는 지역으로 유명하다. 중세에는 학예와 농업의 중심지로 명성을 날렸지만 두우모 광장을 본 사람들은 이곳이 이탈리아에서 가장 아름다운 도시라고 감탄해 마지 않았다.

12세기 지어진 성당과 세례당은 로마네스크 양식의 정수라고 할 수 있는데, 세례당의 의미는 한국 교회 신자들에게는 생소하다. 중세의 성당은 그 자체가 하느님의 집으로 인식돼, 세례를 받지 않은 사람들의 출입이 엄격하게 제한되었다. 성당 바로 옆에 위치한 세례당에서 세례 예식을 치르고 하느님의 자녀가 된 이후에나 성당에 들어갈 수 있었기에 세례당은 성당 못지 않게 유럽 교회에서 중요한 의미를 지녔다.

대성당의 현재 모습은 1117년 지진으로 붕괴되었다가 재건축된 것으로, 고딕 양식처럼 창문이 많지 않지만, 발코니 형태로 가창을 만들어 건물의 미적인 감각을 더했다. 파르마에 오면 절대 빼놓을 수 없는 관광지로 꼽히는 대성당에는 꼭 봐야 하는 몇 가지 중요한 작품들이 있다. 로마네스크 시대의 걸작으로 알려진 부조 〈십자가에서 내려지는 예수〉와 르네상스 대표 작가인 안토니오 다 코레조Antonio Da Correggio, 1489-1534의 돔 천장화 〈성모 승천〉Assumption of the Virgin이다. 빛과 색채를 다루는 달인이라고 불린 코레조는 상상 속 천상의 모습을 담아냈는데, 높은 돔에 그려진 작품은 마치 성당이 하느님의 나라인 듯 착각을 불러일으켜, 진정한 하느님의 집은 어떤 곳인지 알려 주고 있었다.

산티아고 가는 길

파티마에서의 미사 봉헌

토리노의 수의가 있는 토리노 대성당

8차 수도원 순례

2013년 1월 12일(토)-23일(수)

오스트리아
- 클로스터노이부르크 수도원
- 알텐부르크 수도원
- 츠베틀 수도원
- 괴트바익 수도원
- 멜크 수도원
- 장크트 플로리안 수도원
- 크렘스뮌스터 수도원
- 제카우 대수도원
- 성 람브레히트 수도원
- 성 게오르겐베르크-피히트 수도원
- 슈탐스 수도원

독일
- 프라우엔킴세 수도원
- 샤이에른 수도원
- 에탈 수도원

이탈리아
- 마리엔베르크 수도원
- 노이슈티프트 수도원

스위스
- 아인지델른 수도원
- 무리-그리스 수도원

8

베네딕토 성인의 가르침을 따라 살아가는 수도자들과의 만남

너희는 맛보고 눈여겨보아라,
주님께서 얼마나 좋으신지!
행복하여라, 그분께 피신하는 사람!
(시편 34,9)

오스트리아를 일컬어 '수도원의 나라'라고 한다. 국민의 수와 영토의 크기에 비해 수도원이 많기 때문이다. 그래서 독일어로 오스트리아를 Österreich로 부르지만, 때로는 농담으로 수도원[Kloster]의 나라[Reich] 'Klosterreich'라고도 한다. 그만큼 오스트리아는 합스부르크 왕가의 보호와 도움으로 수도원이 번창할 수 있었다.

8차 수도원 순례는 베네딕토 수도회를 중심으로 오스트리아의 다양한 수도원과 독일어권인 스위스와 독일의 수도원과 북부 이탈리아 수도원을 순례하고 그 수도원의 삶과 영성, 그리고 문화를 체험하고자 하였다. 오스트리아와 독일, 이탈리아, 스위스 4개국에서 10박 12일간 진행된 8차 수도원 순례는 베네딕토 성인의 가르침을 따라 살아가는 수도자들과의 만남을 중심으로 이어졌다.

"수도원 순례를 하는 이유는 스물네 시간 주님 안에 침잠하고 싶어서, 참 그리스도인으로 살고 싶어서, 기도하고 싶어서, 주님을 만나 내 마음을 말씀드리고 싶어서…" 이번 순례에 함께하신 한 분의 글이 마음으로 와 닿는 여정이었다.

클로스터노이부르크 수도원

Stift Klosterneuburg

클로스터노이부르크 수도원은 8차 순례 여정의 시작점인 빈 인근에 위치해 있다. 빈 생활을 하는 동안에 심신이 지칠 때면 자주 찾던 곳이기도 하고, 한국에서 손님이 방문할 때도 곧잘 안내하던 곳이다. 클로스터노이부르크는 도나우강 서쪽 기슭과 빈 숲 북쪽에 위치한 오스트리아 북동부의 작은 도시로 원래 로마의 요새였지만, 나중에 레오폴드베르크 성과 클로스터노이부르크 수도원이 들어섰다.

무채색의 도시 빈을 떠나 순례단은 버스로 30분 정도 달려 언덕 위 웅장한 클로스터노이부르크 수도원에 도착했다. 산과 강, 빼어난 자연 경관에 둘러싸인 레오폴드의 성 근처에 있는 수도원은 중세와 현대, 그 사이 어느 지점에 서 있는 기분을 들게 했다. 입구는 현대 건축물에서 흔히 보는 자동문이지만 그 문을 지나 몇 개의 계단

클로스터노이부르크 수도원

을 오르면 중세 때부터 굳건히 자리를 지켜온 육중한 철문과 마주하게 된다.

곳곳에 900여 년의 시간을 품고 있는 클로스터노이부르크에는 제2차 바티칸 공의회 전례 개혁에 의한 오늘날의 미사 양식을 만들고 실험하던 경당도 남아 있다. 제2차 바티칸 공의회를 통해 실현된 획기적인 개혁 중 하나가 전례 부분인 만큼 당시 공의회 위원들은 미사 쇄신을 위해, 요즘과 같은 잔치와 만찬 형태의 미사를 봉헌할 수 있는 제대와 독서대 등을 만들어 이곳에서 실험적인 미사 봉헌을 실시했다.

오스트리아 아우구스띠노회의 대표적인 수도원인 이곳의 아우구스띠노회 수도사제들은 수도복 위에 흰 띠를 두르고 있는데, 이는 모니카 성녀가 아들인 아우구스티노의 회개를 위해 눈물로 기도한 마음의 기억을 의미한다.

수도원 건물 2층은 원래 황제의 거처였으나 현재 수도원 박물관으로 사용되고 있다. 열두 개의 방에는 수도원이 수집해온 중세, 르네상스, 바로크 시대의 인상적인 종교적 물건과 보석, 미술품과 공예품, 르네상스 청동 컬렉션부터 20세기와 21세기의 다양한 종교 예술품으로 가득했는데, 그 가운데 수도원을 설립한 바벤베르크 가문의 가계도가 인상적이었다. 수도원 박물관의 가장 중요한 예술품은 중세 미술사에 있어 중요한 자료인 '베르둔' 제단으로, 이는 1181년 니콜라스 베르둔이 10년의 세월에 걸쳐 완성한 에나멜 패널 작품인데, 동판에 금장을 한 강론대 장식용이다. 이 제단은 세 개의 수평 면에, 오십한 개의 에나멜 패널로 구성되었고, 패널에는 신구약 성경 내용을 담았다. 뒷면에는 오스트리아에서 가장 오래된 네 장의 템페라화가 있는 '베르둔' 제단은 8세기가 넘는 세월을 보냈음에도 원형을 그대로 유지하고 있다.

수도원은 수세기 동안 오스트리아 문화, 정치, 종교의 중심이었던 반면, 질곡의 세월도 함께 품고 있다. 실제 수도원은 교회의 모든 이를 대신해 쉼 없이 기도하는 교회 쇄신의 디딤돌이었는가 하면, 외적 발전에 치우쳐 영적으로는 쇠퇴하면서 그 안에 세속적인 영향이 스며들기도 했다. 그럼에도 수도원들은 그때마다 세상의 영향력에서 벗어나, 복음으로 더욱 새로워지고자 '엄격함'을 발휘해 왔다. 익숙하거나 혹은 낡은 것에 머무르지 않고, 낯설고 새로운 것을 기꺼이 맞아들여 하느님께로 더 가까이 다가가고 있는 것이 수도원이 존재해 온 모습이었다.

이곳 수도원의 와이너리는 오스트리아 화이트 와인 최대 규모의 생산지여서 수도원 가까이에는 발효 향이 가득하고, 포도를 짜는 틀과 엄청난 크기의 오크통 등이 즐비하게 늘어서 있다. 도서관과 박물관까지 둘러보고 밖으로 나오니 눈발이 더 거세졌다. 수도원을 들어서면서 찍었던 장면과 순례를 마치고 찍은 사진을 비교해보니 완전 다른 세상처럼 하얗게 변해 있었다.

클로스터노이부르크 수도원은 1114년에 오스트리아의 수호성인인 바벤베르크의 성 레오폴드 3세와 그의 두 번째 부인 아녜스에 의해 설립되었다. 신앙심이 남달랐던 그는 클로스터노이부르크 외에도 많은 수도원을 짓는 데 힘을 쏟았다. 이러한 공로로 그는 오스트리아의 수호성인으로 공경받고 있기도 하다. 마리아 탄생Maria Gegurt을 기념하는 성당은 1136년에 축성되었는데, 17세기에 바로크 양식으로 새롭게 단장했다. 웅장한 수도원 건물 대부분은 1730년에서 1834년에 사이에 건축되어, 1879년 프리드리히 폰 슈미트의 계획에 따라 수도원 성당과 수도원이 복원되었고, 신고딕 양식의 쌍둥이 종탑도 이때 세워졌다. 아직도 수도원에는 12세기 건축물인 종탑과 고딕 양식의 성당이 존재한다.

제2차 바티칸 공의회 전례 계획의 모델을 연구한 경당(왼쪽 건물)이 있는 수도원 뜰

클로스터노이부르크 수도원에 있는 오스트리아 최고의 금세공 제단인 '베르둔 제단'

알텐부르크 수도원

Stift Altenburg

알텐부르크 수도원으로 이동하는 동안에도 많은 눈이 퍼부었다. 온통 새하얗게 변한 오스트리아, 어둠 속에 날리는 눈발을 보노라니 눈을 깜박거리는 시간조차도 아까웠다. 순례의 은혜를 기대하는 순례자들의 마음에 기대어 이렇게 평온한 마음으로 설경 속의 풍경을 바라보며, 소박한 신앙의 언어를 가슴 가득 채우는 선물같은 복된 시간, 은은한 배색의 집들과 평야, 사방 가득 멋지게 솟은 가문비나무들은 그 자체로 거대한 크리스마스 트리였다.

성 베네딕토 상의 상징인 깨진 접시와 하얀 눈 속에 유독 까만 까마귀 장식이 우리를 맞았다. 보석같은 도서관과 오로지 불빛만으로 장식된 큰 트리가 어둠이 내려앉은 알텐부르크 수도원을 찾은 순례객의 마음을 밝혀주었다.

알텐부르크 수도원 © C.Stadler/Bwag / Wikimedia Commons / CC BY-SA 4.0.

알텐부르크 수도원은 바로크 양식 아래 묻혀 있던 고딕 양식의 옛 성당과 수도원 공간 발굴 작업이 한창이었다. 그것은 마치 오롯이 간직해 온 전통 안에서 신앙 열정을 끌어올리는 모습과도 같았다. 고고학자들에 의해 지하 경당에서 중세 '수도원 아래의 수도원'이 드러났으며, 식당, 참사회의실, 수사들의 작업 및 생활 공간, 회랑, 필사본 보관소 및 고딕 양식의 성 비투스 경당이 발굴되었는데, '바로크의 진주'라는 수식어답게 화려한 장식들이 돋보였다.

특히 프레스코화로 18세기 말까지 오스트리아 회화계를 지배했다는 평가를 받는 파울 트로거Paul Troger의 작품을 가장 많이 보유하고 있는 이곳은 도서관과 성당, 대리석홀 등에서 정기적으로 가지는 다양한 음악 축제와 종교간 대화 행사 등으로 현대인들에게 다가가는 새로운 영성과 문화의 나눔을 실현하고 있다.

1114년에 건설된 바로크의 진주라고 불리는 알텐부르크 수도원은 오스트리아 남부 알텐부르크에 있는 베네딕토회 수도원이다. 도나우의 크렘스에 있는 발트 퓌어텔에서 북쪽으로 약 30㎞ 떨어진 곳에 위치하고 있다. 1144년 포이겐의 겝하르츠가 사망한 뒤, 포이겐 렙가우의 미망인인 힐데부르크 백작 부인의 도움으로 설립되었다. 1144년 슈타이어의 베네딕토회 수사 열두 명이 이곳으로 이

수도원 밑에서 발견된 지하 경당

주하여 성 람브레히트St. Lambrecht zu Altenburg 수도원으로 부르며 수도원을 시작하였다. 수도원의 현대화는 오스트리아에서 가장 저명한 예술가이며 프레스코화 대가 파울 트로거, 프란츠 요셉 홀진거, 요한 게오르그 호플과 같은 오스트리아의 가장 저명한 예술가와 장인의 지원을 받아 건축가 요셉 뭉게나스트가 총감독을 하였다. 초기 로마네스크 양식의 수도원을 대체한 바로크 양식의 건축물은 오스트리아에서 가장 훌륭한 건축물 중 하나로 알려져 있다.

츠베틀 수도원

Stift Zwettl

'츠베틀'은 슬라브어로, '스베틀라'svetla에서 유래되었는데, '숲 사이의 빈터'를 의미한다. 옛 로마령이며 그저 쓸모없는 땅이었던 츠베틀은 설경 속의 아름다운 오스트리아의 작은 마을로, 아주 작은 공소 정도의 한 칸짜리 작은 경당들이 눈에 많이 들어왔다. 집집에는 성모상이라든가 예수 상, 십자가가 집 밖이나 담, 지붕 아래에 모셔져 있었다.

멀리 눈 속에서 조금씩 츠베틀 수도원이 보이기 시작했다. 츠베틀 수도원은 시토회 수도원으로, 다른 수도원들과 마찬가지로 계곡, 특히 캄프강을 둘러 흐르는 물 안에 자리 잡고 있다. 도나우강의 북쪽인 만큼 산림도 아주 울창하다. 일반적으로 지붕 위에 성모님이 계시는데, 이곳은 예수님이 수도원 돔 꼭대기에 십자가를 옆에 들고서 계셨다. 츠베틀 수도원에서는 12세기에 지어진 오래된 석조 건물뿐 아니라, 14세기 로마네스크 양식과 18세기 증축한 바로크 양식까지 모든 건축 양식을 한번에 볼 수 있다. 18세기에 바로크 양식으로 개축된 후, 주요 건물들을 재건축하여 현재의 모습을 갖추게 되었다. 수백 년 전임에도 흐르는 물 위에 나무로 변기를 만들어 사용한 일종의 수세식 화장실도 보였다. 옛 것이 더 빛난다는 진리는 이곳도 예외가 아니었는데, 특히 12세기 지하 경당과 수도원은 옛 수도자들의 삶의 단면을 엿볼 수 있는 귀한 공간이었다.

츠베틀 수도원은 1137년 쿠엔링 하드마르에 의해 설립되었으며 하일리겐크로이츠의 수사 헤르만이 첫 번째 아빠스로 선임되었고, 하일리겐크로이츠 수도원의 분원이었다. 1138년 9월 15일에 수도원 축복식을 갖고, 1140년 교황 이노첸트 2세에 의해 정식으로 설립 인가를 받은 곳이다.

시토회 수도원이 강이 있는 계곡에 있는 것처럼, 캄프 강가에 지어졌다. 생업에 종사하는 시토회는 계곡에 수도원을 짓고 살며, 흰색의 수사복에 검정 스카폴라를 착용하기 때문에 농담으로 '얼룩말'이라고 불리기도 한다. 1159년에 성당, 참사실, 숙소 등이 세워졌고, 수도원 전체가 완공된 것은 1218년이었다. 서서히 장트 푈튼교구에서 가장 중요한 수도원 중 하나가 되었다. 1426년에 사천 명의 후스파들이 약탈하고 불태운 수도원은 아빠스 요한네스에 의해 재건되었다. 15세기 말경, 사십 명이 넘는 수도사들이 츠베틀 수도원에 거주하였지만, 개신교 종교개혁의 여파로 수도 공동체는 여섯 명의 수사와 한 명의 교구 사제로 축소되었다.

눈 덮인 츠베틀 수도원

바로크 시대 동안 에라스무스와 그의 후계자들에 의해 수도원은 다시 번성했으며, 30년 전쟁과 튀르키예 침략에도 불구하고, 수도원에 대한 지그프리트 투른 백작의 지원으로 파괴로부터 보호되었다. 아빠스 린크와 아빠스 멜키올의 재임 기간 동안 수도원의 많은 부분을 재건하고 보수하였다. 특히 멜키올 아빠스는 연구를 장려하고 수도원에 철학과 신학을 가르치는 학교를 개교하였다.

괴트바익 수도원

Stift Göttweig

괴트바익 수도원은 1차 때 순례한 곳으로, 이번 순례에서 다시 찾게 되었다. 좀처럼 멈출 것 같지 않던 눈이 잦아들면서 더 고요해진 설경은 알 수 없는 먹먹함을 안겨주었다. 하얀 눈 위의 까마귀는 더욱 새까맣게 보였고, 하얀 세상에는 차와 사람의 길만 구불구불 드러나 있었다.

오스트리아 수도원 순례는 남서쪽에서 시작해, 빈을 거쳐 다시 북서쪽 도나우강의 바카우Wachau 계곡을 거쳐 괴트바익 수도원으로 이르는 여정이었다. 바카우 지역은 괴트바익 수도원이 자리한 크렘스 지역에서 멜크 지역까지 도나우 강변을 따라 이어지는 약 35km 길이의 계곡 마을을 일컫는데, 이곳은 빼어난 자연 경관뿐 아니라 중세 시대부터 이어진 역사의 발자취를 고스란히 품고 있어, 지난 2000년 이 지역 전체가 세계자연유산으로 지정되기도 했다.

겨울의 바카우는 세계적인 백포도주 산지답게 눈 내린 산비탈에 아이스 와인을 위한 포도나무들이 즐비했다. 그림처럼 아름다웠던 여름의 바카우 계곡의 기억을 황량한 겨울 도나우강의 풍경이 덮어주는가 싶더니 바카우 계곡에 섬처럼 우뚝 솟은, 산꼭대기 요새처럼 서 있는 수도원이 눈에 들어왔다. 몬테카시노 수도원처럼, '하느님의 길'way of God이란 뜻을 가진 괴트바익은 우리를 천상으로 인도하는 곳 같았다.

멜크와 괴트바익 수도원은 두 차례에 걸친 대화재로 해발 422m 높이의 언덕에 세워진 성당을 비롯한 수도원 건물의 본래 모습을 거의 잃고, 현재 건물들은 18세기 바로크 양식으로 재건된 모습이다. 이 수도원의 일부도 파울 트로거의 프레스코화로 꾸며져 있으며, 대성당 내부는 푸른색으로 장식해 성모님께 봉헌한 성당임을 드러내고 있다. 지금의 웅장하고 화려한 수도원은 이후 아빠스 코트프리트 베셀이 마드리드에 있는 스페인의 궁전 에스코리알에 영감을 받아 지었는데, 그래서인지 수도

유네스코 세계문화유산 표지석 뒤로 보이는 괴트바익 수도원

파울 트로거의 프레스코화가 그려진 천장(좌)과 바로크 시대의 걸작 중 하나인 황제의 계단

원은 마치 궁전 같은 모양과 시설을 갖추고 있다. 수도원에는 왕족에게 어울릴 듯한 호화로운 거실이 있고, 바로크 시대의 걸작 중 하나인 황제의 계단Kaiserstiege이 있는데, 이 황실 계단이 오스트리아의 가장 큰 바로크 양식 건축물로, 이 계단을 장식한 프레스코화는 오스트리아 바로크 양식 건축의 걸작으로 평가받고 있다.

수도원 입구를 들어서니 원래 있던 옛 수도원이 마치 역사를 되돌린 듯 서 있다. 눈에 하얗게 덮인 자태가 너무 사랑스럽고 아름다워 추위도 잊고 하염없이 바라보았다. 폭설로 발이 묶이는 한겨울을 제외하면 유럽 수도원은 늘 순례객들로 북적인다. 일상을 뒤로하고 하느님 앞에 나를 내려놓으며 내 안에 신앙생활의 고요한 활력을 불어넣는 시간이 저마다에게 간절하기 때문일 것이다.

멜크 수도원

Stift Melk

움베르토 에코의 소설 『장미의 이름으로』로 더욱 유명해진 멜크 수도원으로 이동하였다. 마침 눈도 잠시 그치고, 파아란 하늘 아래 생각했던 것보다 화사한 수도원의 색감에 좀 어리둥절했다. 우선 규모가 너무 컸고, 금박이 들어간 곡선의 장식과 밝은 베이지와 핑크 컬러 등은 가난과 청빈의 수도원과는 다소 거리가 느껴졌다. 멜크 수도원 본관 현판에 "십자가 안에서 영광이 드러나리이다"ABSIT GLORIARI NISI IN CRUCE라는 글이 있었다. 시편 8장 5절의 "사람이 무엇이기에 이토록 돌보아 주십니까?" 하신 것처럼, 하느님을 체험한 선조들은 찬미와 감사를 표현하기 위해, 하느님 체험을 증거하기 위해 이 화려하고 웅장한 수도원 성당들을 지을 수밖에 없었으리라.

멜크 수도원도 1차 때 순례한 곳이지만 이번 순례에 함께한 분들 중 다수가 가보지 못한 곳이기도 하여 다시 찾게 되었다. 멜크 수도원은 오스트리아 최대의 바로크 건축물이자, 바로크 양식의 최고 걸작품이다. 멜크산 중턱에 둘레 320m, 높이 65m의 이 바로크 건축의 걸작이 하늘 높이 우뚝 솟아 있다. 바로크 양식 최고의 작품으로 꼽히는 제대를 비롯해 대성당 성물들은 화려한 순금 옷을 입고 있다.

오스트리아의 베네딕토회 멜크 수도원이 가까워질수록, 노란빛 화려한 색감과 한눈에 담기도 어려운 웅장한 규모에 감탄사가 절로 터진다. 이 수도원뿐 아니라 유럽 내에 현존하는 수많은 수도원 건물들을 마주하면, 그 규모와 화려한 꾸밈에 시선을 떼기 어려운 경우가 많다. 인간이 저마다 가진 모든 재능과 재물을 다 바쳐 하느님을 찬미하기 위해 쌓고 다듬은 봉헌의 결정체이기 때문이고, 그 가치는 교회사 안에서뿐 아니라 인류 문화역사 안에서도 보편적으로 인정받고 있다.

수도원에 들어서자 멜크 구시가지는 물론이고 도나우강과 멜크강이 한눈에 들어온다. 멜크 수도원은 바벤베르크 왕조 때 레오폴드Leopold 가문이 멜크 지역을 차지하

"십자가 안에서 영광이 드러나리이다."(ABSIT GLORIARI NISI IN CRUCE) 수도원 본관

며 시작되었다. 수도원 2층으로 올라가는 계단은 황제의 계단imperial Staircase이라고 불리우는데 과거 황제들이 머물던 궁전이기 때문이다. 마치 천상의 세계로 올라가는 것으로 착각될 정도로 아름다운 그림으로 가득한 나선형 계단이 있고, 196m에 이르는 황실 회랑의 북쪽 벽에는 바벤베르크와 합스부르크의 역대 황제 초상화가 나란히 걸려 있다. 황실 계단 왼쪽의 수도원 박물관에는 수도원의 역사와 문화를 한눈에 볼 수 있는데, '마음으로 들어라'는 주제로 꾸며진 말씀의 방을 시작으로, 인간이 하느님을 떠났을 때의 모습과 다시 찾아올 때의 모습 등을 묵상할 수 있는 열한 개의 전시실을 연이어 돌아볼 수 있다. 전시관에는 약 천 년 전에 만든 십자가가 있는데, 붉은색 꽃무늬 치마를 입으신 예수님이 양발은 따로 못에 찔렸고, 가슴은 상처 없이, 마르고 건조하게 표현된 십자가이다.

멜크 수도원은 천 년의 역사 동안 베네딕토회 수사들이 생활하며 이곳에서 교육하고 사람들을 돌보았다. 수도원의 박물관과 거대한 도서관이 웅변하듯이 이곳은 중세 시대 배움의 중심지였으며, 특히 세계에서 가장 인상적이고 유서 깊은 도서관을 가지고 있다. 이곳에는 9세기 초반에 쓰였다는 설교집을 비롯해, 10세기에 작성한 1천 8백 권의 필사본, 1501년 이전에 인쇄된 책이 8백 5십 권이나 있다.

멜크 수도원 도서관에는 아직도 세상에 밝혀지지 않은 많은 중세의 문학과 신학, 그리고 과학 문헌들이 묻혀 있는데, 최근에 코페르니쿠스 이전의 중세 천문학을 이해할 수 있는 텍스트가 멜크 수도원의 도서관에서 발견되었다. 〈장미의 가시〉The Rose Thorn라는 중세 '시'의 1500년경 필사본이 최고最古의 것인데, 멜크 수도원 도서관에서 발견된 필사본은 그보다 이백 년이나 앞선 것이다. 도서관은 수도자들이 지극히 가난한 생활을 영위하면서도 매일 난방에 힘쓸 만큼 귀하게 다듬어온 공간이기도 하다.

멜크 수도원 교회는 1701년 이후 건축가 야콥 프란드타우어의 계획에 따라 완전히 재건축되었다. 소설 『장미의 이름으로』에서의 멜크 수도원은 어둡고 음침한 이미

지이지만, 막상 본 실물은 화사하기 그지없었다. 멜크 수도원은 과거의 유산도 사라진 유물도 아닌, 지금도 끊임없이 새로운 것을 발견하고, 새로운 해석의 길을 열어주고 있다. 인근 지역 교육과 인재 양성의 요람으로 자리매김한 멜크 수도원 김나지움에는 현재 천여 명의 학생들이 재학 중이다.

장크트 플로리안 수도원
Stift Sankt Florian

8차 수도원 순례의 시작을 빈 외곽의 아우구스띠노회 수도원인 클로스터노이부르크Klosterneuburg에서 시작하였는데, 베네딕토회 수도원은 아니지만 오스트리아 아우구스띠노회 수도원 가운데 규모 면에서 가장 큰 수도원이며, 특히 오스트리아의 음악가이며 작곡가인 안톤 브루크너Anton Bruckner가 묻혀 있고, 안톤 브루크너가 이 성당의 오르간을 자주 연주한 곳으로 유명한 수도원이어서 순례하게 되었다. 눈 덮인 수도원은 고요한 침묵 속에 잠겨 있었고, 일상의 분주함에 지친 순례단에게 천상의 목소리로 초대하는 것 같았다.

장크트 플로리안 수도원에 도착하자, 햇볕이 비치면서 눈이 부신 설원이 눈앞에 전개되었다. 플로리안 성인은 홍수의 주보성인이고, 대장장이, 굴뚝청소부, 소방관의 주보성인이며, 린츠교구의 주보성인이다. 수도원 내부에는 플로리안 성인의 삶과 행적에 관련된 여러 가지 예술 작품들이 전시되어 있었다. 플로리안 성인이 소방관들의 주보성인이므로 오버외스트라이히 소방대 박물관이 수도원에 위치해 있다. 수도원 성당은 1999년에 소 바실리카로 승격되었다.

특이한 것은 장크트 플로리안 수도원에는 오르간이 두 개 있는데, 그중 큰 오르간이 '브루크너 오르간'Brucknerorgel으로 알려져 있으며, 네 개의 매뉴얼, 백세 개의 스톱,

칠천삼백사십세 개의 파이프를 포함하고 있다. 작곡가이자 오르가니스트인 안톤 브루크너가 1848년에서 1855년 사이에 수도원의 소년 합창단의 오르가니스트로 활약하였고, 시신은 오르간 소리를 가장 잘 들을 수 있는 곳에 묻어달라는 그의 유언에 따라 수도원 성당 오르간 아래층 지하에 안치되어 있다.

장크트 플로리안 수도원은 오스트리아 장크트 플로리안 마을에 있는 아우구스띠노회 수도원이다. 9세기 초에 설립되었고 11세기에 아우구스티노 수도회에 의해 재건축된 장크트 플로리안 수도원은 오버외스트라이히에서 가장 큰 수도원으로, 멜크 수도원, 클로스터노이부르크 수도원과 함께 가장 인상적인 바로크 건축물 중 하나다. 수도원은 플로리안 성인의 이름으로 봉헌되었다. 성인의 4세기 무덤은 수도원 아래에 있다.

눈 속에 고요함을 묵상하게 하는 수도원

이곳은 1071년부터 아우구스띠노회 수도 공동체의 본거지였으며, 아우구스띠노회 규칙을 따라 생활하는 세계에서 가장 오래되고 현재도 생활하고 있는 수도원 중 하나다. 1686년에서 1708년 사이에 장크트 플로리안 수도원 건물은 카를로 안토니오 카를로네Carlo Antonio Carlone에 의해 바로크 양식으로 건축되었고 오버외스트라이히 지역에서 가장 큰 바로크 양식의 수도원이 탄생했다. 수도원의 프레스코화는 바르톨로메오 알토몬테Bartolomeo Altomonte의 작품이다.

수도원 도서관에는 많은 도서를 포함하여 약 십삼만 권의 관련 도서를 소장하고 있다. 갤러리에는 16세기와 17세기의 수 많은 작품이 전시되어 있으며, 특히 알브레히트 알트도르퍼Albrecht Altdorfer의 도나우 학파의 중세 후기 작품도 전시되어 있다. 또한 1827년에 폴란드 출신 요셉 크멜 신부가 수도원에서 가장 오래된 폴란드 문학 유물 중 하나인 라틴어, 독일어, 폴란드어로 된 시편이 포함된 사본을 발견했다. 발견된 장소의 이름을 따라 장크트 플로리안 시편이라 불리고, 현재 폴란드 국립도서관에 보관되어 있다.

안톤 브루크너의 오르간(좌)과 수도원 성당 파이프 오르간 아래층 지하에 안치된 안톤 브루크너의 관

크렘스뮌스터 수도원

Stift Kremsmünster

크렘스뮌스터 수도원은 오버외스트라이히의 크렘스뮌스터에 있는 베네딕토회 수도원으로, 이 지역의 정신적, 경제적 중심지로, 천문대(1750년에 건설된 수학 타워)와 고등학교로도 유명하다. 성인의 영적 모범을 따르는 크렘스뮌스터 수도원은 오스트리아 수도원 중 가장 긴 역사를 품고 있다. 777년 설립된 이후 여러 지역에 베네딕토회가 진출하고 성장할 수 있도록 돕는 영성의 요람으로서도 큰 역할을 해왔다. 크렘스뮌스터는 이 긴 역사상 처음으로 한국인 순례단을 맞이했다.

수도원 성당 입구에는 창세기 28장 17절의 말씀이 기록되어 있어 이 수도원이 하느님과 함께 머무르는 하느님의 장소임을 의미하고 있다. 이처럼 수도원의 수도자들의 모습은 성당 입구에 커다랗게 새겨진 성경 말씀을 수차례 뒤돌아보게 한다. 특히 크렘스뮌스터에서 만날 수 있었던 가장 큰 신앙의 선물은 거센 영적 풍파 속에서도 끊임없이 쇄신의 길을 걸어온 수도자들의 발자취였다. 여러 귀족들과 성직자들의 다툼, 전쟁, 특히 종교개혁의 흐름 안에서도 수도자들은 베네딕토 성인의 가르침에 따라 엄격한 규율을 유지하고 기도함으로써 교회의 뿌리를 더욱 탄탄히 해왔다.

크렘스뮌스터 수도원은 그 웅장한 위용에서부터 눈길을 끄는데, 이십여만 권의 책을 소장하고 있는 도서관과 성물 보관실, 황제의 홀 등이 들어선 수도원 남쪽 건물은 길이가 무려 290m나 된다. 대형 천문대와 자연사 박물관 등을 갖춘 '수학 타워'도 수도회가 보유한 이름난 유산이며, 타실로의 성작Tassilokelch과 손으로 직접 써서 만든 복음서 등도 대표적인 보물로 꼽히는데, 유명 회화 작품도 사백오십 점이나 소장돼 있다. 1689년에 완공된 도서관은 현재 일부분만 순례객들에게 공개하고 있다.

16세기에 설립한 학교는 물론 청소년 센터를 통해 지역사회 청소년들의 전인적 교육에 힘쓰는 모습도 주목할 만하다. 분주한 듯 보이는 일상에서도 기도 시간이면 어김없이 모든 일을 내려놓고 하느님 앞에 겸손히 모이는 수도자들은 참으로 교회 신앙의 증거자들이다.

수도원 순례가 주는 은총은 신앙인의 삶에서 영과 육의 조화로움을 추구하고, 영육의 상태를 점검하는 계기를 선사하는 것이다. 수도원은 물리적 공간(건물, 토지 등), 상징적 공간(하느님이 실제로 계시는 곳이며 사랑의 학교로서), 거룩한 공간(전례, 기도, 침묵, 정결, 청빈 등 하느님의 집이며 예수 그리스도의 몸이다)으로서 존재한다. 인간의 눈으로 보면 외진 산속에 있는 외로이 존재하는 수도원이라고 볼 수 있지만, 하느님께서 계시기에 인간의 안식처이고 영혼의 쉼터가 된다.

사순 시기에는 육식을 금지하였기에 물고기(송어)를 양식하여 수도자들과 신자들에게 보급하기 위한 양어장이 있었는데, 양어장에는 물고기를 양식하는 다섯 개의 웅장한 물동이가 있다. 이 양어장은 카를로네와 프란트타우어가 건립하였고, 양어장

크렘스뮌스터 수도원(좌)과 바로크 양식의 천문대인 수학 타워(Mathematischer Turm)

가운데 있는 조각상은 물을 공급해 주는데 각각 삼손, 다윗, 해왕성, 트리톤, 사도 베드로, 토비아를 나타낸다.

크렘스뮌스터 천문대는 1749년에서 1758년 사이에 지어진 유럽 최초의 고층 건물로 간주되는데, 높이는 약 51m로 훨씬 더 높은 수도원 성당의 종탑과 대조적으로, 여섯 개의 하중을 지탱하는 중이층中二層 때문에 건축에 어려움이 많았다고 한다. 더 나은 관측을 위한 시야 확보를 위한 목적으로 설계된 관측소는 세계에서 가장 오래된 관측소 중 하나로, 일부 유명한 천문학자들뿐 아니라 최대 세 명의 수도자가 이곳에서 관찰자로 일했다. 1763년부터 기상 관측소에서 기상 관측이 이루어졌으며, 1767년부터 현재까지 지속적으로 기온이 기록되고 있으며, 중단없이 이백사십 년에 걸쳐 측정 기록을 자랑할 수 있는 세계 유일의 기상 관측소다.

대표적인 보물, 타실로 성작(좌)과 중세시대부터 사용되어온 수도원의 물고기 양어장

제카우 대수도원

Stift Seckau

버스는 흩날리는 눈발을 헤치며 더 깊은 알프스 산속으로 달렸다. 알프스의 심장인 오스트리아의 아름다운 계곡에 눈길이 호사로움을 느낀다 싶었는데 제카우 마을로 향하는 버스가 산으로 오를수록 눈이 폭죽처럼 쏟아졌다.

수도원 가까이 다다랐을 때 성당 위로 솟은 로마네스크 양식의 거대한 종탑 두 개가 순례객들을 반겼다. 이 대성당은 지난 1930년 교황으로부터 '소 바실리카'로 지정되었다. 슈타이어마르크 지방에 위치한 제카우 대수도원은 오스트리아의 귀중한 문화유산으로 꼽히는데 이전에 둘러본 크렘스뮌스터, 멜크, 괴트바익 수도원들과 비교해 보면 또 다른 웅장함을 드러낸다.

"내 마음을 열고 가난한 사람을 생각하라"는 영성으로 살아가는 수도회의 붉은

제카우 대수도원(좌)과 제단의 십자가

천은 뜨거움과 평화 즐거움을 나타낸다. 성당에는 팔백 년 된 로마네스크 양식의 십자가 위 예수님은 팔 중간을 굽힌 채 W자로 매달려 있는데, 고통스런 예수님은 오상을 특히 강조한다. 나무로 만든 로마네스크 양식의 십자가형 그룹은 철 사슬과 결합된 참나무 들보로 만든 서스펜션으로 높은 제단 위에 떠 있다. 구리 기둥은 로마네스크 양식으로 거대하고 지붕은 화재 후에 고딕 양식으로 만들었다. 제대 뒤 천장은 나무로, 예전 모습이 남아 있다. 16세기에 바로크 양식으로 변경한 성당에는 120년 된 구유가 있다. 우리는 이 수도원을 보기 위해 오전 내내 산길을 달려온 것이다.

알프스 깊은 산중 해발 850m. 성모 수도원으로 불리는 제카우 수도원은 오스트리아 슈타이어마르크에 있는 베네딕토회 수도원이다. 1140년에 아달람은 사냥을 하다 잠이 들고 나무를 자르라는 성모님의 꿈을 꾼 후 수도원을 세우는데, 크니텔펠트 근처 상트 마라인St. Marein에 아우구스띠노회 수도원을 설립했다.

피카소 풍으로 표현한 요한 묵시록 프레스코화

1164년 9월 16일 브릭센의 하르트만 주교가 1143년에 건축된 로마네스크 양식의 교회를 축성했다. 1218년에 교황 호노리오 3세의 지시로 잘츠부르크 대주교 에버하르트 2세에 의해 잘츠부르크대목구 제카우교구가 설립되었다. 수도원 성당은 주교좌 대성당이 되었고, 오늘날까지도 산속의 대성당으로 불리운다.

1491년까지 제카우에는 아우구스띠노회 수녀원이 있었지만, 1782년에 황제 요셉 2세에 의해 아우구스띠노회 수도원이 폐지되었고, 교구 소재지는 그라츠로 이전하였다. 1940년에 수도원은 국가사회주의자에 의해 폐쇄되었고, 수사들은 슈타이어마르크에서 추방되었지만 1945년 이후 수도원이 반환되면서 수도원은 다시 한번 재건을 위한 시기를 겪었다. 수도원 건물의 서쪽에 있는 두 개의 팔각형 종탑 높이는 143m로, 이 거대한 종탑과 대성당은 1625년에 지어졌다.

현대 미술 애호가들에게 있어 관심을 가지는 장소는 헤르베르트 뵈클Herbert Boeckl이 1952년부터 1960년까지 세카우 묵시록Seckau Apocalypse을 프레스코 기술을 사용하여 요한 묵시록의 주제를 묘사한 천사 경당으로, 피카소 풍으로 표현되어 있다. 수도원 김나지움은 오랜 기간 지역 사회 인재를 양성하는 구심점이 되어 왔으며, 현재도 삼백여 명의 학생들이 재학 중이다. 학생들의 수업이 끝나는 오후가 되면 수도원은 또 다시 깊은 침묵으로 들어간다.

성 람브레히트 수도원

Stift St. Lambrecht

성 람브레히트 수도원은 해발 1072m에 위치해 있는 오스트리아 슈타이어마르크 그레벤젠 자연보호구역에 있는 베네딕토회 수도원이다. 수도원 지역은 지르비츠코겔 그레벤젠Zirbitzkogel-Grebenzen 자연 공원의 일부다.

이 수도원은 1076년 카린티아 후작 마르크바르트 폰 에펜슈타인에 의해 설립되었고, 그의 아들 공작 하인리히 3세가 수도원 건립을 완료했다. 최초의 수사들이 베네딕토회 어느 모원에서 왔는지는 알려져 있지 않지만, 11세기의 첫 번째 성당은 숲속의 성 람브레히트 성당이며, 수도원은 1076년 이전에 근처에 세워졌다.

이 수도원은 1938년 나치에 의해 압류되어 1942년부터 1945년까지는 마우타우젠

Mauthausent 강제수용소에 수용된 나치 정권에 반대하는 이들을 강제 노역시키기 위한 수용소로 사용했다. 외부 보관 시설로 사용되었다가 전쟁 후 1946년에 수사들이 복귀하였다. 수도원 부지 내에 있는 두 성당은 수도원 성당Stiftskirche과 성 베드로 성당Peterskirche이다.

성 람브레히트 수도원은 베네딕토 성인의 수도 규칙을 따르고 있는 오스트리아의 대표적인 수도원으로, 현재 베네딕토회의 오스트리아 연합회에 소속되어 있다. 중세의 모든 수도원과 마찬가지로 수도원도 교육의 중심지였다. 1835년에 다섯 개 학급을 갖춘 시골 고등학교가 수도원에 세워졌고, 학교는 1932년까지 존재했다.

해발 1028m 산 위에 세워진 수도원 성당에 들어서면 한기가 먼저 사람을 맞이한다. 하지만 한겨울을 제외하고는 연중 다양한 콘서트와 모임, 회의 등이 이어지며, 각종 피정과 '생명학교' 등도 운영하고 있다. 박물관은 베네딕토회의 역사와 영성을 담

눈 내린 성 람브레히트 수도원

은 교회 유물뿐 아니라 다양한 예술품과 조류 전시관 등을 갖추고 있는데, 대형 정원에는 힐데가르트 폰 빙엔 수녀가 각종 약초와 꽃 등으로 꾸몄던 전통이 이어져, 봄·여름이면 갖가지 식물들도 만나볼 수 있다.

거대한 고딕 양식으로 탄탄하게 자리 잡은 수도원을 눈에 담기 위해서는 우선 고개를 360도 돌려 보아야 한다. 이곳은 수도원과 농장, 광산 등을 포함한 대지만 50만m^2에 이르는 대규모 수도원이다.

오후 5시경, 수도원에 도착할 때쯤 어둠이 내렸다. 제카우 850m 시골 마을에서도 눈이 뿌리더니, 알프스의 산속에서도 눈이 내렸다. 전나무 가지가 휘어지도록 쌓이는 눈, 산골 마을 집들에 하나둘 불이 켜지고 굴뚝에는 나무 연기가 피어오르고 이국 땅에서 그림처럼 정겨운 향수를 만났다. 수도원이 낯선 자리처럼 느껴지지 않았다. 어릴 적 그렸던 성탄 카드처럼 창 밖에는 고요히 밤눈이 내리고, 예수님께서는 해발 1028m 수도원 마을에서 저녁마다 수도승의 찬미기도를 받으시고, 평화로운 알프스 속의 수도원에서는 중세의 신앙과 이야기가 차곡차곡 피어올랐다.

프라우엔킴세 수녀원

Kloster Frauenchiemsee, Abtei Frauenwörth

수도원 순례는 수도자들의 공동체 생활과 그 삶을 통해 얻는 것이 무엇인지, 더욱 가까이에서 마주하고 내 삶 안에서도 되새기도록 이끈다. 오스트리아에서 시작한 수도원 순례 여정이 독일로 이어지면서, 가장 먼저 방문한 곳은 프라우엔킴세 베네딕토회 수도원으로, 이곳은 수녀 아빠스가 있는 수도원으로 잘 알려져 있다. 킴제 호수 인근은 독일 바이에른 주 뮌헨 남동부에 위치한 아름다운 휴양지로, 전임 교황 베네딕토 16세가 어린 시절을 보낸 지역이기도 하다.

이 호수 안에 있는 세 개의 섬 중 가장 큰 곳이 바로 프라우엔인셀로, 인구 삼백여 명의 작은 섬이지만 수도원을 중심으로 수많은 순례객과 관광객들이 찾는 유서 깊은 곳이다. 눈 내리는 호수 선착장에 도착하여 프라우엔인셀로 가는 선명이 '요셉'인 배에 탑승했다. 프라우엔킴세는 바이에른의 킴호수의 프라우엔인셀에 있는 베네딕토회 수도원으로 뮌헨, 프라이싱대교구 지역에 있다. 현지 전통에 따르면 수도원은 오스트리아 크렘스뮌스터 수도원 설립을 후원한 바이에른의 영주 타실로 3세와 그의 부인 바이에른의 리우트베르가의 후원으로 설립되어, 수도원 성당과 함께 782년 9월 1일에 축성되었다.

이 여자 수도원을 이끈 첫 아빠스는 826년 카롤링거 왕조 루트비히 1세 왕이 임명한 자신의 첫째 딸인 이르민가르트[831-866]였다. 아빠스[Abbas]라는 칭호는 열두 명 이상인 수도 공동체의 최고 장상을 말한다. 원래 수도원의 건물 일부 요소는 여전히 보존되어 있는데, 아마도 타실로의 아내 리우트베르가가 중재한 이탈리아 및 지중해 예술의 영향을 받아서 웅장한 외관으로 건축된 것으로 추측한다.

788년 타실로가 폐위된 후 프라우엔킴세는 카롤링거 제국의 수도원으로 변경되었으며, 10세기까지 운영되다 헝가리의 침입으로 잠시 해체된다. 이후 아우구스띠노회 남자 수도회가 섬에 들어와 생활했으며, 신·구교의 대표적인 대립인 30년 전쟁[1618-

프라우엔인셀 수도원

프라우엔인셀 선착장

1648 중에는 수도자들의 피난처로 활용되기도 했다. 프라우엔킴세 수도원은 1803년에 해체되었지만, 수도원 건물을 구입할 구매자가 없었기 때문에 수녀들이 머물도록 허용되었다. 1836년에 바이에른 왕 루트비히 1세가 수녀들에게 학교를 개설하도록 요청하면서 수도원은 재건되었다. 1837년부터 수녀원은 기숙 학교가 있는 이르멘가르드 고등학교와 직업 학교를 포함해서 소녀 교육에을 위해 전념하였고, 1995년까지 운영했을 정도로 수녀원은 이 지역의 중요한 교육 중심지였다.

프라우엔킴세는 잘츠부르크 도심의 논베르크 수도원Stift Nonnberg과 함께 알프스 북부 독일어권 지역에서는 가장 오랜 역사를 가진 수도회이기도 하다. 특히 이곳에서는 타종교와의 대화와 만남의 장이 정기적으로 열리고, 일반인들도 다양한 모임과 세미나, 행사 등을 위해 수도원을 찾는다.

수도원 성당 문을 바치고 있는 문턱의 돌 두께가 한 뼘을 넘는데 그 묵직한 문턱의 돌 가운데가 움푹 닳아 있다. 얼마나 많은 이들의 발걸음이 스쳐갔을지 가늠도 되지 않는다. 수많은 이들이 성당 문턱을 넘어 들어와 수도자들과 함께 기도하고, 또 수도자들에게 기도를 청하기도 했을 터이니.

수도자들은 일생을 하느님을 찾아가는 삶을 살며, 하느님만을 위해 살아가는 사람들이니 그 삶은 세속과 멀어져 있다. 세상의 가치는 나쁘고 교회만 선하기 때문이 아니라, 오로지 하느님을 위한 삶에 투신하기 위해 세상과 멀어짐을 상징한다. 청빈과 정결, 순명의 서약은 하느님을 위해 매일의 삶 속에서 자신을 버려 나가도록 돕는다. 특히 베네딕토회 '수도승'들의 삶은 수행을 통해 관상 생활, 즉 하느님과 일치하는 영적 여정이다.

수많은 사람들이 밟고 드나들면서 닳아버린 성당 문턱

샤이에른 수도원

Benediktinerabtei Scheyern

샤이에른 수도원은 '성모 승천과 거룩한 십자가의 베네딕토회 수도원'Benediktinerabtei Mariä Himmelfahrt und zum Heiligen Kreuz의 명칭을 지닌 오버바이에른에 있는 수도원으로, 뮌헨대교구와 프라이징대교구 소속이며 바이에른 베네딕토회 회원 수도원이다. 프라우엔킴세에서 101km를 달려 온 이곳은 헬레나 성녀가 예루살렘 순례 중 가져온 십자가 조각으로 만든 〈성 십자가〉가 보관돼 있어 더욱 유명하다.

헬레나 성녀가 찾은 성 십자가의 일부를 모신 경당도 있으며, 옆에 마리아 막달레나와 헬레나 성녀가 양쪽으로 있다. 스테인드글라스가 없이 밝은 경당이다. 4세기에 제작된 〈예루살렘에 입성하시는 예수님〉은 당나귀와 함께 무척 정겨웠는데 그 손에 버들강아지가 들려있었다. 지금도 사순절 때에는 사용하고 있으며 작품 하단에는 바

십자가 조각으로 만든 '성 십자가'로 더욱 유명한 샤이에른 수도원

퀴가 달려 있다. 5시 20분에 아침기도와 함께 미사가 봉헌되었는데 열 분이 넘는 수사님들이 아름다운 음성으로 아침 성무일도를 바쳤다. 오전 9시, 샤이에른 수사님께서 수도원의 안내를 해 주었다. 사제의 로마식 제의와 영대, 장백의 등을 일일이 설명해 주었는데 수실이 화려했고 금박으로 된 것은 옷 무게에 눌릴 것 같은 위압적 무게감마저 느껴졌다.

천 년의 시간을 품고 있는 수도원의 시작은 1076년으로 거슬러 올라간다. 수도원은 처음엔 산속에 터를 마련했지만, 물 공급 등의 어려움으로 인해 세 번이나 이사를 거듭해야 했다. 바이에른 영주의 성채였던 현재 위치에 자리 잡은 때는 1119년이다.

오토 1세 폰 샤이에른 백작의 후처인 하지가가 그녀의 첫 남편인 헤르만 폰 카스틀 백작과 함께 이 지역을 개간하고, 1077년 수사들이 머무를 은수처 설립을 지원했다. 이 은수처에 수도원 개혁운동을 지향하는 독일 슈바르츠발트의 히르사우 수도원의

십자가 조각이 담긴 성유물함(좌)과 4세기 제작된 〈예루살렘에 입성하시는 예수님〉

수사들이 이주하였고, 수도원 부지는 하지가와 그녀의 아들 베른하르트, 에케하르트, 오토, 그리고 베르톨트 폰 부르게크 백작이 기증한 땅이었다.

1102년 은수처는 수도원으로 승격되어 교황의 승인과 보호를 통해 아빠스를 자유롭게 선출할 권리와 수도원장의 자치권을 가지게 되었다. 샤이에른 오토 5세가 뷔텔스바흐 성으로 이사하고 샤이에른 성으로 수사들이 이주하였다. 수도원이 페터스베르크Petersberg에서 샤이에른으로 이전한 결정적인 요인은 자체 양조장 설립을 포함하여, 관리를 위한 것과 백작이 자신이 더 강한 영향력을 갖고 있는 지역에 수도원을 짓고자 하는 바람이었다.

1215년에 지어진 샤이에른 대성당은 화재 등으로 많이 훼손되었지만, 수차례 다양한 양식으로 재단장되면서 뛰어난 예술성을 드러낸다. 대성당 안쪽에 자리한 옛 제의방은 수백 년 전에 만든 제의와 성경, 성화 등을 보관하는 성물 안치소로도 활용

화려한 문양으로 수놓은 수도원 제의방의 여러 제의들

중이다. 이 수도원 또한 30년 전쟁과 수도원 개혁운동 등으로 인해 심각한 어려움을 겪어야 했다. 1838년이 되어서야 수도원은 재정비 단계를 밟으며, 베네딕토 성인의 영성을 더욱 적극적으로 실천하는 공동체의 모습을 되살렸다.

한편 샤이에른은 독일 바이에른 지방 전통 맥주 이름으로도 잘 알려져 있는데 샤이에른이 운영하는 맥주 양조장과 식당은 수도원에 들어서는 아치형 입구 바로 앞에 자리한다. 1568년 문을 연 수도원 맥주 양조장과 식당 등은 오랜 시간 유명세를 떨쳐왔는데, 정육점에서 판매하는 고기와 햄, 치즈 등도 바이에른 지방의 전통 방법과 바이오 연료 사용 및 친환경 용법 등을 접목해 만들어 큰 인기를 누리고 있다.

에탈 수도원

Stift Ettal

2차 순례 때 감명깊었던 독일 알프스의 에탈 수도원을 다시 순례하게 되었다. '아는 만큼 보인다'는 말처럼 그동안 수도원 순례를 통해 많은 것을 보고 느끼고 깨달았기 때문일까, 전혀 다른 감명을 받았다.

해발 900m 높이의 계곡 마을을 향해 산길을 돌다보면 어느 틈엔가 거대한 위용을 뽐내는 에탈 수도원이 눈앞에 성큼 다가서는데 가로세로 각각 100m 길이로 둘러싼 대형 건축물이다. 특히 수도원은 규모와 아름다움뿐 아니라 그 역사적 의미에서도 높은 가치를 인정받아 유네스코 세계문화유산으로 지정, 보호되고 있다.

뮌헨을 거쳐 알프스에 들어설 무렵, 햇살이 드러나면서 구름이 걷히고 알프스 봉우리가 모습을 보였다. 하얀 눈을 뒤집어 쓴 독일 가문비나무들은 마치 두터운 융단을 휘감고 있는 듯했고, 봉우리들은 하얗게 빛나며 웅장한 자태를 드러내자, 그 장관에 감탄사가 터졌다. 깊은 산중 마을이 온통 하얗고, 눈 속의 수도원은 환하게 빛나고 있고, 그 자체로 위압적이며 거룩하다. 좁은 골짜기 앞뒤로 알프스가 우뚝 솟아 있다.

어두움이 내려앉아 성당 문이 잠길 때까지, 따스한 온기를 품고 있는 듯한 성모자상 앞에 무릎을 꿇은 순례객들의 기도는 끝날 줄을 몰랐다. 이 성당에 들어선 순간, 시선을 사로잡은 또 하나의 걸작은 1769년에 제작된 천장 프레스코화로, 이 프레스코화에는 성 베네딕토의 가르침을 따라 살았던 성인들과 남녀 수도자 사백여 명이 삼위일체이신 하느님을 찬미하는 모습이 그려져 있다. 또 대성당 왼쪽 구석에 있는 작은 문을 밀면, 시간을 훌쩍 뛰어넘어 현대적인 분위기가 물씬 풍기는 소성당이 모습을 드러내는데, 제대 뒷면은 대형 유리벽과 스테인드글라스가 빛을 발하고 있고, 제대에는 세계 각국의 언어로 '빛'이라고 쓴 유리 조형물이 떠받치고 있다. 평일미사와 기도가 이곳에서 봉헌된다.

눈 덮인 에탈 수도원

에탈은 알프스 산길을 한참 올라온 곳에 있다. 어쩐지 이 마을 사람들은 천국처럼 평화롭게 살 것 같다. 세상과 뚝 떨어져 수도원 종소리 들으며 기도하러 올라오는 세상 사람들을 이따금 구경하고 산을 바라보며 하느님과 함께 지낼 것이다.

에탈 성모님께는 순례자가 많다. 6시, 수사님이 입장하고 오르간 소리에 기도가 시작된다. 고요히 퍼지는 노래는 옆 성당 성모님께도 들릴 것이다. 에탈 골짜기로 저녁놀처럼 번져나가는 수사님들의 기도와 노래 소리에 잠시 세상을 잊었다. 산중의 기도 시간은 눈에 쌓여 깊어갔다. 눈, 설국이다. 형편이 된다면 이 산중에서 지내고 싶다는 생각이 간절해지는 밤이었다.

성 게오르겐베르크-피히트 수도원

St. Georgenberg-Fiecht Abbey

오스트리아 티롤 봄프 지방 '성 게오르겐베르크-피히트 수도원' 순례 여정은 그 시작부터 깊은 산을 휘감은 침묵과 동행했다. 이 수도원을 찾아가기 위해서는 산기슭에서부터 1시간 30여 분간 깊은 협곡과 산등성이 몇 개를 넘어야 한다. 해발 2500m 꼭대기로 이어지는 산길에는 십자가의 길도 나란히 놓여져, 순례객들이 잠시 멈춰 서서 기도하며 숨을 고를 수 있게 했다. 15세기에 처음 만들어진 다리 '호에 브뤼케'Hohe Brücke도 산등성이를 휘돌아 올라가는 수고를 덜어주었다. 이 수도원은 슈탈렌탈에서 수백 미터 위로 솟아오른 암석 위에 자리하고 있어, 순례단은 십자가의 길 기도와 함께 하얀 입김을 내뿜으며, 한 시간 이상 눈길을 등반해야 도달할 수 있는 수도원이다.

11세기부터 18세기까지 수도원이었던 성 게오르겐베르크-피히트 수도원은 여전히 인기 있는 순례와 성찰 장소로 많은 순례자들이 순례하고 있다. 이 곳 순례는 1100년경에 시작되었고 1310년경에 '성혈의 기적', 즉 미사 중 포도주가 그리스도의 성혈로 변모하는 기적이 일어나고 그 성혈이 보관되면서, 수많은 순례객들이 이곳을 찾고 있다. 가장 중요한 유물은 1415년경에 제작된 고딕 양식의 피에타 조각과 예수님의 성혈이 담긴 성광이다. 힘든 오르막길을 오르지 않고도 수도원에 접근할 수 있도록 15세기에 다리가 건설되었고 대화재 이후 1709년에 복원되었다. 하지만 잦은 화재로 인해 수도원은 피히트 마을로 이전하고 이곳은 순례지로서만 남아 있다. 화마의 피해를 입지 않고 남은 피에타 상을 비롯한 교회 미술품과 영혼을 정화하는 의미로 하얗게 꾸민 바로크 양식의 성당 내부 등은 순례 후에도 깊은 여운을 남긴다.

성 게오르겐베르크-피히트 수도원으로 오르기 위해 버스는 눈이 쌓인 산길을 굽이굽이 돌면서 오르고 올랐다. 위로 오르면 오를수록 차를 돌릴 수 없을 만큼 좁은 길이 되어 방향 전환을 하기 위해 10여 차례 버스를 움직이면서 겨우 들어섰다. 그 과정에서 나뭇가지들과 부딪치기도 하고, 가이드가 내려서 망을 보기도 하면서 박수와 함께 무사히 안착했다. 그만큼 험한 길을 다녔다. 우리는 단단히 무장을 하고 약 1시간 30분 가량 눈길을 걸어서 산꼭대기의 성 게오르겐베르크-피히트 수도원에 도착했다.

15세기에 만들어진 이 길은 '늑대 계곡'으로도 불린다. 수도원으로 향하는 길에 14처 십자가의 길을 조성해 놓았다. 눈이 그친 푸른 하늘 아래, 절벽 바로 위로 가슴이 벅차도록 아름다운 수도원의 모습이 보였다. 간간이 밑의 계곡물 소리도 듣고, 눈으로 덮인 아랫마을도 보면서 천천히 이 시간을 즐기고 만끽하며 걸었다. 하느님이 우리를 내려다보시는 느낌이 들었다.

14처에 이르니 멋진 나무다리가 나왔다. 예전에는 이 나무다리가 없어서 다시 산을 빙 돌아서 이곳에 올라와야 했다고 한다. 드디어 수도원이 보이고 의외로 사람들이 많이 있었다. 이곳이 예수님의 성혈이 모셔져 있는 기적의 장소여서인지 평소에는 더 많은 사람들이 온다고 했다. 지금은 겨울이라서 수사 한 분만 그곳을 지키고 있

눈 속의 수도원 ▶

고, 다른 분들은 산 아래에 있는 수도원 본원과 성당들을 관리하고 계셨다.

미사 후, 노 수사 신부님은 올라오는 동안 더웠다 추웠다를 반복한 우리를 아는지 모르는지 신이 나서 열정적으로 설명해 주시고는, 펠리칸(자기 살을 먹여 키우는 새, 성체 성사의 상징) 장식이 있는 기적의 성혈 성광으로 강복을 주셨다. 310년 성혈의 기적이 있었고 성 게오르그를 공경하는 수도원이다.

성 게오르겐베르크-피히트 수도원은 성 오틸리엔 베네딕토회의 독립 수도원으로, 슈탄스 시의 인 계곡Inn Valley 위 바위 위에 자리잡고 있다. 수도원은 10세기에 설립되었고, 티롤 지역에서 가장 중요한 순례지 중 하나로 발전했다. 이 수도원의 역사는 천여 년 전으로 거슬러 올라간다. 산속에 작은 암자를 짓고 기도 생활을 한 복자 라톨트의 모범을 따르는 이들이 늘면서 수도원이 지어졌으며, 1138년 4월 30일 베네딕토 수도회로 교황의 공식 인가를 받았다. 1708년부터 2019년까지 수도원 공동체는 피히트에 있는 수도원 건물에 거주하며, 피히트 수도원 또는 성 게오르겐베르크-피히트 수도원의 이름으로 불리게 되었다. 2019년부터 수사들은 아래 수도원에 거주하고, 현재는 순례지로 사용되고 있다.

전승에 따른 예수님의 성혈을 담은 성광

슈탐스 수도원

Stift Stams

슈탐스 수도원 성당은 시토회라고 보기에는 꽤나 화려한 면모를 드러내 보였다. 설립 당시 이곳 수도원은 귀족들의 거주지와 묘지 등도 함께 갖춰야 했는데, 겉에서 볼 때 화려한 양파 모양으로 꾸며진 종탑도 종교적 상징이라기보다는, 귀족들이 경치를 잘 보고자 활용한 일종의 전망대였다. 이 종탑은 물론 자신들의 권세를 드러내고자 성당을 화려하게 꾸미려는 귀족들 때문에, 당시 수도자들은 긴 고민에 빠져들었다고 한다. 시토회의 단순함, 가난의 지향과 다른 귀족들의 뜻을 어떻게 받아들일까 회의를 했고, 그래서 손님 접견실이 있는 쪽에는 양파 첨탑을 세우고, 수도사들이 있는 수도원 쪽에는 세우지 않는 것으로 절충하여 이 수도원을 세울 수 있었다.

또한 원래 이 수도원은 요한 세례자를 기리는 순례지였다. 이후 수도원이 건축되면

슈탐스 수도원

서 성당은 성모 마리아에게 봉헌되었다. 시토회는 베르나르도 성인에 의해 성모신심을 더욱 강화한 수도회로 꼽히는데, 슈탐스 수도원 또한 성모 공경의 구심점으로, 성모 축일과 관련된 내용으로 가득 채운 천장화 등을 갖추고 있다.

성당에 있는 아치형 천장 프레스코화는 마리아의 삶을 보여 주고 있으며 아우크스부르크 화가 요한 게오르그 볼커Johann Georg Wolcker의 작품이다. 1984년에 교황 요한 바오로 2세는 수도원 성당을 소 바실리카로 승인했다. 팔십네 개의 조각품이 있는 생명나무 형태의 초기 바로크 양식의 높은 제단은 1610년경 바일하임 조각가 바르틀메 슈타인레Bartlme Steinle에 의해 만들어졌다.

제대도 화려하고 제대 뒤쪽은 천처럼 보이는 돌로 된 커튼으로 마무리되어 있는데, 예수 그리스도 상의 양옆에 요아킴과 안나의 성상이 있고, 그 밑에 사도 요한과 세례자 요한, 그리고 성인 순서대로 베드로와 바오로 네 분만 크게 되어 있었다. 그 외에는 크기도 작아지면서 밑으로 내려오는데, 그 많은 성인과 사도가 장식되어 있었다. 이 모든 거대한 제대 장식은 왼쪽의 시작은 아담, 반대쪽의 시작은 하와로, 하와는 반쯤 먹은 사과를 들고 있는데, 이는 하와로부터 시작된 우리의 삶이 결국 예수의 십자가를 통해 승리함을 나타내는 것이라고 했다.

4시 15분을 알리는 종소리가 다른 곳의 종소리와 달리 웅장하고 화음까지 있어, 너무나 우렁찼다. 저절로 마음이 숙연해지고 주님 앞에 엎드리는 마음이 되었다. 옆에 있는 성당이 수도원보다 앞서 1273년에 생겼는데, 우리가 들은 성당의 종소리는 바로 이 세례자 요한 성당의 종소리였다.

계단과 성당 입구의 장식은 철로 만든 장미꽃으로, 장미 한 송이에 120시간씩 걸려서 84송이를 만들었다는데(예수님의 성혈을 상징함), 아마 러시아가 쳐들어왔을 때 그들이 가져갔는지 알 수는 없으나, 네 개가 없어졌다고 한다. 시토회이지만 금빛으로 장식된 수도원이었다.

슈탐스 수도원은 티롤의 슈탐스에 있는 시토회 수도원으로, 메레라우 수도 연합회Mehrerauer Kongregation와 인스브루크교구 소속이다. 성모 마리아의 수도원 성당은 1983년에 소 바실리카로 승인되었다. 수도원은 1273년 마인하르트 2세와 그의 아내 바이에른의 엘리자베스(호엔슈타우펜 콘라트 4세의 미망인)에 의해 프랑스와의 전쟁 중 사망한 아들의 영혼을 위해 고리치아-티롤 백작의 가족 수도원으로 설립되었다. 또한 이 수도원은 티롤 영주들의 묘지 역할을 했으며, 최근 알려진 내용에 의하면 보젠Bozen 본당을 대체할 목적으로 수도원이 건립되었다.

수도원 성당은 1284년에 봉헌되었는데, 원래는 로마네스크 양식의 대성당이었지만 1729년에서 1733년 사이에 건축의 거장 게오르그 안톤 검프 전성기 바로크 양식으로 재건축되었다. 1347년부터 1350년까지 수도원에는 티롤의 보물들이 보관되기도 했다. 1552년에 작센의 모리스 선제후의 군대가 수도원을 약탈했고 영주의 무덤과 모리스의 형제인 작센의 세베리누스†1533의 무덤도 파

천국의 문을 상징하는 두 기둥과 아기 예수를 안은 성모 마리아, 베네딕토, 베르나르도 성인이 있는 성당

괴했다. 수도원 건물은 17세기 초에 다시 재건되었고, 눈에 띄는 양파 돔은 아빠스 에드문드 조즈 1690-1699 시대에 건립되었다.

수도원은 1807년 바이에른 정부에 의해 폐지되었다가 1816년 프란츠 1세 때, 티롤이 오스트리아로 반환되면서 재건되었다. 신학자 세례자 요한 레흐라이트너Johann Baptist Lechleitner는 최초의 시토회 회원 다섯 명 중 한 사람이었다. 1938/39년에 수도원은 국가사회주의 통치자들에 의해 해체되고 압수되었으며, 남부 티롤에서 온 이민자들을 위한 정착 센터로 사용되었고, 1945년 전쟁이 끝난 후 시토회 수사들이 다시 이곳에 정착하였다.

마리엔베르크 수도원

Abtei Marienberg

저 멀리 마리엔베르크 수도원이 강 건너 보였다. 강인지 호수인지 그 넓은 곳이 하얗게 얼어 있었다. 눈에 들어오는 모든 장면이 예술이었다. 이렇게 구불거리며 올라가는 알프스 산길에서 다른 차를 만나면 어쩌나 걱정하며 침묵 중에 기도했다. 저 산 아래 마을이 마치 설국의 마을처럼 펼쳐져 미니어처처럼 눈에 들어왔다. 작은 영주의 궁같은 멋진 궁도 보였다. 모든 길이 집이나 마을을 중심으로 해서 곡선으로 퍼져나간 모습을 위에서 바라보니 그 또한 아름다웠다. 다시 눈이 내리고, 그 눈 사이로 버들강아지가 눈에 띄었다.

오스트리아를 떠나 이탈리아로 들어섰다. 알프스를 따라 가는 길, 고개를 넘으니 흰 눈밭, 얼어붙은 호수는 눈이 덮여 너른 평원이 되었다. 9시 44분에 이탈리아로 들어섰고 가득한 눈길을 헤치며 시골로 시골로 깊숙이 들어갔다. 황량한 히말라야 계곡 같은 골짜기가 보이는데 남 티롤 이탈리아였다. 마리엔베르크로 가는 길에서, 세상에 이런 곳이 있나 싶을 정도로 황홀한 눈의 세상을 만났다. 인스부르크에서 이곳까지 알프스 봉우리와 설경에 취하며 눈이 시리도록 창밖을 내다보았다. '천국에 이르는 계단'이라 불리는 수도원을 작은 마을에서 올려다보니 그 이름이 무척이나 잘 어울렸다. 까마득히 내려다보이는 마을과 하얀 벌판, 그리고 너무나 고요하고 아름다운 풍경에 숨이 막혀왔다. 하느님 보시기에 얼마나 아름답고 평화로운 세상일까.

현지 주민들과 함께하는 주일미사는 새로웠고 그 감동은 깊었다. 성 세바스찬은 수도원의 주보성인으로, 그 축일미사에 수사 신부님들은 붉고 화려한 금실이 번쩍이는 제의를 입고 아름답고 고결하고 부드러운 미사곡을 불렀다. 그 가늘고 여린 소리가 조심스럽게, 굴곡 없이 제대를 지나 온 성당 안에 퍼졌다. 가슴을 울리는 미사곡, 진한 향 연기가 버리지 못한 것들을 지워주었다. 천국에 이르는 계단이라는 이름을 가진 수도원에서 예수님께서 우리를 맞으셨다. 눈물 나도록 감동이 넘치는 시간, 놀랍도록 화려하고 아름다운 미사는 작은 성당 주일미사에 참석한 사람들로 가득한

천국에 이르는 계단이라 불리는 마리엔베르크 수도원

그곳에, 향을 가득히 피우며 갑자기 먼 세기로 돌아가게 했다. 목소리와 오르간과 함께 어우러지는 거룩한 미사의 감동으로 가슴이 설렁거리는데 이렇게 좋은 시간을 보내도 되나 싶었다. 미사를 드리는 동안 내린 눈이 발목까지 쌓여 있었다. 그림처럼 펼쳐져 있던 들판과 마을의 하얀 눈 풍경이 눈보라 속에 사라져 버렸다.

마리엔베르크 수도원 또는 복되신 성모 마리아 수도원Abbatia Beatæ Mariæ Virginis은 티롤의 빈슈가우에 있는 베네딕토회 수도원이다. 빈슈가우 상층부 오른쪽 계곡 경사면에 있는 흰색 요새 같은 건물로 보이는 수도원으로, 해발 약 1350m 고도에 위치하고 있어, 유럽에서는 아마도 가장 높은 곳에 위치한 베네딕토 수도원이다.

마리엔베르크 수도원의 설립은 유명한 쿠라치안 가문의 타라스프의 영주에 의해서다. 그는 슐스의 타라스프 성 근처에 수도원을 건설하는 것이 꿈이었다. 1087년에서 1095년 사이에 에버하르트 형제와 쿠어의 주교였던 울리히 폰 타라스프 2세 형제가 최초의 수도원을 설립하고 많은 성금을 기부하였다. 1146년 이전을 하였지만 새로운 부지인 장트 슈테판은 샘이나 수로에서 멀리 떨어진, 건조하고 바람이 많이 부는 능선에 자리잡고 있어서 모든 면에서 수도원 부지로서는 부적합하였다. 하지만 더 북쪽으로 이전을 하려면 교황의 새로운 허가가 필요했는데, 새로운 곳 알마인바흐에는 이미 같은 이름의 마리아 경당이 있었기에 그 성모상은 1149-1150년에 이전을 한 후 수도원으로 옮겨졌다. 최초의 수사들은 독일 오토보이렌의 베네딕토회 수도원에서 왔는데 그 이유는 오토보이렌 수도원이 타라스프 귀족들과 가문의 인연을 맺고 있던 우르신론스베르크 백작의 가문 수도원이었기 때문이다. 또한 창립자 울리히 3세의 아내인 우타가 수도원장 알베르트 폰 론스베르그의 자매였기 때문이다. 수사들은 새로운 장소에 처음으로 지하 경당을 지었고, 이 지하 경당은 성 베드로를 기리기 위해 쿠어 주교 아달고트에 의해 1160년 7월 13일에 삼위일체이신 하느님과 복되신 성모 마리아와 모든 성인들을 공경하기 위해 봉헌되었다. 수도원 성당은 1201년 10월 28일, 라인헤르Reinher della Torre the Holy 주교에 의해 삼위일체이신 하느님과 성모 마리아, 그리스도의 성 십자가의 이름으로 축성되었다.

17세기 초까지 수도원은 재앙, 종교적 혼란, 경제적 쇠퇴, 쇠퇴의 조짐으로 어려움을 겪어야 했다. 1418년에 발생한 엄청난 화재로 수도원의 대부분을 재건축해야 했고, 1606년에는 수도원이 일시적으로 폐쇄되어, 수사 한 명만이 거주하기도 했다. 아빠스 야콥 그라핑거 재임 시 로마네스크 양식의 수도원 성당은 바로크 양식으로 개조되었고, 수사들은 사목 활동 외에도 중세부터 이어져 온 학교 교육에 전념하며 라틴어와 음악을 가르쳤다. 1724년에 메란 수도원에 인문 고등학교인 김나지움이 설립되었는데, 수도원은 교육 활동 덕분에 요셉 2세 황제 치하에서 폐지되는 것을 간신히 모면했다. 하지만 1807년 바이에른 행정부 하에서 수도원은 압수되었고, 수도사들이 스위스 근처의 피히트 수도원으로 옮겨 가면서 고등학교도 문을 닫았다. 1816년 오스트리아의 프란츠 1세 황제는 메란에서의 교육 활동을 재개한다는 조건으로 마리엔베르크 수도원의 재건을 허가했다. 오늘날 수도원의 수사들은 오버빈슈가우 주변 마을과 본당에서 사목과 수도원 순례를 안내하고 피정을 주관하며, 베네딕토 수도회의 전통을 그대로 유지하며 살아가고 있다.

노이슈티프트 수도원

Stift Neustift

노이슈티프트 수도원에 도착하니 동화에나 나올 듯한 둥근 벽의 성이 보인다. 눈은 내리고, 어둑한 그림자가 드리울 때 도착한 수도원 입구에는 수사들의 묘지가 자리잡고 있는데 군데군데 등이 켜져 있다.

이곳은 노이슈티프트에 있는 오스트리아 아우구스띠노회 수도원이다. 로마와 각 성지로 향하는 길목에 자리하고 있어 순례자들에게 편안한 안식처를 제공하는 것을 목적으로도 지어졌다. 이 수도원의 창립 역사는 1140년부터 시작된다.

1440년 빈 근처 클로스터노이부르크 수도원의 원장인 하르트만은 잘츠부르크의 콘라트 1세 대주교에 의해 레긴베르트 주교의 후임으로 브릭센의 주교로 임명되었다. 엄한 규칙을 지키는 공동체에서 인생의 많은 부분을 보낸 하르트만은 은퇴 후 피정을 하면서 지낼 수 있는 브릭센 지역에 남성 수도원을 설립하고자 하는 열망이 컸다. 하지만 하르트만은 공동생활을 함께해야 한다는 아우구스띠노회 규칙에 위배되기 때문에 브릭센 공동체로부터 거부되었고, 1142년, 브릭센의 장관이자 주교 영주인 레긴베르트 폰 재밴의 지원을 받아 수도원을 설립했다. 레긴베르트는 자기 소유의 땅을 노이스티프트 수도원 부지로 정하고, 아우구스띠노회를 설립하기 위해 클로스터노이부르크에 있는 원래 수도원과 협상을 한 뒤, 잘츠부르크교구 소속으로 등록했다. 그 당시 티롤에는 아우구스띠노회 수도원이 하나도 없었으므로 하르트만에게는 영적인 결핍으로 느껴졌다.

동화 같은 둥근 벽의 성, 노이슈티프트 수도원

수도원은 브릭센에서 북쪽으로 3km 지점에 건립되었다. 불안한 지역에서 충분히 멀리 떨어져 있어서 아우구스띠노회의 환대의 사명이 잘 실천될 수 있었고, 수도원 옆에 병원도 설립되어, 여행자, 순례자, 병자와 가난한 사람들을 돌볼 수 있었다.

1453년 오스만 제국이 콘스탄티노플을 정복하고, 투르크족이 1476년 카린티아를 침공하자, 수도원의 두려움은 더욱 커졌다. 1483년부터 슈바비아[Swabia]의 새로운 영주 루카스 해버는 수도원의 요새를 더욱 확장했고, 이 기간 동안 산탄젤로 성은 방어용 성으로 확장되면서 현재의 모습을 갖추게 되었다.

중세 말에는 농민들이 많은 세금을 내야 했고, 귀족과 성직자들에 대한 불만도 컸다. 수도원의 특권과 부는 농민들의 분노를 불러일으켰다. 1520년 초 농민 봉기는 거의 막을 수 없었다. 부유했던 이 수도원도 반항적인 농부들의 표적이 되어, 협상이 결실을 맺지 못하게 되자, 농부들은 수도원을 습격했고 약탈로 인해 심하게 손상을 입는다. 19세기 중반이 되어서야 수도원은 완전히 회복되었고, 1907년부터 오스트리아 연합회가 창립되면서 이 수도원은 더 이상 브릭센교구에 소속되지 않게 되었다. 수도원은 현재 브릭센에 본부를 두고 기숙 학교와 학생 호스텔, 와이너리 및 교육 센터를 운영하고 있다.

아인지델른 수도원

Stift Einsiedeln

아인지델른 수도원은 이미 2차 때 순례를 한 곳이지만, 이번 순례의 목적에 적합하다는 이유로 다시 찾게 되었다.

아인지델른 수도원에 도착하니 다시 눈발이 날리기 시작했다. 바로크 양식의 수도원 성당, 거대한 쌍둥이 탑이 우리를 맞이했다. 알프스의 고독을 한 몸에 품은 수도원은 아인지델른의 모든 마을을 압도할 만큼 웅장하고 거대했다. 모두들 서둘러 오후 4시 30분 성무일도 기도 시간에 참석했다. 인기척이 느껴지니 그 무거운 성당문이 철컥, 하고 자동으로 열렸다. 그 안을 지나서 제대 앞쪽으로 나아가면 화려한 천국을 상징하는 바로크 양식의 성당 안의 꾸밈이 시작된다.

우리가 도착한 날은 마침 성 마인라트 수도원의 창립자 기념일 저녁기도 시간이었다. 1년에 한 번 볼 수 있는 찬미의 자리에 함께하는 기회를 선사받았다. 아빠스를 비롯한 약 칠십 명의 수사들이 마인라트 성인의 흉상을 들고 입장하였다. 성가를 부르며 시작된 저녁 찬송은 거의 오십 분 동안 이어졌다. 삼십여 분 동안 오르간 반주에 맞춰 성무일도를 바쳤는데, 특별한 날이었던 만큼 로마 산타 체칠리아 대학의 교수 신부님이 반주도 하고 선창도 했다. 게다가 독서만큼은 제대의 철문을 열고 나와서 우리를 향해서 읽었다. 그런 다음, 마인라트 성인의 흉상을 들고는 제대 앞 통로를 따라서 행렬을 하는 것이었다. 어디에 있는지는 모르지만 성가 합창 소리는 성당을 돌면서 계속 들려왔고, 마침내 행렬은 성당을 돌아서 다시 제대 앞 통로를 걸어서 제대 안으로 올라가는 것이었다.

아인지델른 수도원 대성당은 18세기에 지어진 스위스 바로크 건축물의 최고봉으로 평가받는다. 금빛과 연분홍빛 등으로 화려하게 꾸민 대성당 내부 색감도 압도적이었다. 성당 곳곳에 그려지고 조각된 천사상만 해도 천여 개가 넘었다. 또 수도원 도서관은 그레고리오 성가 필사 악보와 라틴어 고서를 비롯해, 세계 여러 나라 언어로 쓰인 양서 이십삼만 권을 소장하고 있다.

베네딕토회인 이곳 수사들은 5시 기상, 첫기도, 아침기도, 삼시경, 저녁기도, 끝기도를 바친다. 순례단은 다섯 명 정도의 노인 수사님들과 저녁기도에도 참석했는데, 찬양과 함께 멋진 저녁기도였다. 그들이 정해진 시간에 하느님을 찬미하고 기도하면서 사는 이유가 무엇일까? 그들의 규칙서는 하느님 안에서 오히려 자유와 해방을 느끼게 한다고 생각했다. 신앙이 부자유스럽고 억압된 것이라면, 신앙생활을 할 이유도 필요도 없을 것이다. 그리스도 안에서 진정 자유롭고, 기쁘게 사는 것이 참 신앙이 아닐까. 갇히고 폐쇄된 듯 보이지만 하느님 안에서 진정한 해방과 자유를 살고 계시는 모습이 참 평화로워 보였다.

아인지델른 수도원은 지금도 스위스의 대표 성모신심 순례지로 유명하다. 10세기에는 스페인 콤포스텔라, 심지어 이탈리아 로마와도 우열을 다툴 정도로 이름난 곳이었다. '검은 성모상'이 그 명성의 한가운데에 자리한다.

'검은 성모상'은 9세기 중반, 호엔촐레른 백작 집안 출신의 마인라트 성인St.Meinrad, ?-861이 에첼산속에서 은수 생활을 할 때 취리히의 힐데가르트 수녀의 요청으로 만들었다고 한다. 마인라트 성인이

아인지델른 수도원 대성당(좌)과 아인지델른의 검은 성모상

선종하고 80여 년 후 그의 은거지에 성당과 수도원이 세워지면서 '검은 성모상'에는 순례객들의 줄이 끝없이 이어지고 있다. 목각 성모상이 검은 색을 띠는 이유는 순례객들이 쉼 없이 촛불을 켜서 생긴 그을음 때문이라고 전해진다.

무리-그리스 수도원

Abtei Muri-Gries

무리-그리스 수도원은 그리저 플라츠Grieser Platz에 있는 볼차노의 그리스-퀴라인Gries-Quirein 지구에 있는 남티롤 지방의 베네딕토회 수도원이다. 이미 폐쇄된 무리Muri 수도원에서 온 형제들이 1845년에 설립한 수도원으로, 스위스 베네딕토회 연합회 소속이다. 성곽에서 밖으로 돌출된 수도원 건물은 15세기 초부터 1807년 폐지될 때까지 아우구스띠노회 수도원으로 사용되었다.

1160년경 마틸데 폰 밸리 백작부인과 그녀의 남편 아놀드 3세 백작이 볼차노에 아우구스띠노회 수도원을 설립했다. 위치는 오늘날 돈 보스코 노이그리스 지역에 위치했다. 하지만 이 지역은 홍수가 자주 발생했기 때문에 1405년에 수도원 부지를 포기할 수밖에 없었다. 현재는 수도원 성당의 기초 벽만 남아 있으며, 합스부르크 공작 레오폴트 4세가 1406년 대포 대신 그리스 성을 수도원에 기증했다.

수도원 성당 입구

성당 오르간

수도원 성당 내부

"모든 것을 지으시고 이끄시는 주님은 찬미와 영광 받으소서!"

루체른 호수는 표현할 수 없을 만큼 아름다웠다. 햇살 속에 반짝이는 하늘빛과 청록빛의 호수, 그 위를 떠다니는 배들과 인파 사이를 익숙하게 다니는 갈매기들, 순례자의 발걸음을 더 기쁘게 했던 풍경이다.

장크트 플로리안 수도원에서 일행 중 한 사람이 낙상으로 중도에 귀국해야 했던 일과 함께 소소한 해프닝이 있었지만, 순례단의 합심으로 이번 순례도 잘 마칠 수 있었다. 독일어가 서툴렀던 현지 가이드 문제라든가 한치 앞을 짐작할 수 없었던 폭설 등 힘든 상황이 있었음에도 우리의 순례를 막지는 못했다. 눈으로 뒤덮인 유럽 땅을 버스로 종횡무진하며 영성의 텃밭을 찾아 겁도 없이 내달렸다.

수도원은 교회의 모든 이를 대신하여 쉼 없이 기도하는, 교회 쇄신의 디딤돌인 반면, 외적 발전에 밀려 영적으로 쇠퇴하면서 세속적인 영향도 스며있었다. 하지만 역사적으로 수도원들은 그 때마다 세상의 영향력에서 벗어나, 복음으로 더욱 새로워지고자 '엄격함'을 발휘하곤 해왔다. 익숙하거나 낡은 것에 머무르지 않고, 낯설고 새로운 것을 기꺼이 받아들이며 하느님께로 더 가까이 다가가려 노력해왔다.

완벽한 복음적 가치를 살고자 하는 열망으로 시작된 삶이 수도 생활이라면, 수도원 순례는 삶의 중심에 신앙이 뿌리내릴 수 있는 촉매를 제공하는 기회가 아닐까.

'그들은 도대체 왜 수도원을 짓고, 그 안에서 침묵하며 사는 것일까? 그렇게 살면 하느님을 체험할 수 있을까? 그 안에서 누리는 참 행복은 어떤 것인가?'

수백, 수천 년을 그 자리에 있었음에도 현대 그리스도인들에게는 다소 낯선 곳인 수도원을 향해 우리는 그 답을 찾고자 했다.

©김상희

9차 수도원 순례

2014년 1월 6일(월)-18일(토)

체코
- 스트라호트 수도원
- 사자바 수도원

슬로바키아
- 브루노

헝가리
- 판논할마 수도원

오스트리아
- 하일리겐크로이츠 수도원
- 릴리엔펠트 수도원
- 마리아 젤의 티없이 깨끗하신 성모성심의 가르멜 수녀원
- 포라우 수도원
- 라인 수도원
- 슐리어바흐 수도원
- 논베르크 수도원
- 마돈나 델라 코로나

이탈리아
- 성녀 유스티나 대수도원
- 프랄리아 수도원
- 성 안셀모 수도원
- 수비아코 성 베네딕토 수도원
- 몬테카시노 수도원
- 산 마르티노 수도원

9

수도원의 영성과 문화를 따라서

눈은 똑바로 앞을 바라보고 눈길은 앞으로만 곧게 두어라.
바른길을 걸어라. 네가 가는 길이 모두 튼튼하리라.
(잠언 4,25-26)

©김상희

9차 순례가 조금 더 탄탄하고 다채로울 수 있었던 데에는 몇 가지 이유가 작용했다. 9차 순례를 앞두고 가톨릭신문 황용식 타대오 사장 신부님께서 동유럽 성지 순례에 초대해 주셨는데, 그 코스가 9차 순례에 일부분 반영되었다. 거기에 또 다른 이슈는 대구대교구장의 일신상의 이유로 오스트리아 잘츠부르크대교구 교구장 착좌 미사에 참석이 어렵게 되면서 우리 순례단에게 대구대교구 대표단으로 참석해 주었으면 하는 교구의 요청이 있었다. 마침 9차 여정이 잘츠부르크를 경유하게 되면서, 자연스럽게 이루어진 요청이었다. 떠나기 전부터 여러모로 기대로 가득찬 9차 순례였다.

우리의 첫 수도원 순례가 2006년 체코 프라하에서 시작되었음을 기억하며 체코, 슬로바키아, 오스트리아, 이탈리아로 이어지는 여정을 떠났다. 순례의 주제가 "수도원 영성과 문화를 따라서"인 만큼 유네스코 세계문화유산으로 지정된 수도원이 다수 포함되었고, 특별히 베네딕토 수도회 중에서도 수도원 쇄신에 앞장섰던 시토회를 중심으로 순례하였다. 하느님 외에 그 어떤 것도 구하지 않는 수도승의 영성과 오랜 신앙의 터전이 된 곳을 찾아, 믿음과 사랑을 깊게 체험해보는 9차 순례는 체코 프라하의 아기 예수 성당에서의 미사로 시작되었다.

3천 벌이 넘는 옷을 두고도 아무 것도 걸치지 않은 작은 아기 예수님의 모습은 모든 걱정 근심을 털어내고 순례할 것을 우리에게 말씀하고 계셨다. 공산 치하의 혹독한 박해 이후, 하느님으로부터 멀어진 체코에 그 옛날 스페인의 수사가 만든 아기 예수는 슬프고 아련한 눈빛으로 신앙의 봄을 바라고 계셨다.

일반인에게 잘 알려지지 않은 체코 사자바 수도원과 헝가리 판논할마 수도원, 알프스 깊은 골짜기 오지에 있는 오스트리아 포라우와 라인 수도원, 마리아 젤과 이탈리아 마돈나 델라 코로나 등 여러 곳의 순례를 향한 기대와 설렘은, 이미 일상을 잊게 한 채 하느님 세상으로 순례단을 이끌어주었다.

체코에서 태어나 독일어를 쓴 유대인 소설가 프란츠 카프카Franz Kafka, 1883-1924 문학의 부조리가 오늘 우리에게는 신앙의 절망과 부조리를 보여주는 황금소로Zlatá ulička의 프라하, 블타바강 카를교 위 성 요한 네포묵Sanctus Ioannes Nepomucenus 사제의 동상 아래서 소원을 비는 사람들, 광장을 장식한 화려한 크리스마스 트리의 불빛, 흥청거리는 밤거리의 프라하는 그저 낭만을 간직한 옛 도시일 뿐이었다.

"나를 불쌍히 여기세요. 그러면 나도 여러분을 불쌍히 여길 것입니다. 여러분이 나를 경배하는 것처럼 나도 여러분을 찾아가겠습니다" 하시던 아기 예수의 애절한 속삭임은 블타바 강물을 따라 흐르고, 순례단은 동방 전례와 슬라브 신앙의 터전이었던 사자바를 향해 떠났다.

스트라호프 수도원

Strahovský klášter

프라하에서의 아침이 밝아왔다. 우리는 영하 20도의 추위 속에서 행군했던 1차 순례 때의 체코 프라하를 생생히 기억하고 있었다. 그 순례가 있었기에 9차 순례가 가능함도 알고 있었다. 9차 때 만난 프라하는 다소 흐린 날씨에 견딜 만한 찬기가 와 닿았다. 순례하기에는 비교적 안정적이었지만, 유럽 겨울의 다습한 날씨가 만들어낸 길 위의 미끄러움은 여전했다. 성 비투스 대성당과 스트라호프 수도원, 그리고 아기 예수 성당으로 이어지는 프라하 일정은 그렇게 시작되었다.

스트라호프 수도원은 의전 수도회 중 하나인 프레몽트레회 수도원으로, 세계에서 가장 오래된 프레몽트레회 수도원 중 하나이다. 교회법과 수도자 생활을 개혁하려는 의지로 설립한 이래 프레몽트레회는 기도와 지속적인 참회, 거룩한 성체에 대한 특별

세계에서 가장 오래된 프레몽트레회 수도원 중의 하나인 스트라호프 수도원

한 신심, 복되신 동정 마리아에 대한 특별한 신심, 나아가 영혼 구원에 대한 열정으로 활동하는 수도회이다. 또한 수도회는 매일 성모 승천 대성전에서 거행되는 거룩한 전례, 성체성사와 복되신 동정녀에 대한 영적 체험을 통해 영혼의 구원을 위한 삶과 더불어 복음 전파의 기초를 형성한다. 1143년 최초의 프레몽트레회 수도원 수사들이 도착한 이래 수도원 공동체는 이곳에서 종교 생활을 성공적으로 발전시켜 왔으며 역사를 통틀어 체코 땅의 역사에서 중요한 역할을 해왔다. 화재, 후스파 전쟁, 종교 전쟁, 공산 정권의 억압도 모두 이 수도원을 폐쇄하는 데는 실패했다.

아기 예수Pražské Jezulátko 성당으로 향하는 길, 고요함과 잔잔함이 깃든 블타바강이 흐르고 있고, 어젯밤 현란하게 빛나던 카를교가 보이는가 싶더니, 흥미로운 조형물과 존 레논 기념벽화 등이 보였다. 스트라호프 수도원으로 가는 길에는 수학으로 과학 현상을 증명하는 '케플러의 법칙'의 요하네스 케플러Johannes Kepler 1571-1630 동상이 서 있었다.

아기 예수 성당은 이미 1차 때 방문한 성당으로, 가르멜 수도회가 사목하고 있다. 성당 안에는 아직까지도 성탄 장식이 남아 있었다. 1차 때 방문했던 성 비투스 대성당도 자세한 안내와 더불어 새롭게 순례하였고, 요한 네포묵 성인의 유해도 참배하였다.

'케플러의 법칙'의 요하네스 케플러 동상

사자바 수도원
Sázavský klášter

사자바 수도원은 이미 폐쇄된 수도원이지만, 이전 베네딕토회 수도원 건물의 일부분이 남아 있어서 그 역사적 의미를 찾아보고 싶었다. 프라하에서 브르노로를 향해 고속도로를 약 2시간 달려서 도착한 수도원은 사자바강 위 마을에 있었다. 수사들이 살지 않는 곳으로 역사적 잔해만 남아 있어, 차가운 겨울 공기와 함께 그 쓸쓸함이 더했다.

11세기 성 프로코피우스Prokop Sázavský가 설립한 이 수도원은 한때 슬라브 전례의 중심지로, 11세기 말부터 라틴 전례의 수사들이 이곳에 거주했다. 고딕 양식에서 바로크 양식으로 재건축되었으나, 18세기 말 수도원이 폐지되면서 성으로 개조되었다. 수도원의 일부분은 국립문화유산연구소에서 관리하고 있으며, 성 프로코프 수도원 성당과 사제관은 1788년부터 지역 로마 가톨릭 공동체 소유로 관리되고 있다. 현존하는 건물은 대부분 바로크 시대에 지어졌으며, 19세기에 네오 르네상스 양식으로 증축되었고, 13-14세기 고딕 양식의 건물도 일부 남아 있는데, 특히 미완성된 세 개 본당으로 이루어진 고딕 양식의 바실리카가 유명하다.

관리인은 수도원 창설 이래 한국에서 온 순례팀은 처음이라며, 겨울이면 문을 닫는 수도원을 우리에게 활짝 열어주었다. 쭉쭉 뻗은 숲을 지나니 마을이 나오고 미완성인 수도원의 황량한 붉은 종탑의 창문 너머로는 마른 풀이 바람에 흔들리고, 기둥 사이 파란 잔디밭은 공허한 폐허의 느낌을 주었다. 낡은 담은 부스러지고 종탑 앞에서 말을 잃은 순례자들은 정원에서 역사를 들었다.

1097년 동방 전례 발전과 키릴 문자кириллица를 만들어, 슬라브 성경 번역과 복음 연구가 활발하게 이루어진 수도원에 로마 교황청은 동방 전례를 금지시키고 초대 원장 프로코피우스를 화형시킨다. 15세기 후스의 종교개혁으로 성당 건축은 중단되고

1785년 요세프 2세의 수도원 해산으로 문을 닫아, 현재는 슬라브 민족의 유품과 유물을 연구하는 고고학적 가치를 지닌 역사전시관이 되었다.

피폐해진 수도원은 역사의 무상함이 곳곳에 남아 있었지만, 초를 켜둔 작은 경당에는 은은한 프레스코 성화들과 1천의 악마를 이긴 창립자 프로코피우스 성인의 유해와 성모님의 생애를 그린 아름다운 벽화가 있다. 지금도 사자바 사람들은 그 벽화 앞에서 옛 수도원의 전통을 지켜, 세 시간마다 돌아가며 기도하면서 언젠가는 수사들의 힘찬 찬미 노래로 고요하기만 한 사자바가 찬란한 하느님의 영광이 될 날을 기원하고 있다.

겨울나무 사이로 남빛 구름이 걸린 아름다운 사자바에서 빼곡한 잎을 버리고 다른 풍경을 담은 프라하의 아기 예수님이 "한없이 좋으시므로 마음을 다하여 주님을 사랑하여라!" 하시며 다가오고 계셨다.

사자바 수도원 건물의 잔해

수도원에 대한 가장 오래된 언급은 1032년으로 거슬러 간다. 수도원이 탄생할 당시에는 올드르지흐 왕자, 프라하 주교 세비르 및 당시 은수자였던 프로코피우스가 있었으며, 1009년경부터 추종자 그룹이 형성되었다. 1032년에 올드르지흐 왕자는 이 공동체를 베네딕토회 수도원으로 승격시켰다. 사자바 수도원은 슬라브 교육의 중심지로 간주된다. 창립자 프로코피우스는 치릴로 방식Cyrillo-Methodian의 전통을 더욱 발전시키고 보존하려고 노력했다. 이 내용은 체코와 게르만 문화 간의 투쟁이라는 주제가 등장하는 성 프로코피우스의 라틴 전설에도 언급되어 있다. 사자바 수도원과 키예프 루스의 접촉은 또한 중요한 역할을 했다. 사자바에 수도원을 세운 전설에 따르면, 프로코프가 올드르지흐 왕자에게 물을 주었는데, 그 물이 와인으로 변했다고 한다. 이 사건으로 왕자는 프로코프가 수도원을 세우는 데 도움을 주었다.

11세기에 이 수도원은 고대 슬라브 전례의 중심지였지만, 1096년 초에 수사들은 사자바 수도원에서 추방되었고, 수도원의 서적과 모든 저술물은 파괴되었다. 수도원은 브레브노프의 베네딕토회가 영구히 인수하였고, 오직 라틴 전례만이 이곳에서 거행되었다. 1203년 대관식 직후 프르제미실 오타카르 1세는 교황 인노첸시오 3세를 설득하여, 프라하 교구를 대교구로 승격시키고 프로코피우스의 시성을 요청하였다. 하지만 교구 승격은 되지 않았고, 1204년에 성 프로코피우스의 시성만 거행되었다. 14세기 초, 마티아스 아빠스의 지휘 아래 고딕 양식의 새로운 성당과 수도원이 세워졌지만, 후스파 전쟁으로 인해 수사들은 일시적으로 추방되었으며 수도원 재산의 일부는 약탈되어 건축이 중단되었다가 귀족의 손에 일부 넘겨졌다.

사자바 수도원에서의 순례단

수도원 재산의 통합과 수도원 건설은 17세기 보헤미아 지역이 가톨릭으로 회복되는 시기에 이루어졌다. 아빠스 만너와 니그린의 지휘 아래 구조적 개조 작업이 진행되어, 바클린 코 시대에 정점에 이르렀다. 17세기와 18세기에 수도원 참사회는 새로운 바로크 양식의 성당을 재건축하였고, 수도원 건물도 바로크 양식으로 재건축하였다. 그러나 1785년에 수도원은 폐지되고 성당은 교구로 귀속되었으며, 수도원 건물은 성으로 개조되어 1870년에는 네오 르네상스 양식으로 재건축 되었다. 수도원은 1951년에 국유화되면서 국가문화위원회가 이곳의 관리자가 되었고, 2013년에 수도원의 일부는 사자바의 가톨릭 교구인 체르나 부디와 프라하 엠마오에 있는 성모 마리아와 성 제롬 베네딕토회 수도원으로 반환되었다. 하지만 베네딕토회 수녀들이 수도원을 감당할 수 없어서 2018년 봄, 주정부는 귀중한 기념물을 보존하기 위해 수도원을 구입하기로 결정했다. 2019-2021년에 사자바-체르나 부디의 로마 가톨릭 교구는 건물 일부를 재건축하고 순례객들을 맞이하기 시작했다.

판논할마 수도원

Pannonhalma Archabbey

슬로바키아 수도 브르노에서 상쾌한 아침을 맞이하며 헝가리를 향한 순례 여정을 시작하였다. 체코가 성 이슈트반(스테파노) 1세에 의해 가톨릭 신앙이 확장되어 공산 치하에서 어려움을 겪었다면, 헝가리는 공산 치하에서 투옥과 총살 등 고통스럽고 모진 박해 속에서도 하느님의 도우심으로 판논할마 수도원이 그 명맥을 유지할 수 있었다고 한다. 성 이슈트반은 헝가리어로 성경을 번역하는 한편, 헝가리에 신앙의 뿌리를 내릴 수 있도록 헌신했다. 이후 1083년에 시성, 헝가리의 수호성인으로 칭송받고 있다.

판논할마 수도원은 헝가리의 판논할마 지방에 있는 지역 수도원으로, 오늘날에도 베네딕토회 수사들이 거주하고 관리하고 있다. 판논할마 수도원은 대수도원 수준의 지위를 지니고 있으며, 헝가리 베네딕토 수도회 연합회의 모원이다. 특히 이 수도원은 1996년에 유네스코 세계문화유산으로 지정되었다.

로마 판노니아 시대에 마틴스베르크 근처에 사바리아라는 로마 정착지가 건설되었고, 이곳에 지금 수도원이 자리를 잡고 있다. 현재 수도원 안뜰에 보관되어 있는 몇몇 로마 석조 기념물은 고대 정착민이 이 지역에 살았다는 초기의 증거물이다. 이주 기간 동안 고대 도시는 사라졌고, 사바리아의 존재는 중세 수도원 설립에 있어서 정체성을 드러내는 매우 중요한 의미를 가지고 있다. 지역 전통에 따르면 마르티노 성인이 316-317년경에 이곳에서 태어났다는 것이다. 그리고 마르티노 성인이 자신의 이름을 수도원에 붙였다고 한다. 이런 이유로 산 마르티노 수도원이라고 부르기도 한다. 이 수도원은 1823년에야 판논할마라는 이름을 부여받았다. 당시 헝가리어 개혁가 페렌츠 카진치가 헝가리화 과정에서 처음으로 이 용어를 사용했는데, 그는 창립 문서에서 라틴어로 '몬스 사체르 판노니아에'Mons Sacer Pannoniae, 성 판노니아의 산이라는 뜻의 단어를 사용했다.

게자 1세는 996년에 성 판노니아 언덕에 최초의 헝가리 베네딕토회 수도원을 세웠다. 첫 번째 헝가리 왕인 이슈트반 1세의 통치 시대에 대수도원 지위로 승격되었고, 그 이후로 헝가리의 베네딕토 수도회의 중심지 역할을 하였다. 마틴스베르크에 파견된 최초의 사제는 브로이나우 보헤미아 대수도원에서 온 바이에른 수사들이었고, 993년에야 니더랄타이히 수도원으로부터 온 수사들이 정착하기 시작했다. 헝가리 왕들의 목표는 판논할마 수

판논할마 수도원 성당 종탑 ©김상희

도원을 통해 그들의 국민을 그리스도교화 하는 것이었다.

이슈트반 1세는 1001년 2월에 수도원에 특별한 권한을 부여했는데, 이날 발행된 증서에는 아직도 판논할마에서 가장 귀중한 서면 문서로 남아 있는데, 이 문서에는 수사들에게 후임 왕들의 구원과 나라의 생존을 위해 기도하도록 의무화했으며, 수도원을 로마에 있는 교황청 직속으로 두도록 하는 내용이었다. 판논할마는 오늘날에도 여전히 이 역할을 유지하고 있으며, 수도원의 수사들은 매일 'pro stabilitatem regni', 즉 '국가의 안정을 위해 기도'하고 있다.

1994년에 성당 종탑 아래에서 중요한 고고학적 발굴 작업이 이루어졌다. 초기 석조 로마네스크 양식을 지닌 수도원 성당의 서쪽 지성소를 발굴했다. 이 건물은 오늘날 여전히 보존된 초기 고딕 양식의 수도원 성당 규모와 비슷하였다. 수도원 건물과 마찬가지로, 이 최초의 성당은 1001년에 축성되었다.

중세 시대의 가장 중요한 아빠스 중 한 사람은 1207년부터 1243년까지 재임한 우로스 아빠스다. 그는 무엇보다도 수도원의 자산을 몇 배로 늘리고 법률적인 안정을 취했다. 또 몽골의 침략을 대비해, 수도원의 가장 중요한 문서 팔십 개를 소위 『리베르 루베르』붉은 책로 복사했는데, 이 책은 오늘날 헝가리에서 가장 오래된 문서이다. 이처럼 우로스 아빠스는 몽골의 침략에 맞서 수도원을 훌륭하게 방어해냈다.

오래된 수도원 교회가 손상되고 황폐해진 후, 우로스는 1224년 말에 국왕 앞에서 길이 50m, 통로 세 개로 된 초기 고딕 양식의 성당 건물을 봉헌했는데, 이 건물은 오늘날까지도 그대로 잘 보존되어 있다. 이 건물에는 헝가리에 보존된 유일한 초기 고딕 양식의 측면 현관인 스페시오사의 문Porta Speciosa이 있으며, 다섯 개의 이중 기둥과 잎사귀로 화려하게 장식된 아치문을 통하면 성당으로 이어진다. 1994년 루칸 전통의 볼토 산토 프레스코화Volto Santo-Fresco가 성당 회랑 벽에서 발견되었는데, 14-15세기에 그려진 것으로 추정된다.

오스만 제국의 공격으로 헝가리의 교회와 수도원은 큰 어려움에 빠졌고, 많은 경우 파괴되었으며 사제들과 수도자들은 피난하였다. 이 기간 동안 판논할마는 국경 요새로 바뀌었고, 1598년 초 오스만 투르크군의 퇴각으로 점령 지역이 해방은 되었지만 황폐화된 판논할마에 1639년 열 명의 수사가 다시 거주하게 되었다. 재건축을 위해 새로운 정착민들이 먼저 마을로 들어오고, 경제가 활성화되면서 재건이 시작될 수 있었다. 1802년에 수도회는 다시 활동을 시작하게 되었고 새로운 역할인 교육 사업에 전념할 수 있게 되었다. 오늘날까지도 수도원에는 헝가리의 명문 기숙 학교가 있다. 도서관에 있는 그림은 모두 고대 예술가와 지식인의 작품으로, 19세기 계몽주의 정신을 반영하고 있다. 도서관의 장서 규모는 꾸준히 확대되었고, 특히 독일의 해체된 수도원에서 서적을 구매하여 장서는 더욱 증가하였다. 오늘날 수도원은 열두 개의 사본과 약 삼백 개의 인쿠나불라Incunabula(초기 인쇄본), 그리고 약 삼십만 권의 장서

수도원 건물 외벽의 조각상©김상희(좌) 과 헝가리의 그리스도교화에 중요한 역할을 한 이슈트반 1세의 동상

를 소장하고 있다. 도서관이 완공된 후 55m 높이의 새로운 종탑 건설도 시작되었다.

1945년 이후, 헝가리의 모든 수도원은 국유화되었지만, 수도원은 제한된 조건 하에서, 지속적인 교육 활동을 통해 '변화'가 올 때까지 명맥을 이어갈 수 있었다. 그 이후로 교회와 사회를 위한 전통적인 수도원의 역할에 헌신을 해온 수도원은 1989년 이래 이 지역의 열다섯 개 교구에서 활동하고 있다.

공산 치하의 동구권에서 신앙의 터전을 유일하게 지켜낸 헝가리 판논할마 베네딕토회 수도원. 성 마르티노의 유골을 모신 지하 성 십자가 성당으로 내려가는 가파른 계단, 작은 경당은 13세기 벽과 장식이 그대로다. 헝가리, 멀고 먼 낯선 수도원을 찾은 순례단은 사제들과 수도자들이 공산 치하에서의 박해와 투옥과 고문에도 굴하지 않고 신앙을 지켜낸 순교정신 앞에서 하느님께 감사드렸다.

베네딕토회에서 가장 큰 도서관을 가진 판논할마, 층층이 쌓인 고서들 위로 높은 천장 유리창에 스미는 빛과 화가와 건축가의 신심어린 손길이 넓게 담긴 아름다운 19세기 도서관은 옛 시대를 말하고 있다. 검은 두건의 수도승이 사다리에서 내려와 창가에서 조심스레 책장을 넘길 무렵, 창밖의 함박눈이 휘날리면 완전한 고요가 내려앉고 무아지경에 빠진 오래전의 수도승, 그가 몰입한 오로지 하나의 세상. 지적·영적·정서적인 욕심을 맘껏 누려도 좋을 수도승의 충만한 시간의 흔적인 책 냄새가 넓은 홀에 가득했다.

베네딕토회에서 가장 큰 도서관을 가진 판논할마
©김상희

1001년 라틴어로 된 수도원 허가서와 "사랑에 빚을 지지 마십시오"라는 최초의 헝가리어로 쓰인 『사랑의 헌장』은 귀중한 보물이다. 핍박과 압제의 공산 치하에서 수도원은 자유주의 항쟁을 강하게 펼쳐 모든 것을 지켜내었다.

해방 후, 북한 덕원 수도원의 책과 귀중한 문서들은 포장지가 되고 파이프 오르간은 고물상에 넘겨졌다는 말이 아프게 닿는 곳, 어느 탈북 형제는 오랜 세월 하느님이 자신들을 버린 줄 알았다고…. 웅장하고 화려하고 거룩하게 꾸며진 성당과 베네딕토 성인의 일화들이 곳곳에 그려져 있는 수도원을 돌며 역사와 문화와 신앙을 만나는 시간, 성인에 대한 마음이 깊어졌다. 우리 순례의 끝자락은 수비아코와 몬테카시노, 그곳에서 우리는 수도원의 아버지인 베네딕토 성인을 온전히 만날 것을 기대하였다.

수도원 베란다에 서면 언덕 아래 쫙 펼쳐지는 판논할마와 저 멀리 들판과 산들이 멋진 풍경을 보여 준다는데 안개가 자욱하여 붉은 지붕의 마을만 어스름했다. 중세의 추억은 안개에 묻혀 아스라이 멀고, 저 아래에서 수도원을 올려다보며 하늘의 세계를 기원하며 기도의 삶을 산 무수한 사람들, 그 열망은 거대한 판논할마 수도원과 헝가리의 정신과 긍지가 되었으리라.

판논할마를 건축하며 먼저 동쪽 제단을 만들어, 태양이신 그리스도를 맞이한 수사들의 마음은 하느님을 기쁘게 해드리고 사랑에 빚을 지지 않는 세상을 만드는 것이었다. 판논할마의 삼십여 명 수사들은 헝가리 교회의 중심이요, 신앙의 지주요 영혼의 고향에서 신앙 수호를 위해 고통의 역사를 지나 당당하게 부활한 승리를 증거하고, 수도원의 김나지움 학생들은 중세 유럽 문화의 동부 지역 교두보 역할을 한 수도원의 정신을 이어받아 다시 동유럽에 하느님의 사랑을 꽃피우는 등불로 자라기를, 키 큰 미루나무들은 꿈꾸고 있다.

사자바의 씁쓸함이 환희가 되는 판논할마 수도원 순례는 마음 깊은 사랑이 되고 좋은 것을 나누기 위한 순례라는 말씀처럼, 참 은총의 시간을 안고 안갯길을 따라 오스트리아 빈으로 향했다. 알프스의 깊은 산속 수도원으로!

하일리겐크로이츠 수도원

Stift Heiligenkreuz

모차르트가 생각나는 음악의 도시이며 슈테판스돔 주교좌 대성당Domkirche St. Stephan, 쇤브룬 궁전Schönbrunn Palace이 떠오르는 빈을 출발하여 하일리겐크로이츠, 릴리엔펠트, 마리아 젤의 가르멜 수원으로 향하는 여정 속에 찾은 하일리겐크로이츠 수도원은 1차 때도 순례했던 곳이다. 유명한 빈 숲속의 시토회 수도원인 하일리겐크로이츠 수도원에 도착했을 때 텔레비전 다큐멘터리 팀이 취재 중이었다.

하일리겐크로이츠 수도원은 1133년에 설립된 세계에 있는 시토회 수도원 중에서 두 번째로 오랜 역사를 지니고 있으며, 칠십여 명의 수도자들이 기도하면서 생활하고 있다. 수도원 안뜰 중앙에는 지오반니 줄리아니가 설계하고 1739년에 완공된 바로크 양식의 삼위일체 기둥이 웅장하게 순례자들을 반겨 주고 있고 수백년을 살았

빈 숲속의 시토회 수도원인 하일리겐크로이츠 수도원 ©김상희

을 덩치 큰 나무도 눈에 들어왔다. 그레고리안 성가로 유명한 수도자들의 낮기도 시간에 함께할 수 있는 영광을 누렸다.

순례단은 마흔세 개의 종이 설치된 종탑으로 유명한 수도원에서, 그것도 아름다운 제대가 있는 경당에서 미사를 드렸다. 경배하며 성금요일의 마음으로 무수히 나누어진 부활의 빵을 모셨다. 낮은 데로 임하시는 임의 모습으로 사는 수사님들이 바치는 낮기도, 영적 풍요 속에 웅장하고 힘차고 거룩한 정오의 낮기도 영광송을 비치며 무수히 허리 굽혀 절하는 수도원의 수도자들, 깊고 고요한 세상에서 아름답고 선하고 가치 있고 참된 것을 향하여 자유를 찾은 그들의 삶이 진정한 자유요 해방이었다.

유명한 성가대와 귀중한 문헌을 소장한 도서관, 팔백 년간 오스트리아 음악의 중심이 되고 수도원 최초로 인터넷 선교를 집중적으로 전개한 하일리겐크로이츠는 유럽에서 가장 활동적인 부르심의 수도원이다.

릴리엔펠트 수도원
Stift Lilienfeld

릴리엔펠트 수도원은 오스트리아 니더외스터라이히 주 릴리엔펠트 마을, 아름다운 계곡에 위치한다. 릴리엔펠트는 '백합의 뜰'이란 이름으로, 하일리겐크로이츠의 부속 수도원이자, 시토회 수도원이다. 시토Citeaux 수도회는 1098년에 베네딕토회 몰렘 수도원 원장 로베르토Robertus가 베네딕토 수도회의 느슨해진 회칙을 보다 더 엄격한 수도 회칙을 만들어 뜻을 같이하는 수사 스무 명과 함께 수도원을 개혁한 수도회의 명칭이다. 이후 1664년에 시토회에서는 보다 더 엄격한 수행을 강조하는 개혁 수도회인 트라피스트회Trappist, 엄률 시토회가 탄생하게 된다.

릴리엔펠트 수도원의 시토회 수사들은 전례(시간의 전례와 미사)를 거행하는 것을 그들의 가장 중요한 임무로 여긴다. 빈에서 마리아 젤까지 이어지는 오래된 순례길인 비아 사크라Via Sacra에 있는 중요한 순례지인 릴리엔펠트 수도원은 이 지역의 정신적, 문화적 중심지이다. 이 성당은 오스트리아 중세 건축물 중 가장 아름다운 기념물 중 하나로 여겨지며, 중부 유럽에서 가장 크게 보존된 시토회 수도원이다.

1202년 오스트리아와 슈타이어마르크의 공작 레오폴트 6세(바벤베르크 가문의 일원)에 의해 하일리겐크로이츠 수도원의 분원으로 설립되었으며, 모리몬트 연합에 속한다. 1217년, 레오폴드 6세 공작은 그의 영토에 사는 많은 귀족들을 릴리엔펠트로 모아 5차 십자군 전쟁에 참가하였다. 십자군 전쟁 이후 그는 비잔티움에서 받은 십자가 유물을 릴리엔펠트 수도원에 기증했고, 그가 사망하자 그의 시신은 릴리엔펠트 수도원 성당에 묻혔다.

14세기에 이 수도원의 문서실은 『사랑의 사전』의 저자인 울리히 아빠스와 크리스

비아 사크라에 있는 중요 순례지인 릴리엔펠트 수도원

티안 수사 덕분에 특히 주목을 받았다. 중세 시대에 릴리엔펠트 수도원의 수사들은 가난한 사람들과 병든 사람들을 돌보고 손님을 맞이하는 데 매우 열심이었다. 16세기 릴리엔펠트 수도원의 영적 위기 이후, 수도원은 17세기 반 종교개혁의 지역 중심지가 되었다. 1683년 오스만 투르크군의 빈 포위 공격 동안 릴리엔펠트 수도원은 주변 주민들과 함께 투르크족과 타타르족의 약탈을 성공적으로 방어했고, 18세기 전반에는 교회 탑, 도서관, 교회 내부가 바로크 양식으로 지어졌고, 계몽주의 시기에는 새로운 여러 본당의 사목을 담당하는 역할을 맡았다. 하지만 1789년 요셉 2세 황제는 수도원의 막대한 부채 때문에 릴리엔펠트 수도원을 폐쇄했었고, 그의 후계자인 레오폴드 2세 황제는 릴리엔펠트 주민들의 요청에 따라 다시 복원시켰다. 20세기에 접어들어 릴리엔펠트 수도원은 1930년대의 경제 위기, 나치 정권 하의 극심한 규제, 1945년 전쟁 마지막 며칠의 파괴로 큰 피해를 입었음에도, 소련군 점령군으로부터 수도원이 무사할 수 있었던 것은 러시아어 성경 덕분이라는 설이 전해진다. 방명록에 적힌 소련 지휘관의 러시아어 메모에는 수도원이 점령군에게 무사했다는 내용이 적혀 있다. 이 수도원은 1976년 바오로 6세 교황에 의해 바실리카로 지정되었다.

마리아 젤의 티없이 깨끗하신 성모성심 가르멜 수녀원

Karmel des Unbefleckten Herzens Maria am Kreuzberg

마리아 젤 가르멜 수녀원으로 향하는 길은 어느새 어둠이 밀려오고, 집집마다 한국에서는 보기 드문 아름다운 불빛이 눈길을 끌었다. 고요한 어둠 속에서 순례단들은 무슨 생각을 하고 있을까, 문득 궁금해졌다.

"마리아 젤 가르멜 수녀원의 수녀님들은 어찌하여 그리도 평온하고 밝으십니까?" 라고 누군가가 말을 건네자 "하느님께서 이리도 사랑해 주시는데 감사하고 기쁘지

요"라는 대답이 돌아왔다. 우리들도 이처럼 하느님께서 주시는 사랑을 제대로 보고 느끼며 늘 기쁘고 행복하게 살아 이웃에게 착한 표양이 된다면 얼마나 좋을까, 하는 생각이 들었다.

하느님의 사랑 마리아 젤 수도원의 수도사 막뉴스는 1157년 은총의 성모상을 모시고 첼리탈 산속으로 들어왔다. 큰 바위가 가로막자, 기도로 바위를 부수고 그 위쪽에 성모님을 모신 작은 방 마리아 젤을 지었다. 순례자들이 찾아오고 이곳에서는 많은 기적이 일어났다. 종교 분열 후 합스부르크 왕가가 국립 성모 성지로 선포한 후로 오스트리아 최고의 성모 성지가 된 마리아 젤에 교황 요한 바오로 2세와 베네딕토 16세도 순례하였다.

마리아 젤은 포근한 날씨 덕분에 설경은 볼 수 없었다. 도착했을 때에는 저녁기도가 끝나는 시간이었다. 나무로 만든 성모상이 모셔진 경당은 문을 닫아, 촛불을 밝히며 묵주 기도를 바칠 수 없음이 아쉬웠다. 성지가 보이는 고개 위에 있는 마리아 젤 가르멜 수녀원은 2층 구조의 작은 집으로 소박했다. 아늑한 성당에서 원장 수녀님은 자신이 만든 토실하고 예쁜 아기 예수님과 구유를 보라며 맑고 밝게 웃으셨다. 별다른 예술품도 장식도 없이, 열두 분의 수녀님들이 하늘나라의 확신으로 사는 이곳은 하느님의 온전한 사랑을 순례단에게 전해 주었다. 나지막이 합해지는 저녁기도는 봉쇄의 벽을 넘어 스펀지의 물처럼 스며들었다.

2층 구조의 작고 소박한 수녀원 입구

포라우 수도원

Stift Vorau

겨울 순례에는 폭설이 길을 막는 경우가 종종 있으나 알프스 깊은 계곡에 위치한 라인과 포라우 길은 눈도 추위도 없었다. 고요와 고독 속에서 하느님을 만나는 산중 수도원에서 순례단은 영혼의 맑음과 깊이를 더하고, 고요한 밤 거룩한 밤 기념 경당에서 합창하며 다시 성탄의 기쁨으로 순례의 절정에 이르렀다.

공동생활 규칙을 바탕으로 세 가지 서원을 하며, 초기 교회 사도들을 모범으로 삼는 아우구스띠노회 수사들은 모두 사제들이다. 오스트리아 슈타이어마르크주 아름다운 포라우 골짜기, 전문학교와 피정의 집을 운영하는 열다섯 개 첨탑과 빨간 지붕의 포라우 수도원은 지난 밤 내린 비에 말갛게 씻긴 대기 속에 푸른 하늘과 흰 구름 아래 아름답게 서 있었다. 1163년 설립한 이래 90년 동안 꾸민 수도원의 내부는 정교한 나무상감과 날아오를 듯 생생한 천사 조각상만 구백 점, 당시 부와 신심을 보여주는 2.5kg 순금 장식과 제의실 등 바로크 예술의 빈틈없는 집합체이다. 아우구스띠노회 포라우 수도원에는 열여섯 명의 수사가 생활하는데 작업복 차림의 젊은 수사와 노 수사 두 분이 드리는 정오기도가 어찌나 맑고 밝은지 포라우의 하늘빛과 닮아 보였다. 아름다운 프레스코화로 완성된 수도원 성당의 천장은 구약의 예언자들에 의해 선포되는 주님의 왕국을 나타내고 있고, 성당 양옆으로는 예수님의 탄생부터 십자가의 죽음까지 예수님의 일생을 그려놓았다.

경건하게 두 손을 모으는 기도 시간, 잠시 지나더라도 여운은 길었다. 정원에서 만난 눈부신 햇빛은 기도의 화답송인 듯했고, 분홍빛이 들어간 수도원은 밝고 화사하고 봄처럼 고왔다. 온 세상이 찬미를 드리는 푸른 하늘빛에 잠기는 포라우, 방어용 첨탑과 해자와 강철로 된 큰 문의 수도원은 대자연의 향연과 수사들의 기도로 알프스 산속 믿음의 기둥으로 우뚝서 있었다.

이 수도원은 1163년 트라운가우의 오토카르 3세와 그의 아내 쿠니군데가 오랫동안 기다려온 후계자의 탄생에 대한 감사의 마음으로 세웠다. 그후 오토카르 영주는 베흐셀과 마젠베르크 사이에 있는 자신의 슈타이어마르크 영토를 잘츠부르크 대주교 에버하르트 1세에게 넘겨주었고, 에버하르트 1세는 성 루퍼트 대성당의 아우구스띠노회 사제들을 그곳에 정착하도록 보냈다. 1237년에 수도원 건물은 화재로 파괴되었지만, 그 후 얼마 지나지 않아 재건되었다.

1503년부터 1505년까지 맹위를 떨친 전염병 기간 동안 포라우교구에서 팔백 명이 목숨을 잃었다. 종교개혁 동안 이 수도원은 사라질 위기에 처했다. 수도원에는 단 한 명 대수도원장만이 남았다. 상황은 1544년에 새로운 교구장이 임명될 때까지 개선되지 않았다. 교구장 필립 라이슬과 세바스찬 폰 베버스베르크 백작의 통치 하에 도서관이 있는 새로운 수도원이 지어졌다. 그 후에 새로운 전염병 유행에서 살아남은 것에 대한 감사의 표시로 수도원 문 앞에 성모상과 기념 기둥을 세웠다. 1736년에 수도원은 마흔여섯 명의 성직자를 확보하며 역사상 가장 많은 회원 수를 기록했다.

1844년에 요새 성벽이 파괴되고 해자가 부분적으로 메워지면서 수도원은 성곽으로서의 성격을 잃었지만, 그동안 학교 교육에 큰 기여를 했기 때문에 18세기에 요세피니안 개혁의 대상이 되지는 않았었다. 하지만 국가 사회주의자들은 1940년에 수도원을 폐쇄하고 '포라우 성'이라고 부르며 국가 정치 교육 기관을 설립했다. 수사들은 수도원을 떠나야 했고, 수도원은 나치 통치 수중에 들어갔다. 1945년 5월 27일, 수사들이 파괴된 수도원으로 다시 돌아와 재건을 시작하였고, 1960년대 말경에 완료되었다.

수도원 정원의 성모상

2009년 세계 독서의 날을 맞이하여 오스트리아 전 지역의 돌을 모아 조각하여 만든 독서 기념비로 돌이 수만 년의 역사를 내장하고 있듯이, 책 또한 그러한 지식의 보고라는 뜻을 지니고 있다.

라인 수도원

Stift Rein

라인 수도원은 슈타이어마르크 주의 그라트바인슈트라세엔겔Gratwein-Straßengel in der Steiermark 지방에 있는 시토회 수도원이다. '라인'이라는 이름은 '계곡 평원'을 의미하는 슬로베니아어 라우나rauna에서 유래되었다. 수도원은 그라츠에서 북서쪽으로 약 15 km 떨어진 라인 지구에 위치해 있다.

라인 수도원은 1129년 트라운가우어 가문의 강건한 후작 레오폴드에 의해 건립되었다. 레오폴드는 이 수도원을 트라운가우어Traungauer 사람들을 위한 개인 소유의 수도원으로 건설하였고, 그의 통치 지역의 종교 중심지로 삼았다.

이 수도원의 물질적 자원은 레오폴드의 아버지 오토카르 2세가 발도 백작의 상속재산으로 받은 재산이었다. 수도원에 어떤 수도회가 거주해야 하는지에 대한 트라운가우어 사람들의 대답이 시토회였고, 그는 바이에른의 에브라흐Ebrach 수도원에 연락을 하였다. 이로 인해 라인 수도원이 모리몬트Morimond 연합회 소속 수도원이 되었다. 에브라흐 수도원의 수사들은 주님 탄생 예고 축일을 위해 1129년 3월 25일 라인에 왔으며, 1129년 슈타이어의 후작 레오폴트에 의해 시토 수도회의 서른여덟 번째 수도원으로 설립되었다. 현존하는 세계에서 가장 오래된 시토회 수도원이다. 이전에 설립된 수도원은 프랑스 혁명으로, 독일에서는 세속화로 인해 해체되고 국가로 이양되었기 때문이다.

1276년, 슈타이어마르크와 케른텐의 귀족들은 오스트리아 역사의 방향을 정하는 약속을 했는데, 그것은 누가 제국을 통치해야 하는가였다. 바벤베르크의 마지막 두 여성 중 한 명과 결혼하여 집권한 오토카르 2세 프레미슬이나, 스위스 출신의 유망한 루돌프 폰 합스부르크 등이었다. 그 결과 루돌프는 군주가 되었고, 이로써 육백사십 년 동안 지속된 합스부르크 통치가 시작되었다. 15세기 말에 이르러 수사의 수가 급격하게 줄어들었는데, 처음에는 흑사병 때문이었고 나중에는 급속히 확산된 종교 개혁의 결과였다. 16세기 말이 되어서야 수도회 수사의 수가 다시 증가했다.

1959년부터 1990년 사이에 이 수도원은 체코슬로바키아에서 추방된 호헨푸르트 수도원의 수녀원으로 사용되었는데, 이 기간 동안 '라인 호헨푸르트 수도원'Stift Rein-Hohenfurt라는 이중 이름을 갖게 되었다. 이 수도원 성당은 1979년에 교황 요한 바오로 2세에 의해 소 바실리카로 승격되었고, 2019년까지는 열네 개 교구를 포함하는 라인Rein의 전 지구장 본당이었다.

안내한 수사는 동물을 키워 양피지를 만들었다며 깃털과 갈대, 빨대와 철필을 사용한 옛 필기구를 들고 내밀었다. 천사백 년 전 보리수 껍질 잉크를 수도원 김나지움 화학 교사가 옛 방식으로 만들어냈다. "책의 가치는 이렇게 펴서 읽는 것"이라며 중세의 책을 펼쳐 보인 십만 권 장서의 도서관은 인류의 보고로 지역 발전에 끼친 공적은 대단

라인 수도원 © Dnalor 01 / Wikimedia Commons / CC BY-SA 3.0.

하다.

유네스코 세계문화유산으로 지정된 라인 수도원은 오래된 벽과 그림, 고서들과 조각품과 회랑과 계단까지, 운치를 품고 있어 순례자의 영혼과 정서와 머리를 휘황하게 하였다. 1100년대 정원을 지나 아름다운 성모 경당에서 순례단은 가톨릭 성가 '자모신 마리아'를 정성껏 바쳤다. 성모님의 눈은 따스하고 엄마의 머리카락을 잡고 있는 아기는 기쁜 샘물이 되었다. 고딕풍의 성모상은 움직임이 있었다. 저녁기도인 듯 바람이 지나고 알프스 깊은 산중 혹독한 겨울을 하느님과 함께 사는 수사들, 꽁꽁 언 빵을 먹으며 고행의 길을 간 그들은 순례의 길을 알려 주고 있었다.

슐리어바흐 수도원

Stift Schlierbach

순례 6일째 그라츠에서의 아침 식사 후 슐리어바흐 수도원으로 출발했다. 라인 수도원의 분원으로, 전통에 따라 산속 깊숙이 세워진 슐리어바흐 시토회 수도원은 계곡의 물 가까이에 있었다. 슐리어바흐라는 이름이 최초로 기록된 것은 927년 잘츠부르크 자료에서 찾을 수 있다.

지구본(좌)과 중세 필사본

오늘날의 수도원 자리에는 이미 10세기 초에 성곽이 있었던 것으로 추측된다. 여러 역사를 거쳐, 1353년에 발제의 에버하르트 5세가 이곳을 소유하게 되었고, 그가 1355년에 이곳에 시토회 수녀원을 세웠다. 수녀원 이름은 복되신 동정 마리아의 궁전Aula beatae Mariae Virginis이라는 이름으로 수도원 연합회에 통합되었고, 중세 시대는 독일 이름인 마리아의 방Mariensaal 또는 동정녀의 방Frauensaal이라는 이름으로 불리웠다. 수도원 성당은 바로크 양식과 프레스코화로 정교함과 화려함을 보여 주고 있고, 1712년에 완성된 도서관 역시 바로크 양식으로 장식되어 있다.

첫 번째 수녀원장(후에 대수녀원장이 됨) 엘리자베스 폰 군델핑겐이 열두 명의 자매와 함께 수도 생활을 하였다. 그 이후 약 이백 년 동안 열여덟 명의 수녀원장이 수도원을 이끌어 왔으며 이 기간 동안 새로운 건설이나 재건축에 대한 기록은 없다. 17대와 18대 수녀원장 재임시, 개신교가 이 지역에 급속히 확산되어서 수녀원은 세속

전통에 따라 산속 깊숙이 세워진 슐리어바흐 시토회 수도원

화되고 황폐해져, 수녀들은 결국 여기를 떠나게 되었고 폐쇄되었다.

수도원의 재산이 세상 권력자로부터 약탈당하지 않은 이유는 지역 행정가와 가톨릭 신자, 그리고 반 종교개혁을 이끈 합스부르크 왕가 덕분이었다. 그들은 이 기간 동안 수도원을 지원하고 감독하는 역할을 하는 수도원 협의회를 1586년에 설립했다.

1609년에서 1620년 사이에 슐리어바흐는 크렘스뮌스터 수도원의 관리를 받았고, 하일리겐크로이츠 시토회 수도원에서 파견된 안톤 볼프라트가 아빠스가 되었다. 볼프라트는 반 종교개혁 이후 시토회와 함께 슐리어바흐를 다시 복원하고 싶어했다. 페르디난드 2세 황제는 곧 그라츠 근처 라인 수도원의 수사들이 이전 수녀원에 이주하는 것을 승인했다. 1620년, 라인의 아빠스 마티아스 걸거는 자신의 전임자 볼프강 좀머(슐라이허바흐의 첫 아빠스가 됨)와 일부 수사들을 오버외스터라이히로 파견했고, 수도원의 발전은 빠르게 이루어졌다.

니바르트 I. 가이레거는 완전히 새로운 수도원을 짓기 시작했다. 그의 재임시 서쪽 건물은 1674년에 완성되었고, 수도원장실 북쪽과 동쪽 정면, 그리고 수도원 종탑은 1678년에 완성되었다. 전후 몇 년 동안 금속 세공소, 목공소, 원예 상점이 재개점하였고, 수도원의 치즈 생산 시설이 새로 추가되었으며, 오스트리아에서 최고의 치즈를 생산하고 있다. 이는 곧 수도원의 삶에 중요한 경제적 수입 요소가 되었다. 특히 이 수도원은 오스트리아에서 유명한 스테인드글라스 학교를 운영하고 있으며, 세계적으로 유명한 유리 세공장들의 공방에는 한국에서 온 학생들도 수학하고 있다. 그리고 오랜 전통을 지닌 명품 치즈를 생산하는 작업장과 함께한다.

순례단은 오스트리아 알프스 산속의 슐리어바흐 시토회 수도원 도서관에서 참으로 중요한 문장을 만났다. 베네딕토회 수도원장이자, 근대 암호학 및 스테가노그래피의 창시자 중 한 명으로 꼽히는 요한 트리테미오Johannes Trithemius가 1492년에 필사본 책을 찬양하며 쓴 글에서 눈을 뗄 수가 없었다.

"Da der größte Schatz der Kirche
in der Zahl ihrer überlieferten Schriften besteht,
begeht der ein Unrecht gegen die Kirche,
der es versäumt, diese heiligen Bücher sorgfältig zu bewahren.
Bücher sind die Waffen, deren sich die Kirche im Kampf
gegen die irrgläubigen bedient:
wenn jemand zulässt, dass sie entfernt oder gar vernichtet werden,
bezeugt er damit seine mangelnde Liebe zur Kirche."
Johannes Trithemius: De laude Scriptorum Manualium (1492)

"여기 이 도서관에, 교회 안에 전해 내려오는 가장 위대한 보물인 책들이 있다. 이 거룩한 책들을 아주 소중하게 보존하지 않고 소홀히 한다면 그것은 교회를 해치는 부당한 행위를 하는 것이다. 이 책들은 교회가 미신과 신앙의 오류에 대항하여 싸우는 무기이다. 그러므로 이 책들을 멀리하거나 없애려고 하는 사람은 교회에 대한 사랑의 부족을 스스로 증명하는 것이다."

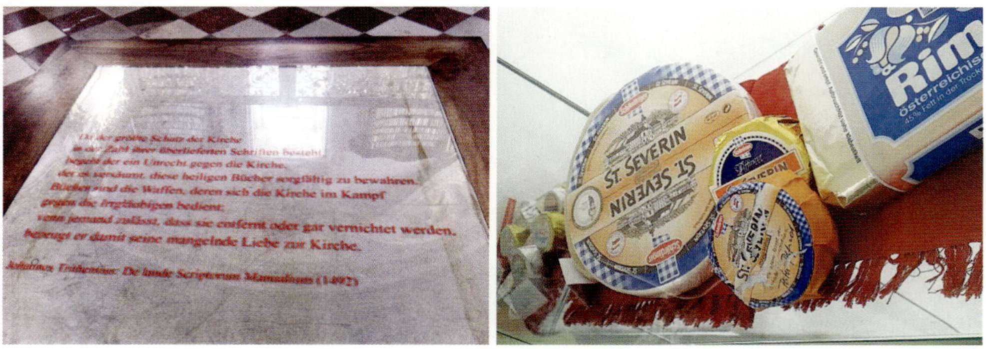

수도원 도서관의 요한 트리테미오의 문장(좌)과 수도원의 유명한 치즈

논베르크 수녀원

Stift Nonnberg

잘츠부르크는 오래전부터 '북쪽의 로마' 불리웠다. 서쪽으로는 웅장한 알프스, 동쪽은 호엔 잘츠부르크 성, 그 아래 당당히 서 있는 호프부르크 궁전, 잘츠부르크 주교좌 대성당은 위풍당당, 그 웅장함을 자랑한다. 논베르크 수녀원은 호엔 잘츠부르크 북쪽 언덕 기슭에 숨은 듯 자리하고 있다. 논베르크 수녀원은 호허 헤그를 통해, 카이가세에서 논베르슈티에쥬 계단을 거쳐, 논탈에서 좁은 골목을 지나야 도달할 수 있다. 이 길을 걷노라니 논베르크 수도원의 수녀님들은 이 길을 걸으며 무엇을 기도하고 희망했을까 궁금해졌다.

논베르크 수녀원은 잘츠부르크의 초대 수녀원장 에렌트루디스[Erentrudis]의 이름을 따서, 에린[Erin] 수도원으로도 알려진 잘츠부르크에 있는 베네딕토회 수녀원이다. 잘츠부르크의 성 루페르트[Saint Rupert]에 의해 712/715년경에 설립되었으며 독일어권 지역에서 현존하는 가장 오래된 수녀원이다. 논베르크 수녀원 부지 전체는 주변 성벽과 고고학 유적지를 포함하고 있어, 잘츠부르크 역사 지구에 속하며 1996년 유네스코 세계문화유산에 지정되었다. 논[Nonn]은 수녀를 뜻한다.

특히 마리아 폰 트랩의 이야기는 논베르크 수도원에서 시작되었는데 그녀는 1924년 이 수녀원의 청원자였고 그녀의 삶이 브로드웨이 뮤지컬[1959]과 영화 〈사운드 오브 뮤직〉[1965]으로 세상에 널리 알려졌다. 마리아가 논베르크 수녀원에 있던 시절의 원장 수녀는 비르질리아 륏츠였고, 영화의 일부 장면은 이 수녀원에서 촬영되었다.

수녀원을 들어갈 때도 나올 때도 수녀님들의 묘지를 지나야 했다. 이 공동묘지는 잘츠부르크에서 오래된 공동묘지 가운데 하나로, 베네딕토 성인의 "죽음을 기억하라"[Memento Mori]는 말씀을 기억하며 사는, 살아있는 사람(지상의 교회)과 죽은 사람(성인)의 통공(천상의 교회)을 고백하는 신앙의 장소이기도 하다.

8세기 초 잘츠부르크의 루퍼트는 요새와 옛 로마 도시 유바붐의 요새 유적지 아래에 수도원을 세웠다. 첫 번째 수녀원장은 잘츠부르크의 성 에렌트루디스Saint Erentrudis였는데, 이 수녀는 루퍼트 주교의 조카이거나 자매였다고 짐작된다. 에렌트루디스는 가난하고 병든 자의 어머니였으며, 가난한 사람들뿐 아니라 바이에른 공작과 하인리히 2세도 중병에 걸렸을 때 그녀의 도움으로 회복되었다. 그 후 수도원 건축에 큰 공헌을 하였고, 성녀로 추앙을 받았으며 1624년부터 수녀는 '잘츠부르크의 어머니'라는 칭호를 갖고 있으며, 성녀의 무덤은 성당 지하에 있다.

수도원의 부지는 바이에른의 아길롤핑거 공작 테오도Theodo와 그의 후계자 테오드베르트Theodbert가 기증하였다. 수녀들은 모두 귀족 가문 출신이었고, 도시 남쪽의 잘차흐강을 따라 광대한 토지를 소유하고 있었으며, 수도원의 부지는 바이에른 공작이기도 한 황제 하인리히 2세에 의해 확장되었다. 1006년경에 화재가 발생한 후, 수도원 성당은 하인리히 2세의 지원으로 재건되었고, 수도원 성당

호엔 잘츠부르크 언덕 기슭, 논베르크 수녀원 © Andrew Bossi / Wikimedia Commons / CC-BY-SA-2.5

인 성모 승천 성당Maria Himmelfahrt은 잘츠부르크에서 두 번째로 오래된 성당으로, 성모 마리아를 주보성인으로 모시고 있다. 로마네스크 양식의 이 건물은 1423년 화재로 대부분 파괴되었고, 이후 1464년에서 1509년 사이 세 개의 본당이 있는 후기 고딕 양식으로 다시 지어졌다.

1624년에 성당은 세 개의 측면 경당을 포함하도록 확장되었고, 바로크 양식의 개조 공사가 1880년대에 이루어졌다. 베네딕토회 규칙은 12세기 초 잘츠부르크의 콘라트 1세Konrad I. 대주교에 의해 도입되었고, 성모 마리아상이 있는 후기 고딕 양식의 날개 달린 제단은 수도원 성당의 중심이다.

성당에서 가장 눈에 띄는 것은 합창단과 프레스코화, 문 옆의 팔각형 기둥에 있는 나무 조각상이다. 여기에는 황제 하인리히 2세, 성모 마리아와 예수님, 성 루퍼트, 성 에렌트루디스 등이 조각되어 있다. 논베르크 수녀원의 마리아 교회는 논베르크 수녀원의 역사와 전통을 느낄 수 있는 공간이다.

수녀원 성당 입구의 조각상

마돈나 델라 코로나

Madonna della Corona

순례단은 계획된 대로 오스트리아 잘츠부르크에서 열린 교구장 착좌식 미사에 참석했다. 수많은 인파와 행렬, 깃발과 음악, 소년과 성인 합창단의 전례가 중세 영화의 한 장면처럼 장엄하게 펼쳐졌다. 웅장하고 화려한 행사를 뒤로하고 여섯 시간 쯤 달려 〈로미오와 줄리엣〉의 무대인 이탈리아 베로나에 도착했다. 교회 건축사를 한눈에 볼 수 있는 베로나의 두오모와 노란 벽, 붉은 지붕의 고풍스런 베로나에 매혹된 순례단은 해발 700m의 마돈나 델라 코로나로 향했다.

바람이 드센 높은 산 동굴에서 성 제노와 베네딕토 수도회 수사들은 1200년대 초 은수 생활을 시작하며 절벽을 깎아 성당을 지었고, 15세기에 로도스 기사단이 그곳에 머물면서 1432년 로도스에서 제작한 통고의 피에타상을 모신 후 순례와 기적이 이어졌다. 1527년 오스만의 점령으로 성당은 허물어지고 빼앗긴 피에타는 17세기에 되찾게 된다. 바로크 양식의 이 성당은 1600년대에 완공, 나폴레옹 점령 후 베로나교구가 관리하였고 19세기 말 확장을 거쳐 아름답게 꾸몄다.

마돈나 델라 코로나의 피에타

통고의 피에타 상이 있는 소성당의 고해소에서 순례자들은 죄를 씻어내고 맑은 공기로 영혼을 채워 통고의 성모님을 만났다. 교황 비오 10세와 요한 바오로 2세가 순례한 이곳은 전대사를 받을 수 있는 순례지다. 당시에는 큰길이 없어 계곡의 구백 개의 계단을 올라야 했다. 르네상스에 많은 영향을 준 조토 디 본도네Giotto di Bondone, 1267-1337의 프레스코화가 있는 작은 방을 거쳐 성모 칠고 경당 창문으로 저 아래 아득한 계곡과 먼 풍경이 장관이었다.

경당 벽은 바위 절벽 그대로이고, 흰색 천장은 높고 둥글고 훤했다. 고딕 양식의 뾰족한 첨탑은 천장을 뚫고 올라가는 나무로, 숲이 되어 거룩한 하느님이 계시는 곳이 된다. 십자가에서 내려 오시는 아들을 안은 성모님을 바라보는 순례단의 표정은 그 깊은 아픔에 함께하는 듯했다. 상처투성이의 어머니께 무엇을 소원하랴? 겨울의 은은한 소나무 향기 속에 십자가의 길을 바치며 수월하게 내려온 길을 다시 오르자니 숨이 차올랐다. 그럼에도 순례자들은 14처의 각 처마다 사실적으로 조각된 예수님의 모습에 마음이 아파왔다.

제노 성인의 믿음과 마돈나의 사랑이 세상으로 전해지는 마돈나 델라 코로나. 하

바위 절벽의 성당 ©김상희

느님 가까이에 닦아놓은 십자가의 길을 걸으며, 제노 성인을 찾아가는 발걸음은 어찌 그리 힘찼을까? 오랜 묵상을 할 수 있도록 14처의 조각상들을 길게 펼쳐 놓으심이 감사했다. 14처의 끝, 동굴 안에 반듯이 누워계신 예수님께서는 "여기에… 내가 있다"라고 말씀하고 계셨다. 저리도 높은 산 절벽의 아름다운 곳에서 고요함과 평온함을 느끼며 하느님을 열망하였던 제노 성인은 참 행복하였으리라.

하느님 안에서 새롭게 시작하는 시기에 제노 성인께서 고행을 감수하며 끊임없이 그분과 하나가 되고자 하였던 곳, 마돈나 델라 코로나. 죽지 않고 산다면 엄청난 고통이며 삶에서 좋은 것들만 이어진다면 의미를 찾기가 어렵다. 신앙의 여정 안에 하느님께서 베풀어 주신 시간을 되돌아보며, 끝까지 인내해 주시고 사랑해 주시는 그분께 찬미와 감사를 드렸다. 끊임없이 버리고 또 버리고 떠나야 새것으로 채워지고, 새롭게 시작할 힘을 주심을 기억하며.

●

순례 성당과 순례지 이름에 추가된 '델라 코로나'는 아마도 그곳에 있는 성모 마리아를 묘사하는 '왕관'(이탈리아어 'corona')에서 유래한 것이 아니라, 오히려 '바위' 또는 교회가 서 있는 '돌담'을 뜻하는 옛 용어 '코로나'corona에서 유래한 것 같다.

이 순례지는 12세기 말부터 은수자의 은둔처였으며, 이곳의 주민들은 베로나의 성 제노 수도원에 소속되어 있었다. 마돈나 델라 코로나 순례지 건설의 기원은 지역 전설로 거슬러 올라가는데, 지역 전설에 의하면 원래 로도스섬에 보관되어 있던 피에타 성모상이 기적적으로 바위 협곡 가장자리로 옮겨졌다는 것이다. 천사들의 개입 덕분에 이 성모상은 1522년 투르크족의 쉴레이만Süleymans 대제의 침공과 섬의 보물 약탈을 피해 몬테 발도Monte Baldo로 옮겨졌으며 그곳에서 학대로부터 보호를 받았다고 한다. 또 전설에 따르면 한 무리의 현지인들이 밝은 빛과 함께 바위 표면에서 들려오는 천사들의 합창 소리를 들었다고 한다. 그 곳에 접근하기가 어려워 그들은 신비한 성모상의 장엄한

모습을 목격하기 위해 밧줄을 타고 내려갔고, 그 자리에 경당을 짓기로 하였다. 이러한 이야기가 매우 유명해져 점점 더 많은 순례자가 이곳을 방문하게 되었다. 그러나 이 날짜는 현재 교회에 있는 마돈나와 아기 그림과 모순되는데, 그 이유는 이 그림의 제작 시기가 14세기이기 때문이다. 14세기 경당이 돌출된 지형 가장자리에 위치해 있어 접근하기가 매우 어려웠기 때문에, 순례객이 쉽게 접근할 수 있도록 유명한 '티글리오 다리'를 따라 길을 만들고 바위에 계단을 파기로 결정했다. 조각상은 1432년 로베레토의 귀족 로도비코 카스텔바르코에 의해 교회에 기증되었을 것으로 추측한다. 이 작은 돌 조각품은 15세기 초반에 만들어졌으며, 재료는 지역에서 생산되었고 형태는 알프스 너머의 베스페르빌트 스타일에서 유래되었다. 순례 경당과 주변 건물은 1974년부터 1978년까지 광범위하게 복원되어, 1978년 주세페 카라로 주교는 재건된 경당과 새 제단을 봉헌했고, 1982년에 경당은 소 바실리카Basilica Minor로 지정되었다. 1988년 4월 17일, 교황 요한 바오로 2세가 이 경당을 방문하여 성모님께 기도를 드렸다.

경당의 특징은 위치와 건축 양식이다. 경당 일부는 바위에 직접 지어졌고, 서쪽 벽과 북쪽 벽의 일부는 대부분 자연 암석으로 이루어져 있다. 1922년 복잡한 터널을 뚫어 접근로가 건설되기 전까지는 브렌티노 벨루노에서 이어지는 힘든 산책로를 통해서만 경당에 접근할 수 있었고, 바구니를 이용한 래펠링을 통해서도 접근이 가능했다. 바구니 수송은 이미 16세기에 계획되었다.

경당 바로 근처에는 바위에 직접 조각된 〈스칼라 산타〉Scala Santa, 성스러운 계단가 있다. 이것은 로마의 산 조반니 인 라테라노 대성당 근처에 있는 본시오 빌라도의 궁전에 있었던 것으로 추정되는 계단을 재현한 것이다. 그리스도교 전승에 의하면, 예수께서 십자가에서 사형을 선고 받으시던 날, 예수께서 여러 번 십자가를 오르락내리락하셨고, 그로 인해 십자가가 당신의 피로 얼룩졌다고 한다.

◀ 바위 벽에 모셔진 성모상과 제대 ©김상희

성녀 유스티나 대수도원

Abtei Santa Giustina

성녀 유스티나 대수도원은 이탈리아 베네토 지역 파도바 중심부의 프라토 델라 발레Prato della Valle 앞에 위치한 10세기 베네딕토회 수도원이다.

파도바의 수호성인이며 성 마르코 다음으로 베네치아의 두 번째 수호성인 성녀 유스티나는 자신이 후원하는 도시, 즉 파도바의 귀족 출신으로 1세기에서 3세기 사이에 살았던 동정녀였다. 520년대에 이 장소에는 파도바의 성녀 유스티나와 다른 4세기 파도바의 그리스도교 순교자들을 기리는 성당이 있었다. 이 성당은 지역 관리인 오필리우스Opilius의 후원으로 지어졌으며, 성인의 유해가 보관되어 있다. 이 성당에 대해 베난티우스 포르투나투스Venantius Fortunatus가 565년에 쓴 전기『산 마르티노의 생애』에서 호화롭게 장식된 성당으로 이미 묘사하고 있다. 10세기에 수사들은 성인의 유해를 공경하기 위해 성당을 찾는 순례자들을 돌보았고, 971년 파도바의 주교는 이 공동체를 베네딕토 수도회 소속으로 편입시켰다.

대성당의 개축 작업이 시작되었고, 1052년 8월 2일에는 작업자들이 회심자 막시무스, 파도바의 펠리시타스, 율리아누스와 더불어 무명의 다양한 성인들의 유해를 발굴했다. 1117년에 베로나에서 발생한 강력한 지진으로 수도원 부지는 황폐화되었다. 대성당과 수도원을 재건한 후 발굴이 재개되어 1174년에 수도원 수호성인의 유해가 발견되었고, 1177년에는 성 루카 복음사가의 유해로 추정되는 유해 일부가 발견되기도 했다. 1504년에 몬테카시노 수도원이 파도바의 성녀 유스티나 대수도원 관할하에 놓이게 되었고, 이 둘을 합쳐 카시네세 수도원이라고 부르게 되었다.

성당 안에는 파올로 베로네세Paolo Veronese, 세바스티아노 리치Sebastiano Ricci, 루카 조르다노Luca Giordano 및 코르바렐리Corbarelli 가문의 유명한 작품 외에도 무죄한 성인들, 성 루카 복음사가, 성 마티아 사도, 성 프로스도치모, 성녀 펠리치타, 성 율리아노, 성 우리오, 리메나의 복자 아놀드, 성 막시모, 성녀 유스티나 등 유명한 성인들의 유해도 안치되어 공경받고 있다. 교황 비오 10세는 이 성당을 소 바실리카 성당으로 승격시켰다. 성녀 유스티나 대수도원은 순교자의 피를 딛고 선 수도원이기에, 수도원의 문장에도 박해의 칼과 승리의 월계수 가지, 천상 영광의 관이 표현되어 있다. 1998년에는 성 루카 복음사가의 무덤을 열어 고고학적인 조사를 하기도 했으며, 수도원 내의 전례사목연구소는 제2차 바티칸 공의회 이후 이탈리아 전례의 발전과 사목적 적용에 주요한 역할을 하고 있다.

수도원의 수도자들의 기도석 가대에는 성경의 일화들이 아름다운 조각으로 장식되어 있었다. 순례단은 끊임없이 하느님께 찬미의 기도를 바치고 있는 수사님들과 함께 기도의 시간을 가지면서 하느님 안에서 우리 모두가 하나됨을 느끼는 시간을 가졌다.

성녀 유스티나 대수도원 성당

프랄리아 수도원

Abtei Praglia

프랄리아Praglia는 '풀로 덮인 장소'라는 말이다. 큰 수도원이 높은 담으로 모두 둘러 싸여져 있으며 현재 수비아코 연합회에서 뿐만 아니라, 이탈리아 내 베네딕토회 수도원들 중에서 가장 활력이 있는 공동체로 꼽힌다.

프랄리아 수도원은 이탈리아 파도바현 테올로Teolo, Padua주 브레세오Breseo 시에 있는 베네딕토회 수도원으로, 1080년에 설립되었다. 1304년까지 프랄리아 수도원은 폴리로네Polinore 수도원, 파도바의 산타 주스티나 수도원, 클뤼니Cluny와 같은 더 큰 수도원의 관할 아래 있었다. 대부분의 회랑과 성당은 16세기에 재건축되었고, 종탑만 중세 시대에 지어진 것이다. 성모 승천을 기념하는 대성당Santa Maria dell'Assunta은 1490년 이탈리아 르네상스 조각가 툴리오 롬바르도Tullio Lombardo에 의해 설계되는데, 성당의 건축은 1548년에, 주요 정문과 돔의 건설은 1550년에 완료되었다.

이 수도원에는 베네치아 르네상스 후기의 많은 중요 화가들의 작품이 소장되어 있다. 도서관과 식당의 천장화와 대형 프레스코화는 르네상스 후기의 이탈리아 화가로, 베니스와 이탈리아 본토에서 활동한 조반니 바티스타 젤로티Giovanni Battista Zelotti가 그렸고, 성당과 천장의 성모 승천도 역시 그의 작품이다. 식당에는 순교자 성녀 유스티나와 그리스도의 판토크레이터, 그리고 예수의 세례를 묘사한 롬바르도 가문이 조각한 메달로 장식되어 있다. 내부 뒷벽에 있는 십자가형의 대형 프레스코화는 부드러운 인물과 기이한 대리석 건축물의 묘사로 유명한 바르톨로메오 몬타냐Bartolomeo Montagna의 작품이다.

이탈리아 베네토 지역에서 가장 아름다운 수도원 도서관 중 하나인 프랄리아 수도원 도서관은 16세기부터 국립 기념물의 보관소로 개조되어, 현재 약 십이만 권의 도서를 소장하고 있다. 프랄리아 수도원은 오래전부터 필사 작업(스크립토리움)과 장서 보존과 제본 기술로 유명했고 이 도서관도 수도원의 대표적인 공간이다. 그러나 도서관의 많은 고대 사본이 나폴레옹에 의해 1810년에 강탈당했고 그 후 수도원은 거의 이십 년 동안 폐쇄되었다.

20세기 초가 되어서야 베네딕토회 수사들이 수도원으로 돌아와 건물의 일부를 사용하고 있으며, 2023년 현재 사십여 명의 수도자들이 이탈리아에서 가장 큰 베네딕토회 공동체 중 하나인 이곳, 프랄리아 수도원에서 생활하고 있다. 많은 건물이 복원된 수도원은 현재 영적 수행을 위해 찾아오는 사람들을 포함하여 순례객들을 안내하며, 도서관의 도서 복원 작업도 계속되고 있다.

프랄리아 수도원 © Wolfgang Glock / Wikimedia Commons / CC BY-SA 3.0.

성 안셀모 수도원

Sant'Anselmo all'Aventino

성 안셀모 수도원은 로마의 리파리오네에 있는 아벤티노 언덕의 카발리에리 디 몰타 광장에 있는 수도원으로, 베네딕토회 연합과 총아빠스의 관할 아래 있다. 이 수도원은 분도회 총아빠스의 총원이기 때문에 '성 안셀모 총원 수도원'이며, '성 안셀모 대학' 신학원과 교황청 설립 성 안셀모 대학, 그리고 '성 안셀모 성당'이 함께 자리잡고 있으며 '베네딕토회 연합'의 교황청 총원과 총아빠스가 상주하는 곳이다. 이 수도원과 건물은 캔터베리의 베네딕토회 수사인 성 안셀모의 이름을 따서 명명되었다.

1887년 1월 4일, 교황 레오 13세는 교황 서한을 발표하여 새 베네딕토회 연합회를 위한 신학원을 재설립할 것을 공식적으로 지시했다. 이백 년 전 교황 인노첸시오 11세가 카시네 베네딕토회 학생들을 위해 설립한 성 안셀모 대학은 이제 전 세계의 베네딕토회 수도사들을 위한 학교로 다시 건립되었다.

하지만 숙박 시설이 심각한 문제여서 베네딕토회 수녀들은 이 신학원을 위한 숙박시설을 물색했다. 가에타노 베르나르디Gaetano Bernardi 아빠스는 적합한 장소를 찾기 시작했고, 아벤티노 언덕 서쪽에 있는, 그전에 교황 바오로 3세의 거처가 있던 요새를 소유한 알레산드로 바르비엘리니 아미데이Allesandro Barbiellini Amidei 백작의 4만 3천 평방미터 부지를 27만 리라에 구입했다.

1890년 7월 26일자 회람에서 베르나르디 아빠스는 "클뤼니의 성 오도는 투스쿨룸 백작 가문의 알베리크의 후원 덕분에 아벤티노 언덕에 마리아를 기리는 수도원과 성당을 지었다." 또한 "교황 그레고리오 7세Pope Gregory VII가 그곳의 수도원에서 어린 시절을 보냈다"고 언급하며 이렇게 말했다. "로마의 모든 장소 중에서 이보다 더 좋은 곳이 어디 있겠는가!" 이후 이 부지에 신학원, 성당 및 베네딕토회 연합회의 총원을 건립하기로 결정했다.

설립자 교황 레오 13세의 석상 ©김상희 ▶

이 수도원은 베네딕토회 수사인 캔터베리의 성 안셀모St. Anselm of Canterbury를 기리기 위해 헌정되었다. 또한 교황 레오 13세의 뜻을 기리는 의미에서 1891년 주세페 루케티가 교황의 대형 조각상을 제작하여 성당 내부 제의실에 설치하였다. 성 안셀모 수도원에서 일반인에게 공개된 부분은 1900년 11월 11일에 봉헌된 성당으로, 추기경 열두 명, 대주교와 주교 열여섯 명, 총아빠스 오십두 명, 로마의 모든 주요 대학의 총장, 주요 종교 단체의 총장, 그리고 교황청 소속 모든 대사들의 도움을 받았다. 이 성당은 화강암 기둥으로 구분된 세 개의 구역으로 구성되어 있으며, 주 제대과 함께 두 개의 측면 제대가 있다. 이 성당은 베네딕토회 신학원 공동체와 아테네움 학생들의 전례 장소로 사용되고 있는데, 특히 주일 저녁 성무일도 때 수사들이 그레고리오 성가로 기도하는 것으로 유명하다. 1962년부터 이 성당은 재의 수요일에 교황의 십자가의 길 기도 행렬을 시작하는 곳이기도 하다. 성 안셀모 대학은 로마 전통을 따르는 교회 신학원으로, 이곳은 베네딕토회 수련원이자 약 사십 개국에서 온 백 명 이상의 수도사, 수도자, 교구 사제, 평신도들의 거주지 역할을 하고 있다.

안셀미아눔은 성 안셀모 교황청립 대학교로, 베네딕토회의 교황청 대학교다. 이 대학에는 철학, 신학(성사 신학, 수도원 연구) 학부, 역사 신학 연구소 및 교황청 전례 연구소가 포함되어 있어, 학사, 석사, 박사 학위는 물론, 다양한 과목의 자격증과 졸업장을 수여한다. 원래 이 대학은 베네딕토회 수련자만을 위한 대학이었으나, 현재는 외부 학생에게도 문을 열고 있다.

수도원 회랑

수비아코 성 베네딕토 수도원

Sacro Speco di Subiaco Monastero di San Benedetto

2차 수도원 순례 때 기상 악화로 순례할 수 없었던 수비아코를 갈 수 있게 되었다. 몹시 기쁘고 설렜다. 서방 교회 수도원의 시발점이라고 할 수 있는 몬테카시노 순례에 앞서, 베네딕토 성인이 수도 생활로의 부르심에 응답하기 위해 고심하며 고행했던 수비아코 수도원을 먼저 순례하기로 하였다. 수비아코 수도원에 관한 설명은 2차 수도원 순례 내용을 참고하기 바란다.

오래전부터 수비아코는 신비였다. 파도바의 프랄리아 수도원, 피렌체, 로마 성 안셀모 수도원과 바오로 대성당 등을 순례하고, 깊은 골짜기 벼랑에서 성 베네딕토가 하느님 사랑에 빠진 기도의 산으로 향했다. 해발 410m 수비아코 마을을 지나자 구불거리는 산자락마다 성인의 역사와 자취가 축복처럼 서렸다. 나무 한 그루 예사롭지 않고 산 위의 십자가는 수비아코 성당을 마주 보고 있었다. 영적인 인간으로 머물러 있기를 결심하며 고독의 길로 들어선 곳, 참혹한 동굴 생활이었지만 영혼만은 빛나게 한 곳, 마귀의 극심한 유혹에 자기 자신과 철저히 싸우며 이겨낸 거룩한 동굴이 있는 곳, 가파른 절벽으로 나 있는 수도원을 향해 완만하게 닦인 길을 묵상하며 올라갔다.

수비아코 성 베네딕토 수도원 ©김상희

수도원 첫 마음 출발지인 수비아코, 하느님 외에는 어떤 것도 소용없다며 한 계단씩 다가가는 깨달음의 길로 험한 절벽을 오른 길, 절벽을 평지로 만든 공동체의 규범 베네딕토 규칙서는 모든 수도원의 모범이 되고 1500년 전통이 되어 내려온다. 정주 생활의 수도회를 창설하고 기도하고 일하라는 가르침을 준 엄률의 성인에게 여동생 스콜라스티카는 사랑의 하느님을 알게 한다.

도토리를 밟으며 올리브 숲을 지나 마지막 좁은 문의 계단 길이 끝나자 눈앞에 수비아코 수도원이 나타났다. 바위 벼랑에 달라붙은 수도원은 수도자의 길을 말해 주고 있었다. 3년 동안 성인이 바위굴에서 수행할 때, 빵 바구니를 절벽 아래로 내려준 수사님의 일이 궁금한 세상의 우리들은 성 베네딕토가 기도하던 동굴, 예수 그리스도의 생애와 성 베네딕토의 일생을 그린 프레스코 벽화, 은수 생활을 하던 중 육정을 이기기 위해 알몸으로 뒹굴었던 장미 정원 등을 안내 받은 후 미사를 봉헌했다.

세 분의 수사님이 계신 수도원은 고요했다. 미사를 드리며 부르는 순례단의 노래가 바위벽에 부딪쳐 건너편 산으로 올랐다. 성인의 기도가 산을 내려가자 기를 쓰고 그 산을 올랐을 옛 사람들의 찬가를 오늘은 순례자들이 부르고 있는 것이다. 3층으로 된 수도원의 맨 위는 성당, 2층은 동굴 성당, 아래층은 작은 베란다와 정원에 이어 수도원이 있다. 제비집 수도원 성당에 시에나의 화가들이 프레스코화를 그렸다.

좁고 긴 바닥에는 강렬한 모자이크화가 있고 수난과 부활 그림은 교육용으로 사용하였다. 성인이 유혹을 이기려고 가시밭에 맨몸을 굴리자, 가시 없는 장미꽃이 피었다. 1223년 이곳을 찾은 프란치스코도 같은 경험을 했다. 두 성인의 세기적 만남, 천사들이 산을 감싸고 천상의 노래가 가득했을 그날, 프란치스코가 가져온 가시 없는 장미는 없지만 작은 정원에 이 겨울 붉은 장미 몇 송이 피어 있었다.

수비아코 수도원 2층에 마련된 동굴 성당은 베네딕토 성인의 첫 수행 장소로 알려져 있다. 거룩한 동굴 성당에서 임의 절대고독 앞에 선 그를 잡고 순례단은 차례로 기도를 바쳤다. 염원은 달라도 천상을 그리는 마음은 뜨거웠다.

몬테카시노 수도원

Stift Monteccasino

수비아코를 떠나 형제적 사랑을 실천하는 공동체를 살기 위해 몬테카시노로 간 성 베네딕토는 독살의 위협을 받고, 완고한 마음을 깨우치며 동굴로 돌아가 열두 개의 수도원을 세우고 은둔 생활을 마쳤다.

오후 4시, 기도 시간에 맞추기 위해 지그재그로 된 가파른 고개를 올라 베네딕토 성인께서 수비아코를 떠나 수도회 규칙을 작성한 카시노산에 위치한 몬테카시노에 도착했다. 몬테카시노는 서양 정신사의 한 상징이다. 고대에 있어서 노동은 노예의 몫이었으나 베네딕토회에서는 "기도하고 일하라"는 모토로 하느님께 대한 찬미와 응답을 하며 영성으로서의 노동 가치를 드러내었다.

저녁 안개가 엷게 드리운 몬테카시노, 산과 구름, 카시노의 그윽함이 펼쳐지는 저녁 산정에서 성인이 보았을 풍경을 오늘, 우리도 바라보았다. 사라센의 침략과 지진, 전쟁으로 파괴되었고 재건된 산꼭대기 수도원, 이곳에서는 인간의 황폐한 마음도 처음으로 돌아갈 수 있을 것 같았다.

몬테카시노 정원의 베네딕토 상

제2차 세계대전 중 독일 군부가 머물렀던 이곳에서 군종 사제는 대공세에 대비해, 중요한 것들을 바티칸으로 옮겼고 몬테카시노는 전쟁의 번제물이 되었다. '몸은 이곳에, 마음은 고국에, 영혼은 천국에 있다'는 폴란드 병사의 묘비를 보며 긴 계단을 올라 들어간 성당, 높은 제대의 가대로부터 들려오는 수도원의 저녁기도 소리가아득했다. 높은 제대와 독서대, 금빛으

로 빛나는 성당에서 천사와 함께 찬미를 드리는 시간, 검은 옷의 수사 열 분이 기도를 마치고 조용히 내려오고 계셨다. 어떤 사념도 없는 기도의 얼굴로, 검은 수도복에 묻혀 평생을 봉헌한 노 수사님의 모습이 저녁 빛에 경건했다. 성당의 천국 그림은 수사들에게는 현재였고 순례자에게는 이상이었다.

베네딕토 성인과 여동생의 무덤 위에 만든 제대에서 같은 날 태어나 죽어서도 함께하며 엄한 오빠를 사랑과 완덕의 길로 이끈 쌍둥이 여동생처럼, 사랑의 길이 되고자 순례단은 기도드렸다. 체코에서 출발하여 믿음의 여정을 지난 격한 감정을 수도원의 아버지가 큰 손으로 어루만져 주었다. 이집트 풍의 지하 경당에서 순례의 여정은 막바지로 향했다. 분홍빛 노을과 짙은 구름이 하늘을 채운 몬테카시노는 예이츠의 시를 연상시켜 주었다. 금빛, 은빛의 밤과 낮, 푸르고 어두컴컴한하늘의 빛으로 짠 옷감을 베네딕토 성인은 하느님 길에 깔아드렸고, 그를 따르는 수많은 수도승들이 오늘도 하늘의 옷감을 짜고 있다.

오직 한 분이신 하느님의 영을 지니고 살다 간 하느님의 사람, 성 베네딕토는 운명하기 전 "소망 중에 바라보던 참다운 본향, 그 본향에서 우리 주님이 나를 영접하시는데 어떻게 감히 누워서 갈 수 있는가? 일어나서 경건하게 우리 주 예수 그리스도의 영접을 받아야 할 것이 아닌가?" 하며 두 손을 하늘 향해 높이 들고, 기도하였다고 전한다.

◀ 몬테카시노 수도원의 우물 ©김상희

산 마르티노 수도원

Certosa di San Martino

현재 박물관으로 사용되는 산 마르티노 수도원은 버스 기사도 길을 찾지 못하고 헤맨 끝에 가까스로 도착했다. 나중에 알게 된 사실이지만 버스가 들어오지 못하는 좁은 길을 운전기사가 사전지식 없이 모험을 한 것이다. 모두가 손에 땀이 날 정도로 아슬아슬한 곡예 운전에 마음 졸였던 시간을 지나 마치 아무런 일도 없었던 것처럼 신앙의 힘이 만들어낸 조각과 미술품들을 마주하는 시간으로 들어갔다.

산 마르티노 수도원은 나폴리의 궁전 같은 동네로, 성 에라스모 성 옆의 보메로 언덕 정상에 있다. 연대순으로 이것은 성 로렌조 수도원 이후 19년, 성 지아코모 수도원보다 46년 앞서 설립된 캄파니아의 두 번째 카르투시오 수도원이다.

이탈리아 통일 이후에는 국립 기념물로 지정되었으며 1866년부터 도시의 예술 및

〈천상의 도시〉(좌)와 〈예수 탄생〉 조각상 ©김상희

문화 역사를 알리기 위해 설립된 산 마르티노 국립 박물관이 되었다. 2014년 12월부터 문화유산부는 2019년 12월 지역 박물관국이 된 캄파니아 박물관 센터를 통해 카르투시오 수도원과 박물관을 관리하고 있다. 이곳은 도시에서 가장 크고 규모가 큰 종교 기념 건물 중 하나이며, 성 제나로San Gennaro의 보물이 보관된 왕의 경당과 함께 17세기 나폴리 회화의 중심이다. 복잡한 공간 구조에는 약 백 개의 방, 두 개의 성당, 내부 안뜰, 네 개의 경당, 세 개의 회랑, 정원, 그리고 다양한 방이 포함되어 있다.

1325년, 칼라브리아 공작이자 앙주의 로베르토의 장남인 앙주의 칼이 성 에라스모 언덕 정상에 프랑스 왕실이 가장 총애하는 카르투시오회의 수도원을 건설하였다. 카르투시오회의 수도원의 건설을 시작한 건축가는 프란체스코 디 비토였다. 카르투시오 수도원은 1368년 앙주의 요한나 여왕 통치 때 봉헌되었지만, 카르투시오회는 이미 그 이전인 1337년부터 그곳에서 수도 생활을 시작했다.

이 수도원은 1467년 이전에 투르의 마르티노Martino von Tours이름으로 봉헌되었는데, 그 이유는 이미 그 자리에 마르티노 경당이 있었기 때문이다. 반 종교개혁의 압력에 맞서 카르투시오 수도원은 더 현대적이고 웅장한 모습으로 재건축되었고, 16세기 말에는 도마니아 양식과 바로크 양식으로 확장되었다. 이 공사는 1589년부터 1609년까지 도시오Giovanni Antonio Dosio가 맡아서 실시하였고 그는 수도원의 새로운 건축 디자인을 담당한 최초의 건축가였다. 이 수도원 건물의 개축 공사의 후속 작업을 한 화가들은 17세기 나폴리 회화의 가장 위대한 예술가들이었다.

카르투시오회는 1799년에 추방당했다가 1804년에 복귀했고, 1807년에 다시 떠났다가 1836년에 재개되었지만 1866년에 마침내 같은 이름의 국립 박물관에 합병되었으며, 주세페 피오렐리Giuseppe Fiorelli의 요청에 따라 이탈리아 국가가 소유한 기념비적 유산이 되었다.

오스트리아의 로마라고 할 수 있는 잘츠부르크를 거쳐, 가톨릭 신앙의 나라 이탈리아의 역사 깊은 수도원들을 하나씩 순례하며 베네딕토 성인의 영성이 만들어낸 베네딕토 수도원의 성무일도 소리에 감명 깊은 아침기도 시간을 가졌다. 여섯 시간을 달려 〈로미오와 줄리엣〉의 무대인 이탈리아 베로나에 도착했다.

물살 센 아디제강의 오래된 다리를 건너 두오모 성당으로 가는 길은 비좁았고, 집들은 무너질 듯 낡았다. 웅장한 벽돌색 성당 천장에는 성모 승천을 목격한 사람들의 놀라고 긴장한 모습을 담은 원근법의 16세기 그림이 있었다. 신앙이 이성을 뛰어넘는 것임을 증명해 주는 피렌체의 아름다운 예술품과 놀라운 성당 건축물들을 순례하며, 신앙이 가져다 준 인간의 최고점이 무엇인가를 생각했다.

5세기부터 그리스도교 문화를 이끌어온 수도원 문화의 진수를 다시 만나는 시간, 세계 3대 미항 중의 하나인 나폴리까지 이어진 순례에서 이탈리아 수도원이 지닌 신앙의 유산을 깊이 체험할 수 있었다. 체코 사자바 수도원과 헝가리 판논할마 수도원, 알프스 깊은 골짜기 오지에 있는 오스트리아 포라우와 라인 수도원, 마리아 젤과 이탈리아 베로나의 마돈나 델라 코로나, 수비아코, 몬테카시노 등 여러 수도원을 순례하며, 신앙의 터전과 신앙의 유산을 내면 깊숙이 체험하며 주님께 찬미와 감사를 드렸다. 이번 순례에는 대구대교구의 전주원 신부님과 강택규 신부님, 서울대교구 장긍선 신부님도 함께하셨다. 뜻밖에도 대구대교구의 자매교구인 오스트리아 잘츠부르크Salzburg대교구 교구장 착좌식에 우리 순례단이 대구대교구 대표단으로 착좌 미사에 참석함으로써 더 뜻깊은 시간을 가졌다.

10차 수도원 순례

2014년 7월 23일(수)-8월 4일(월)

그리스
- 메테오라

불가리아

세르비아
- 콘스탄티누스 대제의 기념비
- 크랄레보의 성 미카엘 성당
- 스타리라스의 거룩한 사도 베드로와 바오로 성당
- 소포차니 수도원
- 슈투포비 수도원
- 지차 수도원과 스투데니차 수도원
- 스타리 라스

몬테네그로
- 오스트로그 수도원
- 사비나 수도원

크로아티아
- 두브로브니크
- 성 블라시오 성당
- 프란치스코 수도원
- 스플리트 궁전
- 성 니콜라스 성당
- 성 라우렌시오 성당
- 도미니코 수도원
- 성 도니우스 대성당
- 성 야고보 대성당
- 성 필립보 네리 성당

10

발칸 지역의 동방정교회 수도원을 찾아서

제 눈을 열어주소서.
당신 가르침의 기적들을 제가 바라보오리다.
저는 이 땅에서 이방인일 뿐
제게서 당신 계명을 감추지 마소서.
(시편 119,18-19)

발칸 지역 동방정교회 수도원을 테마로 한 10차 순례에서는 그리스, 불가리아, 세르비아, 몬테네그로, 크로아티아 등 옛 유고 연방 지역을 순례하며 종교로 인해 그들이 겪어야 했던 아픈 역사의 시간을 걸었다.

순례 기간 내내 순례단은 동서방 교회 분리 후 서로가 서로를 낯선 이방인으로 외면해온 시간을 돌아보아야 했다. 폴란드 출신인 교황 요한 바오로 2세의 사랑과 평화의 간절한 호소를 들으며 종교의 의미와 신앙인으로서의 삶을 돌아보는 시간, 증오와 갈등, 그리고 분쟁으로 얼룩진 역사를 보며 아름다운 풍경을 평화로이 감상하고 감탄할 수만은 없었다.

4차 때 순례했던 국가들의 대부분이 냉전 시대가 끝나고 20여 년이 지났음에도 여행 인프라가 제대로 형성되어 있지 않았고, 국경을 넘는 데 몇 시간씩 소요되는 상황이어서 순례의 의미를 양껏 담아오지 못했다는 아쉬움에 다시 순례해보고 싶다는 의견이 많았다. 한편으로는 4차 순례 때 경험했던 고난의 시간이 모두 추억이 되어, 약간의 그리움이 작용한 것도 같다.

혹한의 기온이 아닌 정반대의 계절에 우리는 열 번째 순례의 길을 나섰다. 이 여정이 처음인 분도 계셨지만, 대부분 4차 때 함께했던 분들이어서 더 의미있고 기쁜 걸음이었다. 동방정교회에 대한 내용은 4차 때 이미 언급하였으므로 이번 순례 기록에서는 제외하였음을 밝힌다.

인천국제공항에서 그리스로 가는 직항편이 없어서 튀르키예 행 비행기로 열한 시간 오십 분을 날아, 한국 시간으로 새벽 네 시경 이스탄불 국제공항에 도착했다. 그리고 다시 아테네행 비행기로 환승하여 한 시간 이십 분 비행 후 아테네에 도착했다.

하늘에서 내려다 본 해변가의 불빛이라든가 아테네 호텔로 들어가는 버스 안에서 본 은은하게 빛나는 푸른 빛깔의 조명 속의 파르테논 신전Parthenon은 신비로움 그 자체였다. 현존하는 고대 그리스 건축물 가운데 가장 중요하며, 도리스식 기둥 양식 발전의 정점을 이룬 것으로 평가받고 있는 파르테논 신전은 신전의 장식 조각도 그리스 예술의 정수로 여겨진다. 파르테논 신전은 고대 그리스와 아테네의 민주정, 나아가 유럽 문화권의 오랜 상징이자 세계적으로 위대한 기념물로 인정받고 있다.

'명예의 사람, 귀족'이란 뜻을 가진 '그리스'는 이름 그대로, 신화의 나라가 가지고 있을 법 자부심이 느껴졌다. 늦은 시간, 긴 비행으로 조금은 지친 순례단은 내일부터 우리에게 펼쳐질 신비로운 시간을 기대하며 그리스에서의 첫 날을 보냈다.

메테오라
Μετέωρα

인류 문화가 화려하게 꽃핀 땅, 수많은 신화가 존재하는 땅, 동방정교회의 신비를 담은 수도원의 이야기를 품은 땅, 철학과 호메로스, 사포와 올림픽, 빛나는 햇살과 신전이 있는 그리스에서 우리 순례단은 하느님을 향한 여정에 모든 것을 맡겼다.

메갈로 메테오론, 바를람, 성 루사누, 성 니콜라스 아나파프사스, 아기오스 스테파노스, 가장 아름답지만 가장 힘들게 오른다는 아기아 트리아스까지 여섯 수도원을 이틀에 걸쳐서 모두 순례하였다. '볼 수 있으니 행복하고 들을 수 있으니 행복한' 마음이었다. 눈 덮인 메테오라가 아닌 여름의 메테오라가 우리를 기다리고 있었다.

평균 300m 높이의 기암괴석 파노라마가 28km 정도 이어지는 메테오라는 유네스코 세계유산으로, 공중에 떠있는 수도원을 의미한다. 11세기부터 은수자들은 세상과 외떨어진 핀두스산맥 속 피니오수강이 흐르는 하늘 기둥에 올라 바위 벼랑에서 살았다. 그들은 세상을 향해 내려가는 삶이 아닌, 하늘의 삶을 올려다보면서 도르래로 끌어올린 최소한의 물자로 거친 바람과 추위, 굶주림과 갈증 속에서 금욕적이고 가난한 바위 위 영적 풍요를 이루었다. 절벽 위 수도원은 아찔하도록 험한 곳에 있다. 무엇이, 왜, 그들을 이곳으로 끌어올린 걸까?

이곳은 14세기 초, 성 아타나시우스가 메갈로 메테오론 수도원을 연 후, 열세 개의 대수도원과 이십여 개의 은수처를 세움으로써 15세기에 전성기를 이루었다. 여성들의 출입을 허용한 것은 얼마 되지 않았는데, 지금도 여성들은 수도원 입구에 준비되어 있는 치마를 입고서야 안으로 들어가는 것이 허용된다.

가난한 바위 위 영적 풍요를 이룬 메테오라 ©김상희

세르비아의 중세 수도원

Medieval Monasteries of Serbia

제1차 세계대전이 발발한 지 백 년, 전쟁의 불씨가 된 역사적 장소인 세르비아는 1차와 2차, 두 차례에 걸친 발칸 전쟁과 십자군 원정, 오스만 제국 점령 등 피비린내 나는 발칸의 화약고였다. 이슬람 지역인 크랄레보Краљево, Kraljevo와 중세 수도 스타리 라스Стари Рас 일대의 정교회 수도원은 수백 년 동안 전쟁을 겪은 비운의 상처가 아직도 곳곳에 남아 있었다.

세르비아는 사람들을 사로잡을 만한 명소가 없는 편이다. 그리고 1991년부터 2001년 사이 유고슬라비아 사회주의 연방 공화국 지역에서 일어난 전쟁으로, 1990년대 내내 일련의 전쟁을 통해 유고슬라비아가 해체되는 과정을 거쳤다. 이 전쟁으로 유고슬라비아는 결성 61년 만에 슬로베니아, 크로아티아, 마케도니아, 보스니아 헤르체고비나, 몬테네그로, 세르비아 등 여섯 개의 국가로 해체되었다. 이러한 배경이 있음에도 그리스도교 신앙의 자유를 가져다준 콘스탄티누스 대제Constantinus Magnus, 약 272-337가 세르비아 사람이라는 것을 아는 이들이 적다.

순례단은 옥수수밭이 이어지는 풍요로운 평원을 지나, 콘스탄티누스 대제의 고향인 니시Niš에 도착하여 니시 강변에 있는 콘스탄티누스 대제의 기념비 앞에 도착했다. 라바룸예수 그리스도를 의미하는 그리스 문자 ΧΡΙΣΤΟΣ의 첫 두 글자인 X와 P를 겹쳐놓은 문양과 "In hoc signo vinces"이 표시로 승리하였다는 라틴어 기념비가, 이곳이 콘스탄티누스 대제의 고향임을 알려 주었다. 기념비에는 그리스도교 십자가 표지가 새겨져 있었다. 하느님을 알지 못했던 그는 꿈에 본 그

콘스탄티누스 대제 기념비

리스도의 표지 깃발을 앞세워, 로마 정규군과의 전투에서 대승을 거두고 로마 황제로 즉위한 후 그리스도교를 공인하였고, 그의 어머니 헬레나는 성지 예루살렘을 순례하며 주님의 흔적을 찾아내었다.

세르비아의 겨자씨 크랄레보의 성 미카엘 성당은 세르비아 가톨릭의 현주소를 보여 주었다. 지진에 갈라지고 무너져 폐허 같은 작은 벽돌 성당에서 천장과 벽은 금이 가고 회칠은 벗겨지고, 제대 뒤에는 작업 도구와 목재 더미가 흙먼지에 덮여 있었다. 정교회 지역의 가톨릭 성당에서 미사를 드릴 수 있다는 것이 다행이었던 반면에 안타까움도 컸다. 동방 교회 안에서 5퍼센트 정도의 세르비아 가톨릭 신자들은 차별 속에서 가난하게 신앙을 이어왔다. "번영의 신앙을 지양하라" 하신 교황님의 말씀이 절실한 이 작은 교회는 세르비아의 겨자씨로서 하느님께서 말씀하신 가난의 실체를 보여 주고 있었다. 스테인드글라스는 고사하고 천장은 거미줄로 덮여 있고, 벽은 온

크랄레보의 성 미카엘 성당 ©김상희

통 헐어 있었으며, 마이크 시설도 제대로 없었다. 나무 의자는 앉기가 망설여질 만큼 먼지가 쌓여 있었고, 방석도 오염되어 있었다. 공사 중인지 철제물이 설치되어 있어, 미사 봉헌 때 철제 구조물 사이로 고개를 숙이고 입장해야 했다. 동방 교회들에 비해 너무나 초라하고 방치된 모습에 마음이 무거웠다.

슈투포비 수도원

Манастир Ђурђеви ступови

세르비아의 두르제비 슈투포비 수도원은 중세 스타리 라스와 현재 세르비아 라슈카 지역의 노비 파자르 드시 근처에 있는 세르비아 정교회 수도원으로, 노비 파자르 Novi Pazar 근처, 숲으로 뒤덮인 눈에 띄는 언덕에 위치해 있다.

슈투포비 수도원 성당의 잔해 ©김상희

세르비아 대공국의 대공이자 세르비아 네마니치 왕조의 시조인 스테판 네마냐의 기부로 1170년경에 지어져 성 게오르그Saint George에게 봉헌되었는데, '성 게오르그의 기둥'으로 더 알려져 있다. 중세 연대기와 사본에 따르면, 그 위치와 중요성뿐만 아니라 특별한 건축물로도 구별된다. 두 개의 옛 종탑, 두 개의 높은 탑-기둥구 슬라브어로 스톨프, 스텁과 함께 성 게오르그에게 봉헌된 이름을 따서 불려졌다. 첫 번째 왕 스티븐Stephen에 따르면, 스테판 네마냐는 그의 형제들이 자신을 가두었던 지하 감옥에서 그를 구해 준 성 게오르그에 대한 감사를 기념하기 위해 이 성당을 세웠고 한다.

지차 수도원과 스투데니차 수도원

Žiča Monastery / Манастир Студеница

지차 수도원은 세르비아 크랄레보 근처에 있는 13세기 초 세르비아 정교회 수도원이다. 이 수도원은 세르비아의 초대 왕인 스테판 1세와 세르비아 교회의 초대 수장인 성 사바Saint Sava가 거룩한 영면 성당과 함께 건설했다. 그래서 수도원은 대주교의 주교관인 동시에 전통에 따르면, 세르비아 왕들의 대관식이 거행되는 성당이기도 했다. 세르비아 어느 성당에서나 왕의 즉위식을 거행할 수 있었지만, 지차 수도원에서 기름부음을 받기 전까지는 진정한 왕으로 간주되지 않았다. 지차 수도원은 오랜 역사 동안 여러 차례 파괴와 재건을 거쳤지만, 세르비아의 문화유산으로 지정되어 보호받고 있으며, 2008년에는 지차 수도원은 설립 팔백 주년을 기념했다.

네마냐 왕조를 연 스테판 네마냐 왕의 아들 성 사바가 1206년 아토스 힐란다르 수도원에서 돌아와, 1208년에서 1230년 사이에 세운 이 수도원은 일곱 명의 왕이 대관식을 치른 까닭에 크랄레보는 왕의 도시로 불렸다. 열일곱 살 세르비아 왕자 사바는 결혼식 전날 그리스 아토스산 수도원으로 떠나 수사가 되었다.

선홍색 밝은 지붕에 붉은 벽돌로 이루어진 지챠 수도원은 푸른 하늘 아래 파란 풀밭과 들꽃, 연못, 나무들 속에 화려하게 서 있었다. 웅장한 성당 프레스코화는 오스만 투르크군의 침략과 세계대전으로 60퍼센트가 파손되었으나, 복구 비용이 없어 그대로 두어 벽에는 대부분 붉은빛만 남아 있었다. 전쟁의 상처는 죄 없이 희생된 마을 공동묘지에도 잠들어 있고, 수백 년 이어진 포화의 악몽은 평온하고 아름다운 수도원을 뒤흔들었다. 대관식 때마다 세운 일곱 개의 문이 있는 담장 안에는 밑둥이 큰 나무들이 높이 자라고 있고, 열린 창문으로 보이는 수녀원의 정갈한 방과 포도밭에서 일하는 작업복 차림의 수녀들의 모습은 인상적이었다. 붉은 빛은 초기 교회 순교자들의 피를 상징하는 아토스산의 전통을 따라, 붉은 순교자들의 피 위에 그리스도교가 세워졌음을 상징한다.

비가 오락가락하는 속에 찾아간 중세 세르비아의 보석으로 알려진 스투데니차 수

지챠 수도원 ©김상희

스투데니차 수도원

도원은 단단하고 예술적이며 중세적 풍치가 압도적이었다. 스투데니차 수도원은 12세기 세르비아 정교회 수도원으로 크랄레보에서 남서쪽으로 39km, 세르비아 중부 이바니차에서 동쪽으로 40.9km 떨어진 곳에 위치해 있다. 세르비아 정교회 수도원 중 가장 크고 부유한 수도원 중 하나다.

중세 세르비아 국가의 창시자인 스테판 네마냐 대공이 1190년에 수도원을 설립했으며, 수도원의 요새화된 벽에는 두 개의 성당, 즉 성모 성당과 왕의 성당이 포함되어 있는데 둘다 흰색 대리석으로 지어졌다. 스테판 1세의 명으로 12세기에 건축한 수도원에 사바 성인은 아토스 화가들을 시켜 화려한 프레스코화로 장식하도록 한 결과, 이곳은 비잔틴 양식의 프레스코화로 널리 알려져 있다. 스투데니차 수도원은 1979년에 매우 중요한 문화 기념물로 지정되어 세르비아 공화국의 보호를 받고 있으며, 1986년에는 유네스코 세계유산에 등재되었다.

복되신 동정녀 마리아께 봉헌된 스투데니차 수도원은 모든 세르비아 성당의 모교회로서 꽤 오랜 시간에 걸쳐 건설되었다. 건축의 첫 번째 단계는 스테판 네마냐가 퇴위하고, 수도원에서 수도원 서약을 한 1196년 봄에 완료되었다. 네마냐의 셋째 아들 라스트코[Rastko](성 사바)는 네마냐의 유해를 스투데니차로 모셔왔다.

사바는 세르비아로 아버지를 모셔와 비잔틴 양식과 로마네스크 양식을 절충한 벽돌로 쌓은 수도원의 원통형 성모 성당 영묘에 안치하고, 차분한 색으로 장식하였다. 스테판 1세와 2세의 관은 1년에 두 번 개관할 때마다 좋은 향기가 난다고 한다. 사바는 정치적 안정과 농업 장려로 경제적 안정을 가져왔고, 1209년 초대 대주교가 되어 세르비아 교회의

빵을 집는 유다의 손이 유독 강조된 〈최후의 만찬〉

독립을 실현하여 위대한 성인으로 추앙받았다.

사바의 지도 아래 스투데니차는 중세 세르비아의 정치·문화·정신적 중심지가 되었고, 스투데니차 수도원은 네마냐 왕조의 구성원들에 의해 지속적인 후원을 받았다. 1459년 중세 세르비아의 마지막 국가가 멸망한 이후, 투르크인들은 종종 수도원을 공격해 왔고, 그 손상된 부분에 대한 복원은 1569년에 이루어졌다. 이때 성모 성당의 프레스코화가 다시 칠해졌다. 〈최후의 만찬〉에서는 빵을 집는 유다의 손이 유독 부각되었고, 지성소의 성화는 금빛 바탕에 환상적인 푸른빛의 청금석을 사용하여 신비한 하늘 세상을 표현했다. 17세기 초, 수도원은 지진과 화재로 많은 피해를 입었는데, 이로 인해 역사적 문서와 예술적 유산의 상당 부분이 파괴되어 영원히 사라졌다.

●

1219년 세르비아 교회는 비잔티움 제국 황제 테오도르 1세 라스카리스와 콘스탄티노폴리스 총대주교 마누엘 1세로부터 자치권을 받았으며, 오흐리드교구로부터 독립하여 대주교 사바가 최초의 세르비아 대주교가 되었다. 성 사바는 지차 수도원에서 그의 형 스테 네마냐를 '모든 세르비아의 왕'으로 선정했다. 1219년에 지차 수도원은 세르비아교구의 첫 번째 주교좌가 되었다. 주님의 승천 성당은 건축학적으로 비잔틴 정신이 드러난다. 최초의 프레스코화는 니케아에서 사바 대주교가 돌아온 직후에 그려졌지만[1219], 성가대에만 일부 남아 있고, 새로운 프레스코화는 밀루틴왕 통치 기간에 그려졌으나, 그 이후 심각한 손상을 입었다.

스타리 라스

Стари Рас

티스차 강변 노비 파자르는 이슬람 도시로, 인구의 3퍼센트가 이슬람 신자이다. 라마단이 끝난 저녁, 어른들과 아이들은 중심가 광장으로 몰려나왔다. 말로만 듣던 이슬람 축제가 시작되는 밤을 지나, 서구와 비잔틴의 교류를 보여 주는 중세 수도 스타리 라스 주변의 수도원을 방문했다. 이슬람 지역인 이곳은 오스만 제국의 지배 흔적이 곳곳에 남아 있는 옛 수도원은 거의 파괴되었고 정교회의 활동은 위축되었다.

구릉을 휘감아 오른 800m 산정에 있는 유네스코 문화유산인 조르제비기둥 정교회 수도원에서 수도원장의 안내로 수도원을 돌아보았다. 조르제비 스투포비는 세르비아어로 '성 게오르기우스의 기둥'Pillars of St. George이라는 뜻으로, 성당 입구에 있던 두 개의 높은 탑(기둥)에서 유래했다. 비잔틴 양식과 로마네스크 양식이 결합된 라슈카 건축 학파의 첫 번째 기념비적인 사례로 평가받으며, 중세 세르비아 건축사에서 중요한 위치를 차지한다. 현재는 오스만 투르크군의 점령 하에 폐허가 되어 성당 지붕은 없어지고 삼백 년 비바람에 프레스코화 몇 점만이 남아 있다. 3년 전 복원한 수도원의 무너진 돌담 사이로 멀리 계곡이 나타났다.

인간의 흥망성쇠를 떠올리게 하는 네마나 왕조가 시작된 사바의 고향 라스는 골짜기 외딴 마을로 남아, 씁쓸해 보였다. 라스에서 가장 오래된 성당 중 하나인 세르비아 정교회 '거룩한 사도 베드로와 바오로 성당'베드로 성당의 사제는 이슬람에 대해 "그리스도인은 누구라도 미워해서는 안 되지만, 악과 거짓을 받아들일 수는 없다"고 단호하게 말했다.

베드로 성당 마당의 묘지

소포차니 수도원

Манастир Сопоћани

스타리 라스 산속 소포차니 수도원은 오스만 제국의 점령으로 250년간 폐허로 버려졌다. 세르비아의 스테판 우로시 1세의 기부로 지어진 건물로, 13세기 중엽, 중세 시대의 세르비아의 중심 지역인 라스 지방에 흐르는 라슈카강의 수원지 근처에 세워졌는데, 노비 파자르 시에서 서쪽으로 15km 떨어진 곳에 위치한다.

1160년대 위대한 주판 스테판 네마냐는 라스카의 왕좌에서 자신의 권력을 강화했다. 비록 네마냐의 아들들이 왕의 칭호를 받고 교회를 자립화하고 경제 체제를 발전시키며 화폐를 주조해 독립 교회를 세웠지만, 스테판 네마냐의 업적은 젊은 세대가 따라야 할 훌륭한 본보기이자 롤모델이었다. 소포차니 수도원은 첫 번째 왕 스테판의 아들이자 네마냐의 손자인 세르비아 왕 스테판우로수 1세의 소유였다. 1260년 우

소포차니 수도원 ©김상희

로스 1세 네마니치 왕이 묘지로 지은 이곳은 14세기 중반 그의 증손자 두산에 의해 확장 및 개조되었다. 이 수도원은 삼위일체 하느님께 봉헌되었고 1265년에 내부 장식을 완성하였다. 소포차니의 프레스코화는 당시의 세르비아 중세 예술에서 가장 아름다운 것으로 평가받는데 스테판 우로스 1세의 아들인 드라구틴과 밀루틴의 그림을 포함하여 1263년부터 1268년에 걸쳐 다양한 그림이 그려졌다. 성당의 프레스코화는 1335년부터 1371년 사이에 완성된 것으로 추정되며, 이는 다른 성당의 그림 스타일과 다르다. 특히 서쪽 벽 동쪽의 〈성모 영면〉 프레스코화가 유명하며, 소포차니 수도원의 예술은 현대 세르비아 예술가들에게도 큰 영감을 주고 있다.

오스만 투르크군의 침략이 한창이던 1689년 투르크군이 수도원에 불을 질렀고, 수사들이 일부 중요한 유해들을 구해내 코소보로 보냈지만, 수도원이 불타버린지 이백 년이 지난 20세기까지 유해는 돌아오지 못하고 있다.

수도원은 서서히 폐허화되어 갔고, 지하 납골당은 매장되었고, 종탑은 무너져 내려건물 주위의 잔해들이 돌무더기와 흙에 덮여버렸다. 주거용 건물과 식당 등 많은 건물을 포함한 이전의 수도원 건물들 중 오늘날에는 삼위일체성당만 남아 있다. 다행하게도 수도원은 20세기에 복원되어 현재는 수사님들이 거주하고 있고, 수도원 성당의 프레스코화 대부분은 여전히 아름답게 빛나고 있다. 수도원은 1979년에 특별 보호 문화유산으로 지정되어, 세르비아 공화국의 보호를 받고 있으며, 같은 해 스타리 라스와 함께 유네스코 세계유산으로 지정되었다.

성모 영면 벽화

오스트로그 수도원

Манастир Острог

오스트로그 수도원은 세르비아 정교회 수도원으로, 몬테네그로Crna Gora의 오스트로슈카 그레다Ostroška Greda의 큰 바위 높은 곳에 거의 수직으로 자리 잡고 있다. 이곳에 묻힌 오스트로그의 성 바실리Sveti Vasilije Ostroški에게 헌정된 수도원으로, 엘로파블리치 평야를 볼 수 있다. 오스트로그 수도원은 포드고리차에서 50km, 닉시치에서 15km 떨어져 있으며, 몬테네그로에서 가장 인기 있는 순례지다.

몬테네그로의 포드고리차까지는 다섯 시간이 넘게 걸렸다. 몬테네그로는 베네토어로 '검은 산'을 뜻하는데, 산맥의 경사면이 깊어서 그늘이 지기 때문에 붙여진 이름이다. 우람하게 깎아지른 석회암벽 사이로 흐르는 급류와 침엽수림 길이 지그재그로 휘도는 아름답고 웅장한 산속에는 감자꽃이 피어있는 밭 외에는 별다른 농작물이 보이지 않았다. 몬테네그로는 주변국 내전에 개입하면서, 국제사회로부터 고립돼 경제적 어려움을 겪었고 2006년 세르비아로부터 독립하였다.

길가의 멋진 동방 교회들의 모습이 훌륭했다. 도로 아래로 절벽 계곡이 이어졌다. 몬테네그로는 산이 거의 대부분이라더니, 가도가도 산세가 대단했다. 90퍼센트가 산이라고 하는데 이들은 그 돌산을 '신이 몬테네그로에게 준 선물'이라고 믿고, 그 위에 신앙과 삶을 새겨 넣었다. 몬테네그로의 수도인 포드고리차Подгорица에 도착했다. 도시의 이름은 세르비아어로 '고리차 아래'라는 뜻이다.

버스는 산 위를 향해 다시 달리기 시작했다. 날이 흐려지고 있는 상황에서 1시간 30분을 올라가 가이드가 가리키는 곳에 수도원이 보였다. 보통 순례자들은 수도원 아래에서부터 맨발로 걸어서 올라가지만 우리 순례단은 2주차장에서 작은 버스로 갈아탄 뒤 정상에 있는 수도원까지 바로 올라갔다. 작은 버스는 산을 S자로 돌아 가파른 산길을 계속 올랐다.

바실리의 유해가 모셔진 암벽 성당 ©김상희 ▶

제다 계곡에 이르렀다. 이곳 오스트로그 수도원의 벽화는 제다 계곡의 자연 절벽 자체에 벽화를 그렸다고 한다. 성 바실리의 기적이라고도 불리는 수도원에 9시 40분 쯤 도착하니 산의 정상 수도원 입구에는 초를 사기 위한 행렬과 참배를 기다리는 행렬이 늘어서 있었다. 십자군에 대한 보복으로 오스만 투르크군이 진출하면서, 점령당한 발칸은 고난의 시대로 접어들며 동방 교회는 쇠퇴의 길을 걷고 저항과 순교가 이어졌다. 교황 요한 바오로 2세는 동방 교회를 향한 십자군에 대한 사죄로 참된 종교인의 자세를 보여 주었다.

동로마 시대 교통의 요충지였던, 2천m 급 산줄기들로 빙 둘러싸인 수도 포드고리차 인근에 있는 오스트로그 암벽 수도원은 몬테네그로인들에게 가장 성스러운 장소이다. 이 수도원은 17세기 초 헤르체고비나 대주교인 바실리예 요바노비치Vasilyje Jovanović에 의해 오스만 투르크군을 피해 수도자들과 함께 1665년 제다 계곡 깊숙한 900m 바위절벽 동굴에 오스트로그 수도원을 세웠다. 바실리는 1671년 그곳에서 세상을 떠났고 몇 년 후에 그는 영광을 받았다. 그의 시신은 성모님께 헌정된 동굴 성당에 보관된 유물함에 보존되어 있다. 수도원은 화재로 인해 대부분의 건물이 파괴된 후, 1923년에서 1926년 사이에 현재의 모습을 갖추게 되었다.

기적을 바라며 놓아둔 절벽의 팔찌들 ©김상희

바실리의 유해를 모신 바위 벽 성 십자가 동굴 성당에는 연간 백만 명이 넘는 순례자가 방문하여, 다양한 기적을 체험하는 회개의 장소이다. 수도원까지 2.6km 산길 계단을 오르는 여성들은 긴 스커트에 어깨까지 수건을 휘감아 예를 차려야 한다. 1671년에 떠나신성인을 만나기 위해 긴 줄에서 기다리는 순례단들 뒤로 청록의 제다 비탈길에 퍼지는 향내음이 은은했다. 성수와 초를 구입하려는 이들의 줄이길었다.

아이 어른 할 것 없이 경건하고도 진지하게 순례의 코스를 지났다. 유해가 모셔진 곳은 다섯 명씩 입장을 제한하고 있었고, 동방정교회 사제가 그 앞에서 십자가로 축복을 해 주고 있었다. 계단을 오르니 수도원의 옥상 같은 곳이 나타났다.

기적수로 이름난 성수와 동굴 성당에 소망의 촛불을 밝히는 것은 순례자에겐 아주 중요한 일이었다. 수많은 촛불을 밝힌방에서 잡다함을 태워버리고 바위 절벽에 달라붙은 신앙을 얻어 영혼을 맑게 하는 그들을 보며 순례단도 확고하고 절절한 마음으로 기적을 기대했다. 포탄이 박힌 동굴 성당에서 성 바실리의 관에 친구하는 깊은 사랑은 지나는 이의 차가운 마음을 녹여주었다. 성인께 편지를 쓰는 순례자들 틈에 끼어 좁은 베란다 포도나무에 달린 송이처럼, 순례단은 하느님의 단단한 가지가 되도록 한글 편지를 적었다. 바위 틈새로는 꽃도 피어 있었고, 조금 나온 절벽 틈에는 기적을 바라며 기도를 청하는 수많은 기도 팔찌들이 놓여 있어, 보는 이의 마음을 찡하게 했다. 까마득한 산 중턱쯤, 아래 마을 주민을 위한 동방정교회가 어여뻤다.

9시 40분부터 시작한 순례를 마치고 내려오는 데 2시간 쯤 걸렸다. 비와 해가 번갈아 바뀌는 날씨에도 아랑곳 않고 이 수도원은 발칸 반도에서 순례객이 가장 많은 곳 중 하나로, 매년 십만 명 이상이 찾고 있다.

바실리 성인에게 기도를 청하여 많은 사람들이 치유되고 삶의 어려움을 완화하는 데 도움이 되었다는 전언이 있다. 종교로 인한 고난의 역사가 마감되고 오직 사랑과 평화의 축복으로 동방정교회 형제들이 아름다운 대자연에서 기쁨과 행복을 나누며 하늘의 보석으로 반짝이기를 기원하였다.

사비나 수도원

Манастир Савина

세르비아 정교회 사비나 수도원은 오래된 소나무와 참나무가 있는 공원 속의 묘지와 두 개의 성당, 수도원 건물로 구성되어 있다. 프레스코화로 화려하게 장식된 작은 성당은 11세기에 지어졌고, 이 대형 성당은 코르출라 출신의 예술가 니콜라 포레티치가 18세기에 건축했다.

높은 산맥을 넘고 넘어 아드리아해를 따라 지상의 낭만을 더해 준다는 헤르체그노비 근교에 있는 아름답기로 소문난 사비나 수도원으로 가는 길은 감동 그 자체였다. 해안가를 타고 가며 네 시간 여 걸리는 길을, 현지 가이드가 산속 지름길을 알고 있어서 가로질러 나아갔다. 서서히, 세계에서 가장 긴 해변이라는 아드리아 해변이 나타나기 시작했다. 마침 내리는 비가 바다 위로 스며들고 있었다.

사비나 수도원 묘지 © 김상희

영화의 한 장면같은 해변의 집들을 지나고, 바다 가운데 성모 마리아 성당의 슬픈 사연을 간직한 작은 섬도 지났다. 해변의 집들이 하얗게 보였다. 바다와 땅이 만난 가장 아름다운 곳이라는 몬테네그로는 매우 자연적이었다. 야자수가 이색적으로 등장했다. 비가 오는데도 우산을 쓴 사람은 거의 없었고,그대로 비를 맞고 있었다.

헤르체그 노비는 몬테네그로 남동쪽 코도르만 입구의 지중해성 도시로, 이곳에 사비나 수도원이 있다. 사비나 수도원은 몬테네그로의 북쪽 해안가에 위치해 있으며, 바다와 어우러진 멋진 풍광으로 영화에도 등장하였다. 300년대의 순교자인 사비나를 위해 봉헌된 사비나 수도원은 1030년으로 거슬러 올라가는 역사가 있다. 성 사바를 위한 성당도 있으며 값진 역대 왕들의 유물도 있다. 1030년 오스만 투르크군을 피해 보스니아의 헤르체고비나 주교가 자리 잡은 후 중세 세르비아 왕들의 유물을 보관한 수도원 정원에서 보는 바다는 프레스코화의 두터운 어둠을 걷어낸듯 보석처럼 반짝였다.

수도자들의 삶이 고요한 바람처럼 스며든, 유일하게 남은 성모 이콘은 지극한 공경을 받는데, 성 모자 이콘에 손이 하나 더 있었다. 다마스쿠스의 성 요한Ιωάννης ο Δαμασκηνός은 오스만 투르크군에게 손이 잘려 아토스산Όρος Άθως 수도원에 보관된 후 성모화에 그려 넣는 전통이 생겼다. 두세 명의 수사가 생활하는 사비나 수도원은 시리도록 푸른 아드리아해와 함께 추억이 되었다.

헤르체그노비의 벨라비스타 광장은 오래된 좁은 골목길 사이로 성곽, 상점이 총총히 붙어 있다. 비탈진 구 시가지 길, 갑자기 순례단은 비와 바람을 만났다. 앞 바다에 검은 구름덩이가 깃발처럼 내리꽂히고 회오리 바람에 안내판이 쓰러지고 야자나무가 무섭게 흔들리더니 컴컴해진 하늘에서 폭우가 쏟아지기 시작했다. 도로는 금세 급류가 되고 굵은 비는 풍경을 막아버려 산의 나라 몬테네그로에서 우리는 하늘에서 내려오는 세례를 온몸으로 받았다.

그 사이 순례단 중 한 사람이 보이지 않았다. 폭우에 전화기도 불통, 6시 정도밖에 안 되었음에도 사방이 캄캄하고 빗소리와 천둥 번개만 요란했다. 모두가 마음을 다해 기도를 바쳤다. 30분쯤 지났을까, 그분이 폭풍우 속에 택시를 타고 나타나 버스에 올랐다. 아름답던 몬테네그로 광장은 순식간에 수해재난 지역이 되었고, 우리는 잊지 못할 아찔한 경험을 했다.

두브로브니크
Dubrovnik

죽기 전에 보아야 한다는 두브로브니크. 지상의 천국 아드리아의 진주에 대한 꿈을 안고 부겐빌레아가 커튼처럼 드리운 헤르체그 노비를 떠나, 보스니아를 거쳐 찬란한 태양과 짙은 바다를 따라 정교회의 땅끝, 87퍼센트가 가톨릭 신자인 가톨릭의 나라 크로아티아Republika Hrvatska로 들어섰다. 제일 기뻤던 것은 가톨릭 성당에서 미사를 봉헌하게 되었다는 것이다.

역사적으로 라구사Respublica Ragusina로 알려진 두브로브니크는 크로아티아의 달마티아 남부 아드리아해에 위치한 도시다. 이곳은 지중해에서 가장 유명한 관광지 중 하나이며, 항구 도시이자 두브로브니크-네레트바 주의 중심지다. 1979년 두브로브니크 시는 뛰어난 중세 건축물과 요새화된 구시가지를 인정받아 유네스코 세계문화유산에 지정되었다.

이 도시의 역사는 7세기로 거슬러 올라가는데, 그때 에피다우룸라구사 베키아에서 온 난민들이 라구사라는 도시를 세웠다. 이 지역은 비잔틴 제국의 보호령을 받았고, 이후 베네치아 공화국의 주권하에 있었다. 14세기에서 19세기 사이에 두브로브니크는 자유 국가로 통치되었다. 이 도시의 번영은 역사적으로 해상 무역에 기반을 두었다.

라구사 해상 공화국의 수도로서, 특히 15세기와 16세기에 높은 수준의 발전을 이루었는데, 그 이유는 부와 뛰어난 외교로 유명했기 때문이다. 동시에 두브로브니크는 크로아티아 문학의 요람이 되었다. 시인 이반 비달리치Ivan Vidalic는 니콜라 날예슈코비치(Nikola Naljeskovic, 1564년)에게 보낸 편지에서 이곳을 '크로아티아 도시의 왕관'이라고 표현할 정도였다.

1667년에 발생한 엄청난 지진으로 도시 전체가 거의 파괴되었다. 나폴레옹 전쟁 동안, 두브로브니크는 프랑스 제국의 군대에 점령당했고, 그 후 라구사 공화국은 폐지되어 이탈리아의 나폴레옹 왕국에 편입되었다가 이후 프랑스의 일리리아 지방에 편입되었다. 19세기 초반부터 20세기 초반까지 두브로브니크는 오스트리아 제국 내의 달마티아 왕국의 일부였다. 두브로브니크는 유고슬라비아 왕국이 건국되자 마자 즉시 이 왕국의 일부가 되었고, 1929년에는 바노비나 제타에 편입되었으며, 1939년

시대를 초월한 지상의 예술품, 두브로브니크 ©김상희

크로아티아의 바노비나가 건국되자 그 일부가 되었다. 제2차 세계대전 중에는 크로아티아 독립국의 추축국 꼭두각시 국가에 속해 있었지만, 이후 유고슬라비아 사회주의 연방 공화국의 크로아티아 사회주의 공화국에 편입되었다.

1991년 크로아티아 독립전쟁 당시 두브로브니크는 칠 개월 동안 유고슬라비아 인민군에 포위되었고 포격으로 큰 피해를 입었다. 1990년대와 2000년대 초반 수리 및 복원 공사를 거쳐 다시 한번 지중해 최고의 관광지이자 인기 촬영지로 거듭났다. 두브로브니크는 종종 '아드리아 해의 여왕'이라고 불리며 아드리아 해와 유럽에서 가장 인기 있는 관광지 중 하나로 간주된다.

성 블라시오 성당에서 미사를 봉헌하는 지상 천국 순례는 발칸 정교회의 구불거리는 산길을 지나 고향에 닿은 순례자처럼 감회가 깊었고, 사랑의 삶에 대한 강론은 하늘나라의 강렬한 메시지가 되었다. 순례단은 아르메니아 귀족 출신인 목병을 앓는 이들의 주보성인 블라시오Blasius, ?-316년의 십자초의 축복을 받았다. 4세기 아르메니아 성인인 블라시오 성인은 양털 빗는 쇠 기계로 고문을 당하다가 순교했기에 양털 빗는 사람들의 주보성인이기도 하면서 두르로브니크의 수호성인이다. 성당 모형을 든은 조각상은 귀한 보물로, 1706년 화재에서 유일하게 남아 이 도시의 전통이 되었다.

14세기 건축물로 역사적 자화상이 된 프란치스코 수도원의 르네상스풍 웅장한 현관을 지나면 유럽 최초의 약국이 지금도 운영되고 있고, 제약박물관에는 중세 약제조법 서적과 기구들이 전시되어 있었다. 고대 서적 필사본과 초판본이 소장된 수도원은 프레스코화와 섬세한 기둥 장식과 정원이 유명하고 스트라둔 입구 성벽을 따라 길게 서 있다.

햇살이 따가운 오후, 10세기에 건설한 유럽에서 가장 아름다운 성벽 위에 오른 순간, 도시와 아드리아해와 산과 하늘, 그곳은 지상의 천국이었다. 중세적 기풍과 위엄을 지닌 프란치스코 수도원과 도미니코 수도원의 규모가 압도적인데다, 석조 계단이 우아한 도미니코 수도원은 아드리아해에서 가장 큰 고딕 건축물로 문화유산을 대표하며 두 수도원의 정방형 구조의 건물과 정원은 시대를 초월한 지상의 예술품이었다. 대성당과 종탑, 궁전과 요새와 스트라둔 거리의 인파들, 오르막의 빼곡한 골목 속의 삶들이 숱한 세월을 지나 눈앞에 펼쳐지는 중세도시는 긴 시간 역사 속에 만들어지고, 충만하게 빛나는 여정을 그득히 담은 저녁 노을은 아드리아해와 하늘을 마음껏 물들였다.

스플리트와 토르기르 그리고 시베니크

Split, Torgir, Šibenik

넥타이는 크로아티아로부터 유래했다. 독일어로 넥타이를 Krowatte라고 하는데, 그 단어가 크로아티아를 말한다. 유럽 30년 전쟁 당시 크로아티아 기병대가 파리에 도착할 때 다양한 색의 네커치프Neckerchief를 착용했던 것이 파리인들을 매혹시켰다. 그 후 넥타이가 문화와 세련미의 상징으로 파리 패션에 도입되었고, 전 세계에 흥미를 불러일으키며 퍼져나갔다는 역사를 지닌 나라 크로아티아의 두브로브니크를 떠나 스플리트를 향해 가면서 바라본 해안은 몬테네그로와는 또 다른 느낌이었다.

284년부터 305년까지 로마 황제였던, 스플리트 근처의 살로나에서 태어난 천민 출신 디오클레티아누스Gaius Aurelius Valerius Diocletianus가 건설한 유네스코 세계문화유산으로 지정된 스플리트의 거대한 궁전을 둘러보고, 그리스인들이 2300년 전 정착한 발칸의 작은 베니스 역사 유적지 토르기르로 갔다.

유네스코 세계문화유산인 성 니콜라스 성당과 수도원이 위치한 토르기르는 크로아티아의 흔한 도시가 아니다. 이곳은 탁월한 가치를 지닌 장소에 부여되는 유네스코 세계유산 목록의 일부라는 권위 있는 명성을 보유하고 있으며, 토르기르의 시내 중심가는 역사가 잘 보존된 건물과 구조물이 있어, 로마네스크에서 르네상스까지 다양한 시대의 건축 및 문화적 영향을 엿볼 수 있다.

도미니코회가 크로아티아에 도착한 것은 13세기 유럽에 선교단이 처음 확산된 시기와 관련이 있다. 크로아티아계 도미니코 수도회 공동체는 도미니코회 해외 선교의 중요한 부분이 되었다. 1221년 볼로냐에서 도미니코 성인의 지도 하에 열린 도미니코 수도회 제2차 총회에서는 볼로냐 교수인 파블레 달마티나에게 크로아티아-헝가리 왕국에서 도미니코회를 조직하는 임무를 맡겼다. 1225년 두브로브니크에 최초의 수도원이 설립되었으며, 도미니코 수도회 활동의 중심지가 되었다.

13세기에 영적, 지적 삶의 중심지로서 수많은 수도원이 크로아티아 영토 전역에 고르게 진출하게 되었다. 토르기르, 자다르, 스플리트에 수도원이 건립되면서 도미니코회는 달마티아의 종교 및 문화 생활에서 핵심 요소가 되었고, 전쟁과 정치적 변화

스플리트의 성 도니우스 대성당 ©김상희

토르기르 시계탑 ©김상희

등 역사적으로 어려운 시기를 겪으면서도 언제나 복음 전파의 사명을 충실히 수행해 왔다. 오늘날에도 크로아티아의 도미니코회 회원들은 수도원과 사목 활동을 통해 동일한 열정으로 헌신하고 있다.

수도회 설립 연도를 보면 1225년 두브로브니크, 1229년 닌, 1233년 브르흐보스나 교구의 반 브르도, 1241년 이전 자그레브, 1244년 자다르, 1245년 스플리트, 1265년 코토르와 토르기르, 1346년 시베니크, 1380년 이전 센, 1462년 브라치 섬의 볼, 1480년 코르출라 등이다.

성 니콜라스의 베네딕토회 수도원은 거의 천 년 동안 토르기르 시를 위한 영육간의 주도적인 역할을 하였다 수도원 설립자들은 도시와 주변 지역의 주민들을 위한 영적 지원과 기도에 수도원의 설립 목적을 두고, 1064년에 세워진 순간부터 중단 없이 지속되었다. 그 이후로 베네딕토회 수녀들은 성 베네딕토의 규칙에 따라 그곳에서 살며 기도하고 일했다. 이 수도원의 사명은 도시의 경계를 훨씬 넘어선다. 도시와 주민의 역사에 뿌리를 둔 이 수도원은 선과 악을 공유한 여러 세대의 기억에 새겨져 있으며, 수도원 존재 그 자체로 항상 예수 그리스도와 그의 메시지를 가리키는 표징이었고, 주민들에게 주님에 대한 증거를 생활화 했다.

수도원이 항구에 가까운 해안을 따라 위치해 있었기 때문에 많은 어부와 선원들이 성당에서 기부와 기도를 하였고, 그들은 높은 제대에 여행자와 선원들의 수호성인인 성 니콜라스 동상을 두었다. 이러한 영향 덕분에 13세기 중반에 수도원은 도미니우스와 함께

토르기르의 도미니코회 수도원 성당

성 니콜라스라는 두 번째 주보성인을 모셨다. 그러나 시간이 지나면서 성 도미니우스라는 칭호는 사라지고, 성 니콜라스만 홀로 남게 되었다. 창립 당시 수도원은 주로 두 개의 건물로 구성되었고, 14세기에 성벽을 개조한 후 수도원 성당도 재건축되었다. 수도원의 중앙 아트리움에는 16세기 말에 종탑이 세워졌으며, 수세기 동안 세워진 아트리움 주변 건물은 로다네스크 양식과 고딕 양식이다. 성 니콜라스 수도원 외에도 한때 토르기르에는 세 개의 다른 베네딕토회 수도원이 있었지만 지금은 이 수도원만 남아 있다. 즉 세례자 요한 남성 수도원, 성 베드로 남성 수도원과 수녀가 사는 파시케에 있는 성 미카엘 수도원이었다. 성당에는 대리석 제단 두 개가 있는데, 북쪽 제대는 성 베네딕토에게 봉헌되었고, 남쪽 제대는 원죄 없이 잉태된 성모의 제대다.

그리스와 로마, 베니스 둔화의 영향을 받은 토르기르에는 복잡한 미로가 거미줄처럼 이어지고 크로아티아 최고의 걸작 성 라우렌시오 성당과 도미니코 수도원이 있다.

토르기르의 성 니콜라오 성당(좌)과 성당 내부 출처: https://benedicta.hr/

수도원의 돋을새김 검은 목재 조각의 높은 천장 성당에는 수도승의 침묵이 수세기 동안 배어 있고, 진리를 수호하며 철저히 자신을 낮추며 주님의 오심을 준비한 수도자의 원형인 세례자 요한의 삶을 따르라는 강론을 묵상하며 시베니크로 떠났다.

시베니크는 크로아티아의 작은 도시 중 한 곳으로 스플리트와 자다르의 사이에 위치한 도시이다. 이곳에 크로아티아의 상징인 성 야고보 대성당Katedrala sv. Jakova이 있다. 성 야고보 대성당은 1298년 5월 1일 교황 보니파시오 8세의 칙서에 의해 설립되었다. 1828년 교황 레오 12세의 칙서로 스크라딘교구와 토르기르교구 등이 해체되면서, 스크라딘교구의 전체 지역이 시베니크교구에 합병되었고, 토르기르교구의 자고르예 Zagorje 본당과 해안에 있는 마리나Marina 본당이 합병되었다.

성 야고보 대성당은 시베니크교구 주교좌 성당으로, 1431년에서 1536년 사이에 지어져 1555년에 봉헌되었고, 1895년에 교황 레오 13세에 의해 바실리카로 명명되었

크로아티아의 상징인 시베니크교구의 주교좌 성 야고보 대성당 ©김상희

다. 아드리아 해안의 비탈진 골목과 계단, 상점과 광장을 가지고 있는 시베니크의 성 야고보 대성당은 달마티아 건축가 유라이 달마티나츠가 독특한 기법으로 개축, 백여 년에 걸쳐 완성된 크로아티아의 가장 중요한 르네상스 건축 기념물로 2000년 유네스코 세계문화유산으로 지정되었다. 성당 외벽의 달마티아인 칠십네 명의 얼굴 조각상은 도시의 명물이며, 요새 아래에 있는 교회의 사이프러스 나무 사이로 내려다본 해변의 빛바랜 풍경은 순례 끝의 서운함을 더해 주었다.

발칸을 떠나며 스플리트 구 시가지에 있는 17세기에 지어진 유서 깊은 성당, 성 필립보 네리 성당Church of St. Philip Neri을 찾았다. 이곳에서 봉헌하는 마지막 미사는 발칸의 아픔이 치유되기를 기원하는 미사가 되었다. 종교로 인한 고난의 역사가 마감되고 오직 사랑과 평화의 축복으로, 동방정교회 형제들이 아름다운 대자연에서 네리 사제의 기쁨과 행복을 나누며 하늘의 보석으로 반짝이기를 기원했다. 그리고 '나'를 통해 나눌 수 있는 하느님의 희망을 안고 우리는 발칸 반도의 순례를 마감했다.

칠십네 개의 시베니크 시민들의 표정을 담은 조각 ©김상희

아드리아해의 뜨거운 햇볕과 바람을 맞으며 그리스에서 크로아티아, 남에서 북으로 이어진 12박 13일의 여정을 끝냈다. 비도 오고 더웠지만 발칸 반도의 여름은 겨울과 달리 많은 것들을 순례단에게 보여 주었고 내어주었다.

이번 순례 전에 제2차 바티칸 공의회『동방 가톨릭교회들에 관한 교령 - 동방 교회들』을 읽고 강의 준비를 하였다. 특별히 교령 1항에서 "동방 교회들의 제도, 전례 예법, 교회 전통, 그리스도교 생활 규범 등을 가톨릭교회는 존중한다. 존경스러운 그 오랜 교회에서는 사도들로부터 교부들을 통하여 내려온 전통이 빛나고 있다. 그 전통은 하느님께서 계시하신 가를 수 없는 보편 교회의 유산의 일부를 이루고 있다"고 강조하고 있지만 가톨릭 신앙을 고백하는 가톨릭 신자들에게 특히 한국 가톨릭 신자들에게 동방정교회는 사실 낯설다. 역사도 그렇지만 특히 한국 가톨릭 신자들에게 동방정교회는 쉽게 접하기 어렵다.

그러하기에 아직도 순례하지 못한 가톨릭 수도원이 많이 있는데 왜 동방정교회 수도원을 순례하느냐고 물어온다면 나의 대답은 "동방정교회 안에 자리 잡은 말 그대로 역사 안에서 변치 않고 이어져 내려오는 그 나름의 신앙의 전통을 체험하고 싶었기 때문이다. 또한 이슬람의 침략으로 겪은 모진 박해와 학대 속에서도 그 신앙을 지켜온 동방정교회의 뿌리 깊은 정신과 신앙의 위기를 겪고 있는 서방 교회, 특히 한국 교회에 접목시키고 싶다"라는 것이다. 그래서 4차에 순례했던 동방정교회를 다시 찾았다.

이런 면에서『동방 가톨릭교회들에 관한 교령』5항은 "동방 교회들이 보편 교회에 얼마

"거짓말은 약자의 무기다." 메갈로 메테오론 수도원 벽에 걸린 나무 액자

나 많은 공헌을 하였는지는 역사와 전통과 수많은 교회 제도가 분명하게 증언하고 있다. 거룩한 공의회는 이 교회의 영적 유산을 마땅히 존중하고 찬양할 뿐만 아니라 이를 온 그리스도 교회의 유산이라고 확언한다"라며 우리의 순례 근거를 제시해 주고 있다. 이번 순례에서는 세르비아 정교회를 중심으로 여러 나라의 정교회를 순례하고자 했다. 하지만 4차 순례 때와는 달리, 제일 힘들었던 루마니아 수도원 순례는 교통 문제로 제외하였다. 애초에 불가리아 순례를 마치고 소피아에서 루마니아 수체아바까지 항공기로 이동하려고 했으나, 공항 공사로 운항이 되지 않아 루마니아 수체아바 일대에 펼쳐진 수도원 군락의 순례는 다음 기회로 미루게 되었다.

이번 순례는 1054년 동방 교회와 서방 교회가 갈라진 이후, 형제 교회인 동방 교회와의 신앙 일치를 위해 우리가 무엇을 할 수 있는지를 말하기 전에 가톨릭 신앙인으로서, 더 나아가 같은 신앙을 고백하는 그리스도인으로서 동방정교회를 어느 정도 이해하고 있는가에 초점을 두었다. 순례 동안 요한 복음 17장 21절의 일치를 바라시면서 기도하신 예수님의 마지막 기도 "하나가 되게 해 주십시오"를 가슴에 품었다.

가톨릭신문사와 세르비아 문화관광청의 협력으로 세르비아 정교회 수도원들을 상세히 순례할 수 있었던 것은 큰 수확이었다. 물론 정교회 성당에서 가톨릭 미사를 봉헌할 수 있었다면 금상첨화였겠으나, 그것은 이상이었을 뿐 아직도 동방정교회 사제나 수도자들의 내면 깊숙한 곳에 자리 잡은 뿌리깊은 가톨릭교회에 대한 반감을 어쩔 수 없었다.

여름의 발칸 반도는 아름다웠다. 아드리아해의 자연과 발칸 반도의 빼어난 산수에서 뿜어져 나오는 자연의 아름다움은 우리의 언어로는 표현이 부족했다. 사비나 수도원 순례 뒤 헤르체그노비의 아름다운 벨라 비스타 광장에서 기습 폭우로 큰 사고가 날 번 했지만, 무탈하게 벗어날 수 있었음은 하느님의 도우심이었다.

©김상희

©김상희

수도원修道院과
수도 생활修道生活

수도원은 수도자가 공동생활을 하면서 수행하는 곳으로

생활하는 수도자의 성별에 따라 수도원修道院과 수녀원修女院 등으로 나누어진다.

수도 생활은 가난淸貧, 정결貞潔, 순명順命의

세 가지 복음적 권고福音的勸告, Consilia evangelica를 준수하면서

하느님의 영광과 교회의 건설 및 세상의 구원을 위하여 성령의 감도를 받아

하느님의 부르심에 응답함으로써 시작되는 봉헌 생활, 즉 축성 생활Vita consecrata이다.

이 삶은 동정이시며 가난하신 그리스도, 십자가의 죽음에 이르기까지 복종하심으로써

인간을 구원하시고 거룩하게 하신 그리스도를 따라

자기를 하느님께 특별한 방법으로 봉헌하며 사는 것이다.

※ 참조
제2차 바티칸 공의회 수도 생활의 쇄신에 관한 교령 1조
가톨릭대사전 '수도 생활'

수도 생활의 기원

수도 생활의 기원을 정확히 설명하기는 쉽지 않다. 수도 생활 그 자체가 예수 그리스도께서 직접 세우신 제도가 아니며, 교회의 제도적 결정이나 구체적인 필요성에 의하여 시작된 것도 아니기 때문이다. 오로지 복음을 총체적으로 살고자 하는 사람들의 열망이 모여 자연스럽게 형성되었으므로 세 가지 가능성을 지니고 있다.
첫째, "누구든지 내 뒤를 따르려면 자신을 버리고 제 십자가를 지고 나를 따라야 한다"(마르 8,34)라는 말씀에 수도 생활의 특성이 포함되어 있어서 수도 생활은 복음을 더 철두철미하게 실천하려는 열망에서 비롯되어 사도 시대부터 이미 동정의 삶을 살며 수도 생활을 시작하였다고 추측할 뿐이다. 그렇기에 그리스도의 오심을 준비한 세례자 요한, 그리고 동정 생활의 종말적 가치를 가르친 바오로 사도의 삶이 이미 수도자의 삶의 원형이라고 할 수 있다.
둘째, 수도 생활의 뿌리는 박해 시대에서도 찾을 수 있는데, 적잖은 남녀 신자들이 하느님을 찾기 위하여 광야와 산기슭, 동굴(이집트, 터키 카파도키아 등)에서 은둔 생활을 한 데서 또 하나의 기원을 둘 수 있다. 특히 '수도 생활의 아버지'라고 불리는 성 안토니오는 이집트 사막에서 은거하던 은수자였다. 박해가 잠정적으로 중단되었을 때는 금욕자와 동정자들 중에서 하느님께 완전히 몰두하며 덕행을 실천하기 위해 광야나 사막으로 나아가 하느님만을 위한 삶을 살기도 하였다. 독신 생활을 피흘림이 없는 백색 순교로 인식하고, 독신 생활이 주님 뜻에 맞는 가장 이상적인 생활로 보아 교회 안에 서서히 동정자들이 많아지게 되었다. 이러한 생활이 이집트를 비롯한 팔레스티나 동부와 시리아 등지에서 거의 동시에 시작되었고 동방과 서방 지역으로 자연스럽게 퍼져나갔다.
셋째, 수도 생활을 엄격히 구분한다면 교회 내에서 금욕주의 운동이 발생하자 수도자들이 세속을 떠나 외딴 사막에서 지내거나 여럿이 모여 공동체를 만들어 지낸 것에 그 기원을 두기도 한다.

수도 생활

은수 생활
隱修生活, vita eremitica temperata

박해 시기에 일부 사람들이 광야에서 하느님께 더 온전히 몰두하려는 열망으로 세속으로부터 철저하게 자신의 삶을 격리하고 고독과 침묵, 끊임없는 기도, 참회와 고행으로 하느님께 찬미를 드리고 세상 구원을 위해 일생을 바치는 삶을 뜻한다. 이집트 출신인 테베의 성 바오로Paulo of Thebes, 229-342가 교회 역사로 보아 첫 은수자hermits이다. 과거 천년 전만 해도 그리스도교에서 은수자 생활은 보편적이었으나, 현재는 정교회 계통을 제외하면 거의 찾아보기 어렵다. 현재도 존재하는 은수자들은 여전히 하느님께 봉헌된 생활을 하며 특히 세상에서 더욱 엄격히 분리된 삶을 산다. 그들은 고독한 생활을 하며 침묵을 지키고 철저한 기도와 참회에 몰두한다. 그리고 서원을 통해서 또는 교구 주교와 일치한 가운데 세 가지 복음적 권고를 고백하며 이 원칙에 따라 삶의 계획을 실행한다.

이집트 테베의 성 바오로

독수 생활
獨修生活, vita anachoretica

덕망 높은 은수자에게 젊은 은수자들이 모여들어 제자가 되고, 이들이 각각 홀로 사는 오두막집들로 부락이 형성된다. 은수자 공동체에 속해 있는 오두막집에서 각각 홀로 은수 생활을 하는 삶을 독수 생활이라고 한다. 성 안토니오는 생전이나 사후나 그리스도교의 수도 생활에 큰 영향을 끼쳤다. 그는 최초의 은수자는 아니지만 가장 모범적인 은수자였기 때문에 '은수자들의 아버지'라고 불리는 이집트의 성 안토니오 Antonio, 251-356로, 교회 역사상 첫 독수자로 간주된다. 동시에 '모든 수도승의 원조' '사막의 성인'으로 공경을 받았는데 그 이유는 그가 처음으로 은수자들을 한데 모아서 다소 산만한 형태이긴 하지만 처음으로 공동생활을 시작했고, 그들에 대해 어떤 권위를 갖고 일정한 규칙을 제공하며 지도했기 때문이다. 하지만 그 자신은 고독하고 한적한 독수 생활을 오랫동안 계속했다.

성 안토니오

공주 생활
共住生活, vita coenobitica

은수 생활의 경우 혼자서 하는 생활이 덕의 진보보다는 오히려 균형 감각을 상실함으로써 극단으로 치닫는 위험이라는 단점이 있음이 드러나면서 새로운 수도 생활 형태가 등장하게 되었다. 지혜와 덕행을 겸비한 스승의 지도를 받으며 수도 생활을 해야 한다는 실천적인 깨달음을 얻게 되어 자연스럽게 집단 은수 생활인 공주 생활이 등장한 것이다. 5세기 이후 자기와 뜻이 맞는 사람을 모아서 오두막집을 울타리로 두르고, 그 안에서 주일이나 축일에 공동으로 기도와 식사를 하는 삶을 살았는데, 이러한 공주 생활을 교회 역사상 첫 번째로 조직한 성인이 이집트 출신의 성 파코미오Pacomio이다. 폐쇄나 격리를 뜻하는 수도 승원monasterium(오늘날의 수도원)이라는 말이 여기에서 생겨났는데, 대표적인 성인이 성 파코미오, 성 바실리오Basilio, 성 마르티노Martino이다.

성 파코미오

수도승 생활
conversatio mo-rum

이집트의 수도승 생활을 서방 교회에 처음으로 알려 준 사람은 알렉산드리아의 주교 아타나시오297-373로, 암브로시오340-397, 예로니모342-420, 아우구스티노354-430에 의하여 수도 생활이 서방에서도 장려되었다.

성 베네딕토480?-547?는 서방 교회 수도자들의 선조로서, 처음에는 은수자였으나 529년에 몬테카시노Montecasino에 큰 수도 승원을 설립하였다. 성 베네딕토가 수도 생활의 새로운 개념으로 도입한 것은 정주定住, stabilitas, 즉 수도승다운 생활conversatio mo-rum, 아빠스에 대한 순명이었다. '정주'란 수도원에 들어와서 한 번 서원하고 나면 다른 수도원으로 옮겨갈 수 없다는 의미이고, 수도승다운 생활이란 '회개'의 삶을 약속하고 생활을 바꾸어 세속적인 생활과는 이별한다는 뜻이다. 또한 베네딕토에게 수도자가 된다는 것은 완덕의 길로 나아가는 데 안내를 받기 위해 영적 아버지를 중심으로 살아가는 것을 의미하였다.

'베네딕토 규칙서'는 서방 교회 최초이거나 유일한 수도 규칙은 아니지만, 서방 교회의 수도 생활에 미친 영향은 다른 어느 것과 비교할 수 없을 만큼 크다.

수도 생활의 쇄신과 개혁운동

9세기 말부터 10세기 초에 걸쳐 서방 교회의 수도 생활은 전반적으로 쇠퇴하기에 이른다. 즉 해적들에 의해 수도자들이 살해되고, 파괴되지 않은 수도원들은 평신도들의 손에 넘어가 귀족과 영주들이 아빠스 역할을 하며 수도자들을 착취하기까지 하였다.

이러한 부패가 심해지자 클뤼니 대수도원을 중심으로 수도 생활에 대한 쇄신운동이 일어났는데, 이 쇄신운동은 이 수도원 출신의 훌륭한 총원장들의 영향으로 교회 내에서 가장 강력한 종교적 힘을 지니게 되었다.

수도원과 수도회

클뤼니 대수도원
Abbaye de Cluny

클뤼니 수도원의 개혁운동은 한마디로 영주제로 재편되는 중세 사회의 복잡한 발전 과정이 그리스도교에 중요한 영향을 미친 것에 대한 반발로 시작되었다. 교회가 봉건 세속화 되어 가는 과정에서 중세의 종교 생활은 당연히 질적으로 퇴보할 수밖에 없었다. 10세기부터 13세기에 이르기까지 가톨릭교회는 내부적으로 자기 쇄신을 위한 노력을 기울였으며, 유능하고 개혁적인 교황들이 선출되어 교회의 위신과 권위를 높였다. 이러한 교회의 개혁에 가장 앞장선 것이 수도원이었다. 수도원은 세상과 격리된 채 기도와 명상에 전념하던 수도자들의 공동체였으므로 정치적 세력 관계에 연루돼 있던 주교나 교구 성직자들과 달리, 비교적 교회 본연의 역할에 충실할 수 있었다.

수도자와 수도원의 자각에서 기인한 이 교회 쇄신운동은 종교적·윤리적 생활의 모든 영역으로 파급되었는데 그중에서 가장 중요한 것이 클뤼니 수도원 개혁운동이다. 클뤼니 수도원의 경건함은 프랑스, 부르고뉴, 이탈리아, 스페인, 영국으로 보급되었고 교회 생활뿐 아니라 중세 사회 전 분야에 깊은 영향을 미쳤는데, 클뤼니 대수도원은 당시 서구의 종교적 심장이었다.

특히 베네딕토의 규칙을 엄격히 지키려는 수도승원들이 연합회를 구성, 10세기 클뤼니 연합회, 1012년경의 카말돌리 연합회, 1084년의 카르투지오 연합회 등이다. 그중 대표적인 것이 1098년 몰렘Molesme의 아빠스 성 로베르토Roberto에 의해 시작된 시토회이다.

클뤼니 대수도원의 문장
Image: *Blason Abbaye_Cluny.svg*
Author: Orror
License: CC BY-SA 3.0.

시토회
Cistercians

1098년 성 로베르 드 몰렘, 스티븐 하딩, 알베릭 드 시토, 베르나르 드 클레르보에 의해 설립되었다. 이 연합회의 제3대 아빠스였던 스티븐 하딩S. Harding은 수도 생활 역사에서 대단히 중요한 평가를 받고 있는 '자선 헌장'Carta Caritatis을 작성했는데, 이 문헌에는 "아무에게도 빚을 지지 마십시오. 그러나 서로 사랑하는 것은 예외입니다. 남을 사랑하는 사람은 율법을 완성한 것입니다"(로마 13, 8)라는 주제를 일관성 있게 다루고 있다. 12-13세기 큰 발전을 통하여 황금기를 누리면서 교회와 사회 전체에 큰 영향을 미쳤으며 이후 18세기에 이르러 더 엄격한 삶을 살려고 하는 개혁 수도회가 등장하게 된다. 프랑스 트라페Trappet라는 지역에서 시작했기 때문에 트라피스트Trappist라고도 하는데, 정확하게는 엄률嚴律 시토회OCSO, Order of Cistercians of the Strict Observance라고 부른다.

'시토는 우리의 어머니'
Cistercium mater nostra
Image: *Coat of arms of the Cistercian Order.svg*
Author: Tardigradius
License: CC BY-S A 4.0.

까말돌리 수도회
Ordo Camaldulensis

1012년 성 로무알도St. Romualdus 가 이탈리아 아레초 까말돌리 지역에 설립한 남녀 연합회 은수 수도회이다. 베네딕토 총연합회 소속으로 은수자와 수도자가 공동생활을 하는 특별한 공동체다. 베네딕토회의 규칙을 따르는 이 수도회는 거룩한 사막Sacro Eremo이라고 불리며 고신극기告身克己의 생활을 하는 은수자들의 공동체와 또 하나는 산 아래 떨어져 있는 폰테보나Fontebona 수도원에서 공동생활을 하는, 두 가의 공동체로 구성되어 있다. 두 공동체 모두 기도하고 일하며 하느님을 찾는 삶을 살고 있지만, 세상을 등진 것이 아닌, 세상을 향해 문을 열어 외부 사람들을 맞이하며 수도 영성을 나누는 삶의 현장이다.

1천 년에 가까운 전통을 바탕으로 고독과 공동체, 기도와 학문을 아우르는 수도 생활을 지속하고 있으며, 시대의 요청에 따라 다양한 지역과 문화 속에서 그 사명을 실현해 나가고 있다.

'나는 여러분을 위하, 여러분은 나를 위해' Ego vobis, vos mihi

카르투시오 수도회
Ordo Cartusiensis

쾰른 출신의 사제 성 브루노Bruno, 1030?-1101가 오직 고독과 침묵 속에서 하느님을 만나고자, 1084년 프랑스에서 설립한 봉쇄수도회다. 엄격한 은수 생활을 하고자 성 브루노가 수도 장소로 택한 곳이 프랑스어로는 샤르트뢰즈Chartreuse, 라틴어로는 카르투시아Cartusio였다. '카르투시오'라는 명칭은 이 지명에서 유래했다. 카르투시오회 수도자들은 한 공동체 안에서 생활하는 은수자들이다. 고독 속에서 하느님을 찾는 그들에게 규칙서는 없고 단지 회헌만이 있을 뿐이며, 그 회헌은 천 년 동안 거의 바뀌지 않고 잘 존속되고 있다.

카르투시오회 수도자들에게 고독과 침묵은 하느님에게로 이르는 지름길이다. 세상 속에서는 세상의 소리 때문에 하느님의 음성이 작게 들리기에 '위대한 침묵' 속에 있을 때라야 비로소 내면의 소리도, 하느님의 음성도 잘 들을 수 있다는 것이다.

'세상은 변해도 십자가는 우뚝 서 있다' Stat crux dum volvitur orbis

의전 수도회
儀典修道會, Canons Regular

개혁 교황들은 성직자들이 독신 생활을 실천하며, 사유재산을 포기하고 청빈하게 생활하며, 정한 규칙을 지키면서 겸손한 순명 정신을 지닐 것을 강조했다. 당시에 주교좌 성당에서 수도 생활과 비슷한 공동생활을 하면서 함께 성무일도를 바치고 미사 전례를 돕던 '의전 사제단'Chapter of Canons이 성직자 쇄신의 요청에 응답하면서 새로운 수도회가 출현했다. 이 수도회 회원들의 생활은 수도 생활과 사목 생활을 혼합하여 조화시키는 것으로, 과거의 수도 생활이 회원들을 보호하기 위해 세속으로부터 분리시켰다면, 이들은 세속 사람들을 구원하기 위해 사회 안으로 파견시킨 것이 특징이라 하겠다.
대표적인 수도회로 성 노베르토St. Norbertus 1080-1134가 엄격한 수도 생활을 하면서 사목, 특히 설교와 훈계를 주 임무로 설립한 프레몽트레회Chanoines Rguliers de Prmontre와 이단자들을 회개시키기 위한 설교를 주 임무로 하는 도미니코 수도회Dominican Friars가 있다.

프레몽트레회의 문장

Image: *COA Premonstratensians.svg*
Author: SajoR
License: PD-self (Self-published work, free for reuse).

도미니코 수도회의 문장

Image: *Blason Dominican.svg*

기사 수도회
騎士修道會, Military Order

중세 수도자들은 사람들이 잘 찾아올 수 없는 외진 곳에 수도원을 건립하고 지냈으므로 바이킹, 산적, 강도 등으로부터의 침입과 약탈이 잦았다. 이로 인해 수도자들은 자위수단으로 호신 무술을 익혀야 했다. 더군다나 십자군 전쟁 시기에는 수도자가 기사나 군인을 겸하는 일도 많아서, 성전기사단과 같은 십자군 기사단의 경우 기사 단원 전체가 수도자였다. 이런 이유로 기사 수도회가 설립되어 수도 생활과 군인 생활을 결합한 독특한 형태를 지니게 되었다. 대표적인 수도회로는 1120년에 기사 수도회로 개편된 '성 요한 기사 수도회'The Order of the Hospital of St John of Jerusalem와 프랑스 기사들이 1118년에 예루살렘의 솔로몬 성전에서 설립한 '성전 기사 수도회'聖殿騎士修道會,Templarii, 그리고 독일인들에 의해 병자 간호 사업의 형제회로 발족되어 1198년에 개편한 '독일 기사 수도회'Deutscher Orden, 튜턴 기사단가 있다.

성 요한 기사 수도회의 문장

출처: https://ordersofsaintjohn.org/

성전 기사 수도회의 문장

Image: *Knights Templar Cross.svg*

탁발 수도회
托鉢修道會, Mendicant Orders

5세기부터 사라졌던 이단적 사상들이 다시 생겨나 해이해진 교회 생활에서 발생하는 성직자들의 부패나 결점을 비판하기 시작하였고, 많은 신자들이 여기에 동조하면서 사람들을 다시 신앙으로 돌아오도록 하기 위한 새로운 조직이 필요하게 되었다. 이러한 사회적인 변화와 요청에 부응하여 탄생한 것이 탁발 수도회로, 그 대표적인 예가 바로 프란치스코회·도미니코회·가르멜 수도회·아우구스띠노 수도회 등이다. 이들은 재산을 소유하지 않으면서 탁발과 희사에 의지하여 살았고, 명상 생활과 함께 사목 직무나 사도직 수행을 임무로 삼았다.

프란치스코회의 문장

가르멜 수도회의 문장

아우구스띠노 수도회의 문장

출처: https://www.osa.org.au/

수행 성직자 수도회
修行聖職者修道會, Ordo Clericorum Regularium

16세기에 시대환경의 변화에 따라 수도승들이나 구걸 수도자들의 형태와 다른 새로운 수도자들이 생겼다. 즉, 성직자 생활과 수도자 생활을 합친 수행 성직자들의 수도회들이다. 대표적인 수도회가 예수회societas Jesu 테아틴회Theatini 등이다.

예수회의 문장

테아틴회의 문장

단순 서원 수도회

單純誓願修道會 Congregatio Religiosa

단순 서원 수도회는 단순한 예식으로 서원을 하는 수도회를 말하며, 장엄 서원 수도회와 구분된다. 16세기 이후 장엄 서원 수도회의 재속 3회가 공동체 생활을 하다가 기한부 서원을 하고, 만기가 되면 다시 기한부 서원을 하는 신심 단체로 발전하였다. 이 신심 단체들은 단순 서원을 하는 수사회와 수녀회로 발전하였는데, 병자 간호를 주 임무로 하는 천주의 성 요한 수도회, 그리스도의 고난에 대한 신심 고취를 위해 노력하는 예수 고난회, 청소년 교육을 주 임무로 하는 살레시오회 등이 대표적인 수도회이다. 이 수도회 중 일부는 성직자 없이 수사들로만 구성되어 있다.

천주의 성 요한 수도회의 문장

출처: https://www.ohsjd.org/

예수 고난회의 문장

출처: https://www.passionists.or.kr/

살레시오회의 문장

사도생활단

使徒生活團, Societas Vitae Apostolicac

근대에 들어와서 수도회와 비슷하지만 공식적인 수도 선서를 하지 않고 공동생활을 하는 단체, 즉 사도생활단이 생겨났다. 이는 남성 또는 여성끼리 형제적 공동생활을 유지하며 단체의 고유한 목적과 회헌에 따라 사도적 활동을 하는 로마 가톨릭교회의 단체이다. 사도생활단의 형태에 대해서는 교회법 731-755항에 규정되어 있다. 1917년 교회법이 통용되던 시절에는 공동생활단이라고 불렸다. 봉헌 생활회와는 달리 사도생활단의 회원들은 수도 서원을 하지 않는다.

1625년 프랑스에서 설립된 선교 수도회를 비롯하여 빈첸시오 아 바오로 사랑의 딸회[1633], 파리외방전교회[1658], 메리놀외방전교회[1911], 성 골롬반 외방선교회[1917] 등이 여기에 속한다.

재속회
在俗會, Institutum Saeculare

수도 생활은 시대의 복음적 요청에 대한 하느님의 해답이다. 하느님께서는 새로운 창설자들을 통해 변화된 시대 상황에서 꼭 필요한 증거의 삶을 살아갈 수 있도록 안배하고 계신다. 프랑스 대혁명 후 교회의 새로운 형태의 수도 생활이 요청되었을 때 재속회가 탄생한 것도 이러한 경우에 속한다. 재속회는 기존 수도회처럼 복음을 살기 위해 세상을 떠나는 것이 아니라, 세상 안에서 사람들과 더불어 살아가면서 복음의 삶을 산다. 현대에 들어와서는 지역 사회의 특성이나 요청에 부응하기 위한 수도회나 소외되었던 선교지에 봉사하기 위한 수도회, 특히 가난한 사람들 사이에서 그들을 도우며, 그들의 삶을 함께 나누며 살고자 하는 다양한 수도회가 탄생하고 있다. 그중 대표적인 것이 콜카타의 성녀 데레사 수녀Mother Teresa of Calcutta, 1910-1997가 인도에서 만든 '사랑의 선교회'Missionaries of Charity인데, 이러한 수도회들은 시대가 필요로 하는 요청에 부응하기 위하여 여러 가지 새로운 시도를 통해 복음적인 영향력을 교회 안에서만이 아니라 전 세계에 증거하고 있다.

©김상희

유럽 수도원 순례[1]

정통 영성을 찾아서

교회인가 2025년 12월 10일 천주교대구대교구
초판 1쇄 발행 2026년 1월 1일
펴낸이 최성준

지은이 김정우
사진 김상희 외

책임편집 나윤희
디자인 김근영
편집디자인 홍익포럼
인쇄 분도인쇄소

펴낸 곳 (주)가톨릭신문사
출판등록 제 1999-000017호
주소 41933. 대구광역시 중구 서성로 20(계산동 2가 71)
전화 053)255-4285 / 팩스 053)251-0788

ISBN 978-89-91381-08-7 04230
978-89-91381-09-4(셋트)
책값은 뒷표지에 있습니다.

잘못된 책은 구입하신 서점에서 바꾸어 드립니다.